Bruno Kresing (Hrsg.)

Mehr als man glaubt...

Dokumentation zum Jubiläumsjahr

1200 Jahre Bistum
Paderborn
799 - 1999

—P—

Fdm 2.2/3
00. 40 977

Inhalt

Gemeinsam in die Zukunft aufbrechen

Geleitworte

Ausblick

Rückblick

Institut für Religionsunterricht und
Katechese im Erzbistum Paderborn
Abt. Paderborn / Domplatz 3
33098 Paderborn
Tel. 0 52 51 / 195 - 255

1200 Jahre Bistum Paderborn – ein Fest des Glaubens

„1200 Jahre Bistum Paderborn – mehr als man glaubt" – unter diesem Leitwort hat die Kirche von Paderborn im Jahr 1999 ihres zwölfhundertjährigen Bestehens gedacht. Eine große Zahl von Gottesdiensten, von Veranstaltungen, von Begegnungen und Gesprächen hat im vergangenen Jahr viele Tausende Gläubige aus unserem Erzbistum und zum Teil weit darüber hinaus zusammengebracht. In Paderborn und in vielen anderen Orten der Erzdiözese wurde eine für manchen überraschende Vielfalt kirchlichen Lebens in Liturgie, in Verkündigung und in Caritas sichtbar. Viele Menschen haben im Jubiläumsjahr der Kirche von Paderborn die froh machende und befreiende Kraft der Botschaft Jesu Christi neu verspüren und für ihr Leben fruchtbar machen können. An der Schwelle zum großen Jubiläum des Jahres 2000 haben wir gemeinsam ein Fest des Glaubens gefeiert. Ich bin überzeugt, dass die davon ausgehende Bestärkung und Ermutigung für uns als Kirche von Paderborn in das dritte Jahrtausend hinein ausstrahlen werden.

Ausgangspunkt der Feiern des Jahres 1999 war die Erinnerung an die Begegnung zwischen Papst Leo III. und dem Frankenkönig Karl im Jahr 799 an den Quellen der Pader. Eine Folge dieser Begegnung war die Gründung mehrerer Bistümer im Land der Sachsen, darunter auch das Bistum Paderborn. Die konkrete Ausgestaltung des Jubiläumsjahres stand in einer dreifachen Perspektive: Es ging darum, die Quellen zu bedenken, die Gegen-

wart zu prüfen und in die Zukunft aufzubrechen. Zur Deutung dieses Zusammenhanges kann das Motiv der Sonderbriefmarke hilfreich sein, die die Deutsche Post anlässlich des 1200-jährigen Bestehens des Bistums Paderborn herausgegeben hat.

Dargestellt sind die Paderborner Kreuzfibel, der Tragaltar des Rogerus von Helmarshausen und der Turm des Hohen Domes zu Paderborn. Darunter befindet sich eine Zeitleiste mit wichtigen Daten der Geschichte unseres Bistums. Die Kreuzfibel, im Original nur wenige Zentimeter groß, ist das älteste Zeichen des Christentums auf sächsischem Boden. Sie wurde einem Christen mit ins Grab gegeben, der auf dem ersten Friedhof in unmittelbarer Nachbarschaft der ersten Kirche von 777 in Paderborn bestattet wurde. Das Zeichen des Kreuzes ist mit dieser Fibel in kleiner, fast unscheinbarer Form auf uns gekommen. Und doch hat das Kreuz im Laufe der Jahrhunderte seine Wirksamkeit entfaltet und im Leben der Christen, seither rund 48 Generationen, immer wieder neu seine gestaltende und prägende Kraft gezeigt: Es gab ihnen die Zuversicht, von Gott getragen zu sein, und es war ihnen ein Zeichen der Hoffnung, auch und gerade in Zeiten der Bedrängnis. Es war ihnen Ansporn zur Nachfolge und zum Zeugnis für Jesus Christus.

Die Geschichte der Kirche von Paderborn ist seit ihrer Gründung vor 1200 Jahren eine gefüllte Zeit gewesen. Dies mag die Zeitleiste verdeutlichen: Die darauf verzeichneten Jahreszahlen markieren bedeutende und entscheidende Daten für unsere Diözese. Das Jahr 1036, das für eine frühe Blütezeit des Bistums unter Bischof Meinwerk steht, ist dort ebenso verzeichnet wie das Jahr 1802, in dem das Bistum in den Strudel der ganz Deutschland erfassenden Säkularisation und der damit verbundenen Umwälzungen geriet. Das Jahr 1627, in dem die Kirche von Paderborn mitten in den Wirren des dreißigjährigen Krieges die zuvor geraubten Reliquien ihres Patrons Liborius zurückerhielt, steht ebenso in der Zeitleiste wie das Jahr 1996, als Papst Johannes Paul II. das Erzbistum Paderborn besuchte und einen Gottesdienst mit 100.000 Katholiken feierte. Der Rückblick auf 1200 Jahre verweist auf Geschichte in ihrer ganzen Bandbreite, mit Höhen und Tiefen. Geschichte bleibt aber immer Geschichte Gottes mit den Menschen, jetzt und künftig. Auch daran hat uns unser Jubiläumsjahr 1999 in neuer Weise erinnert.

Der dreifache Ansatz – die Quellen bedenken, die Gegenwart prüfen, die Zukunft gestalten – findet sich auch in der Strukturierung der vorliegenden Dokumentation wieder: Ein erster Hauptteil richtet in mehreren Beiträgen den Blick auf die Wurzeln und die Geschichte des Glaubens im Raum des heutigen Erzbistums Paderborn. Es wird deutlich, wie tragende und Sinn stiftende Quellen in die Gegenwart hinein wirken und auch heute eine unerlässliche und lebenswichtige Verbindung zur Vergangenheit darstellen. In besonderer Weise hat die mit mehr als 300.000 Besucherinnen und Besuchern überaus erfolgreiche Ausstellung „799 – Kunst und Kultur der Karolingerzeit" diesen Blickwinkel akzentuiert. Auf sie geht ein Beitrag von Dr. Christoph Stiegemann, Direktor des Diözesanmuseums, ausführlich ein. Die Performance „Wandel durch Licht und Zeit" hat den Dom in neues Licht getaucht und die Möglichkeit eröffnet, die alte Bischofskirche mit neuen Augen zu sehen.

Der zweite Hauptteil „Die Gegenwart prüfen" stellt in einem umfassenden Überblick das vielfältige Engagement der Kirche von Paderborn auf verschiedensten Tätigkeitsfeldern dar. Besondere Veranstaltungen im Jubiläumsjahr, die einzelnen Themenschwerpunkten gewidmet waren, werden dabei in Text und Bild dokumentiert. So hat etwa das im Hohen Dom uraufgeführte Oratorium „Anno Domini – Vorübergang des Herrn" des Prager Komponisten Petr Eben in musikalischer Weise die geistliche Dimension des Jubiläums hervorgehoben. Exemplarisch seien weiter genannt: der Tag des Ehrenamtes in Paderborn mit der Feier des 25-jährigen Dienstjubiläums von Erzbischof Johannes Joachim Degenhardt und meines Dienstantritts, der Tag der Geistlichen Gemeinschaften in Paderborn, der Jugendtag „Kreuz und quer" in Unna, die kirchenmusi-

Mehr als man glaubt – Erzbischof Degenhardt und Generalvikar Kresing präsentieren Motto und Logo zum Jubiläumsjahr

kalischen Ereignisse im Hohen Dom, der Tag der katholischen Schulen mit über 16.000 Teilnehmerinnen und Teilnehmern in Paderborn, das Treffen der Eine-Welt-Gruppen in Olpe, der Tag der ausländischen Missionen oder der Tag der katholischen Verbände in Paderborn. Die Aufzählung ließe sich um viele weitere Begegnungen verlängern.

Der Aufbruch in die Zukunft und die damit verbundenen Herausforderungen und Chancen für unser Erzbistum, die Gemeinden und jeden einzelnen Christen haben uns im Jubiläumsjahr in besonderer Weise beschäftigt. Impulse und Denkanstöße dazu sind im dritten Hauptteil der Dokumentation unter dem Titel „Gemeinsam in die Zukunft aufbrechen" zusammengestellt. Beiträge aus der pastoralen Praxis und aus dem Bereich der wissenschaftlichen Reflexion geben eine Beschreibung des gegenwärtigen Standortes und umreißen die Schritte, die für einen Aufbruch in die Zukunft anstehen. Es werden Such- und Entwicklungsprozesse deutlich, die wir jetzt und in den kommenden Jahren mit Mut, mit Kreativität und mit Initiative zu gestalten haben werden.

Daran schließen sich Geleitworte von Repräsentanten unserer diözesanen Räte an. Am Ende der Dokumentation steht ein Ausblick auf Herausforderungen und Chancen des Glaubens im neuen Jahrtausend, den Erzbischof Dr. Johannes Joachim Degenhardt verfasst hat.

Zu einer umfassenden Bewertung des Jubiläumsjahres „1200 Jahre Bistum Paderborn", auch in seinen mittel- und langfristigen

Wirkungen, ist es zum jetzigen Zeitpunkt sicher noch zu früh. Fest steht jedoch: Das vitale, vielfältige und lebendige Bild unseres Erzbistums, das im vergangenen Jahr deutlich geworden ist, und das Engagement so vieler Christinnen und Christen aus unseren Gemeinden, die in bemerkenswert großer Zahl bei den Gottesdiensten, Begegnungen und Veranstaltungen dabei waren, hat vielen neuen Mut und neue Zuversicht geschenkt. In einem ungeahnten Ausmaß wurde die umfangreiche ehrenamtliche Mitarbeit zahlreicher Katholiken aus dem gesamten Erzbistum sichtbar – für mich ist dies ein Hoffnungszeichen und ein Grund zur Dankbarkeit. Mein Dank gilt zudem den Autorinnen und Autoren der Dokumentation, die in ihren Beiträgen diese Vielfalt in zahlreichen Einzelaspekten aufzeigen.

Wir können viel von dem Elan und der Energie unseres Jubiläumsjahres 1999 mitnehmen und einbringen in das große Jubiläum der Kirche des Jahres 2000 – eben „Mehr als man glaubt". Nicht zuletzt aus diesem Grund wünsche ich der Dokumentation zum Jubiläumsjahr „1200 Jahre Bistum Paderborn" eine weite Verbreitung.

Paderborn, im Februar 2000

Bruno Kresing,
Generalvikar

Mehr als man glaubt...

Die Quellen bedenken

Prof. Dr. Josef Meyer zu Schlochtern

Mit der eigenen Geschichte leben

Zum Ende des Jubiläumsjahres: Rückfragen nach dem Sinn kirchlicher Gedenkfeiern

„Paderborn feiert Geschichte" – so lautete der Werbeslogan, mit dem die Stadt Paderborn im Jahr 1999 ungezählte Gäste zur Feier der 1200-jährigen Wiederkehr der Begegnung von Papst Leo III. und Frankenkönig Karl begrüßte. Eine gewaltige Zahl von Veranstaltungen – Empfänge und Kongresse, „Events" vom Sport bis zur Musik und schließlich die imposante Karolinger-Ausstellung – suchten diesen Anspruch, Geschichte feiern, mit Leben zu füllen. Nun sind Werbesprüche keine wissenschaftlichen Aussagen und sollten daher nicht auf die Goldwaage gelegt werden, aber eben diese Vorgabe, „Geschichte" als gegebene Einheit zu erfahren und zu feiern, wird heute von vielen Historikern und Geschichtsphilosophen als fragwürdig beurteilt. Sie leugnen, dass es „die Geschichte" als objektive Einheit der Entwicklung einer sozialen Wirklichkeit geben könne. Die bruchlose Kontinuität der geschichtlichen Entfaltung einer Stadt oder einer Kirche sei vielmehr das narrative Konstrukt historischen Erkennens: Das Ereignis und die Folgen von 799 gewinnen demnach ihre Einheit erst in den Geschichten, die man über sie erzählt.

Diese kritische Einschätzung der Überlieferungen über das Treffen von Papst und späterem Kaiser im Jahr 799 wurde in vielen Beiträgen zum Jubiläum sichtbar. Neue Forschungsergebnisse wurden vorgetragen, und offenkundig war man bemüht, die überlieferten Deutungen und Verklärungen dieser Be-

gegnung zu entmythisieren und einer objektiveren Beurteilung zuzuführen.[1]

Das Erzbistum Paderborn ging 1999 mit der Stadt eine Jubiläums-Allianz ein, weil es in dem Treffen von 799 den Beginn der eigenen Geschichte sieht und aus gleichem Anlass das 1200-jährige Bestehen der eigenen Ortskirche feiern wollte. Unter dem Leitwort „1200 Jahre Bistum Paderborn – mehr als man glaubt" wurde bistumsweit eine Vielzahl von Gottesdiensten, Wallfahrten, Konzerten und kirchlichen Feiern veranstaltet, um so das Jahr 1999 als Jubiläumsjahr des Erzbistums auszuzeichnen. Die Zielsetzung aller Veranstaltungen suchte dabei die Dimensionen der Zeit im Blick auf die Gegenwart zusammenzufassen: „Die Quellen bedenken, das Heute prüfen, in die Zukunft aufbrechen".[2] Diese Zuordnung geht von einem normativen Rang „der" Geschichte für Gegenwart und Zukunft aus: Im Licht des Ursprungs soll die Gegenwart kritisch geprüft werden, um Orientierungsimpulse für die Zukunft zu erhalten. Auch gegenüber diesem Gedanken, die Gegenwart sei im Licht der Geschichte zu prüfen, um Lehren für die Zukunft zu erhalten, werden heute Vorbehalte angemeldet: Die geschichtlichen Traditionen hätten ihre lebensorientierenden Kräfte verloren. In der Tat ist nicht zu bestreiten, dass zu den Kennzeichen unserer Zeit nicht die Kontinuität geschichtlicher Überlieferungen, sondern die Traditionsbrüche zählen, ihre zunehmende

Wirkungslosigkeit. Aber sollte man wegen der Erfahrung von Diskontinuität und Traditionsbrüchen darauf verzichten, historische Jubiläen feierlich zu begehen?

Nach dem Abschluss eines Festjahres mit vielen faszinierenden Veranstaltungen, die den Einsatz und die Mühen ungezählter Mitarbeiter mit einem großen Erfolg zu belohnen scheinen, ist also die Frage nach dem Sinn solcher Jubiläen noch von Interesse. Welchen Sinn macht es eigentlich, die eigene Geschichte zu feiern? Welche Gründe gibt es, die „im Dunkel der Geschichte" gelegenen Anfänge neu ins Bewusstsein zu heben und ihrer feierlich zu gedenken?

1. Welchen Sinn hat es, Geschichte zu feiern?

Gegen eine groß angelegte Feier des Bistumsjubiläums waren im Vorfeld auch Vorbehalte geäußert worden. Es wurde z. B. darauf hingewiesen, dass Einzelheiten des Treffens von Papst und Frankenkönig historisch kaum greifbar seien; erst spätere Epochen hätten daraus ein epochales Ereignis gemacht. Für eine Datierung der Errichtung des Bistums fehle jede gesicherte historische Grundlage, denn es gebe dafür keine zuverlässige historische Quelle. Zudem sei der lange und grausame Krieg der Franken gegen die Sachsen, die Zerstörung der sächsischen Kultur und Infrastruktur, kaum ein Grund zu feiern.

Solche Vorbehalte haben aber die Entschiedenheit, das Jubiläum zu feiern, nicht beeinträchtigen können. Dies ist nicht nur so in

Paderborn: Auch andernorts wurde und wird das Bestehen einer Stadt oder eines Bistums gefeiert, ohne dass die Anfänge ihrer Geschichte wissenschaftlich mit letzter Gewissheit geklärt wären. Aus diesem freimütigen Umgang mit historischen Daten kann man den Schluss ziehen, dass Gründungsjubiläen sich in erster Linie gar nicht auf streng isolierbare historische Zeitpunkte beziehen; der Sinn solcher Feste liegt vielmehr auf einer anderen Ebene. Letzter Bezugspunkt solcher Feiern ist nämlich nicht ein exaktes Datum der Geschichte, sondern sie zielen auf die eigene Existenz – man feiert die eigene Identität als Stadt oder als Ortskirche. Daher fällt nicht besonders ins Gewicht, wenn ein Gründungsdatum nicht durch letzte wissenschaftliche Evidenz gedeckt ist. Wenn eine Stadt oder eine Ortskirche ihre Geschichte feiert, dann besagt dies vielmehr, dass sie den (vermuteten) Anfang ihrer Existenz zum Anlass nimmt, sich selbst ganz ausdrücklich und in feierlicher Form als Stadt oder als Kirche darzustellen und in Selbstgewissheit auf die eigene Geschichte zurückzublicken.

Muss man diesen Umgang mit historischen Daten als Willkür im Umgang mit der Geschichte kritisieren? Die Parallele zum Verhältnis des Individuums zur eigenen Lebensgeschichte kann demgegenüber zeigen, dass historische Daten – z. B. von Geburtstagen, Hochzeitstagen oder Weihetagen – offenbar nur der Anlass für die Besinnung auf wesentlichere Gegebenheiten des menschlichen Lebens sind – eben auf Geburt, Ehe oder Priestertum. Bei solchen Besinnungen auf eigene Anfänge oder auf wichtige Lebensereignisse wird deutlich, dass der Mensch sich durch Selbstbezüglichkeit auszeichnet; er ist nicht einfach undialektisch das, was er ist, sondern ein Verhältnis, das sich zu sich selbst verhält (Kierkegaard). Er kann sich selbst oder bestimmte Züge an sich selbst bejahen oder ablehnen, kann seine Handlungen gutheißen oder bereuen. In ungezählten Handlungen und Entscheidungen muss er sich selbst aneignen und erst so wird er, der er ist.

Diese Grundwahrheit des menschlichen Lebens wird besonders deutlich im Blick auf die Lebensgeschichte des Menschen. Wenn ein bestimmtes Datum der Biographie gefeiert wird, dann wird damit zugleich der Geschichtlichkeit des Lebens feierlich Ausdruck gegeben. Was im Alltag der Rollen und Routinen oft an Wahrem unter der Oberfläche verborgen bleibt, wird dann ausdrücklich zur Sprache gebracht und feierlich bejaht. Dies geschieht etwa in der Weise, dass ein Jubilar ein Fest gibt: Er lädt Freunde und Verwandte ein, und diese bringen Anteilnahme und Wohlwollen in Geschenken zum Ausdruck und wünschen Glück und Segen. Festliche Feiern sind die Form, der eigentlichen Wahrheit des Lebens Ausdruck zu geben und sie als Moment der eigenen Identität zu bejahen. Karl Rahner erläutert solche festlichen Lebensfeiern als bewusste öffentliche Gestaltung der Grundwahrheiten des Menschseins. Die bloße Wiederkehr eines Datums – etwa der Geburt – ist demnach nicht der eigentliche Gegenstand der Feier, sondern bietet für den Menschen die Gelegenheit, „die eigentliche Tiefe dessen, was er im Alltag seines Lebens tut, sich feiernd zu vergegenwärtigen, in eine

strahlende Erscheinung treten zu lassen, um bewusster und entschiedener das anzunehmen, was er ist und in der Nüchternheit des Alltags tut".[3]

Nicht anders verhält es sich mit den Gründungsfeiern einer Ortskirche oder einer Stadt. Jubiläen nehmen die Daten der geschichtlichen Anfänge zum Anlass, um in Fest und Feier die eigene Identität zum Ausdruck zu bringen. Rückblicke auf die Anfänge und auf die Geschichte werden feierlich gestaltet, um das eigene Dasein „in eine strahlende Erscheinung" treten zu lassen. Wenn solche Feierlichkeit durch die historischen Gegebenheiten gedeckt ist, wirkt sie echt und angemessen, andernfalls schlägt sie um in ein hohles Pathos.

2. Die Aneignung der Geschichte

Vordergründig bestimmen Alltagssorgen und Probleme der unmittelbaren Lebenssicherung das Leben der Menschen: Berufliche Tätigkeiten, Schule und Ausbildung sowie die Freizeit nach getaner Arbeit füllen die Zeit aus. In den Segmenten der Dienstleistungs- und der sogenannten Erlebnisgesellschaft ist dieser Erfahrungsbereich von modernen Tätigkeiten und gegenwartsbestimmten Einstellungen gekennzeichnet. Aber auch heute prägt die Geschichte mit ihren Traditionen das Leben und Denken der Menschen und dies oft mehr, als gemeinhin bewusst ist. Traditionen sind wirksam in den Sitten und Gebräuchen, in Sprache und Kultur. Die komplexen sozialen Lebensformen werden nicht von jeder Generation neu erdacht, sondern von den älteren Generationen weitergegeben und von den nachfolgenden Generationen angeeignet. In diesen komplexen Übermittlungsprozessen lebt der einzelne Mensch seine eigene Geschichte; in vielem ist er selbst Ausdruck und Ort solcher Überlieferung, in manchem eignet er sie bewusst als die eigene Geschichte an, indem er ihr seine persönliche Gestalt gibt. In übertragener Weise gilt dies auch für eine Kirche oder eine Stadt.

Traditionen können große Macht auf die Gegenwart ausüben und sie ganz von der überlieferten Vergangenheit her prägen. Sie unterdrücken die Kräfte der Veränderung, um an bestimmten Gestalten der tradierten Geschichte festzuhalten und sie für die Zukunft zu bewahren. Diese Absage an einen eigenen Sinn der Zukunft außer dem der Fortführung der Tradition macht den Traditionalismus aus: Die Inhalte der Tradition nehmen den höchsten Rang ein; der Prozess der Überlieferung besitzt keinen eigenen Wert. Daher wird auch die Gegenwart nicht als Ort eines verantwortungsbewussten Entscheidens und Aneignens von Geschichte sichtbar.

Demgegenüber ist man sich heute der Tatsache bewusst, dass Geschichte sich aus dem unabsehbaren Geflecht menschlicher Handlungen und ihrer Folgen bildet. Das Handeln vermittelt die Dimensionen der Zeit: Aus den unabschätzbaren offenen Möglichkeiten der Zukunft werden einige in den Entscheidungen der Gegenwart verwirklicht und verfestigen sich damit zur unabänderlichen Vergangenheit, zur Geschichte. Die Menschen der Neuzeit sind sich dieses Freiheitsraumes sehr viel deutlicher bewusst als frühere Epochen; sie sehen sich als Subjekte ihrer Lebensgeschichten und bekennen sich zur Verantwortung, die ihnen die Freiheit des Handelns auferlegt.

Auch dies läßt sich auf die Geschichte einer Ortskirche übertragen. Mit der Weltkirche bekennt sie sich dazu, ein Heilsgeschehen der Vergangenheit in die Gegenwart zu überliefern, das ihr aus der Geschichte zukommt und an die Generationen der Zukunft weiterzugeben ist. Das II. Vatikanische Konzil hat klargestellt, dass dieser Prozess der Übermittlung des Glaubens kein Automatismus von Tradition ist, sondern einen Freiraum schöpferischer Gestaltung kennt, den die Kirche im Blick auf die jeweilige Gegenwart zu gestalten hat.

Vor diesem Hintergrund erscheint es nachträglich als eine sehr sinnvolle Entscheidung, die Feier des Jubiläums im Erzbistum als ein Fest in großer Vielfalt zu gestalten, an dem viele Gruppen, Gemeinden und Verbände aus den verschiedenen Regionen des Bistums partizipieren konnten. So wird deutlich, dass die Geschichte einer Ortskirche sich letztlich aus den Glaubensvollzügen all jener zusammenfügt, die ihre Glieder sind, und bei einem Jubiläum feiern sie ihre Kirche als „Subjekt einer Geschichte mit Gott" (J. B. Metz).

3. Tragik und Hoffnung der Geschichte
Die Erinnerung an das Treffen zwischen Papst Leo III. und Karl dem Großen hat in vielen Veranstaltungen den Menschen der Gegenwart eine entlegene Zeit neu zu Bewusstsein

gebracht. Das Leben weltlicher und geistlicher Herrscher einer fernen Epoche wurde neu erforscht, ihre historischen Leistungen gewürdigt. Allerdings muss auch die Geschichtswissenschaft einräumen, dass die meisten Menschen jener Zeit für uns namenlos bleiben; wir kennen heute nur jene, die schon damals die Mächtigen, die Sieger waren. Der Theologe J. B. Metz wirft der Besinnung auf die Geschichte, wie sie im Denken der Moderne, wie sie aber auch in der Kirche und in der Theologie gepflegt wird, diese Verkürzung der geschichtlichen Wirklichkeit vor: Es sei nur die Geschichte der Sieger, die erzählt werde, nicht die der namenlosen Opfer der Geschichte. Er fordert, Geschichte als Leidensgeschichte zu erzählen, als Geschichte der unabgegoltenen Hoffnungen.[4]

Dies ist auch eine berechtigte Anfrage an die Gestaltung kirchlicher Gedenk- und Jubelfeiern. Die Theologische Fakultät hat in ihrem Beitrag zum Jubiläumsjahr, einer Vortragsreihe zur Frage nach dem Sinn der Geschichte, versucht, den Einstellungen der Menschen zur Geschichte, ihren Geschichtsbildern, nachzugehen.[5] Einer der Vorträge befasste sich mit dem Dichter Reinhold Schneider, der das Treffen von Papst Leo III. und Karl dem Großen als Anfang eines tragischen Ringens zwischen geistlicher und weltlicher Macht beschreibt: „Wie aber die Stadt den Glanz des Reiches sah ... , so sah sie auch das Unglück des Reiches: von Paderborn aus führte Karl der Große seinen dreißigjährigen Krieg mit den Sachsen, in Paderborn tobte der zweite dreißigjährige Krieg, den vielleicht dieselbe Unvereinbarkeit der Kräfte, derselbe Zwiespalt ... entfachten,

sich furchtbar aus." Dann spricht Schneider über Friedrich von Spee, der an der damaligen Jesuitenuniversität – der Vorgängerin der Theologischen Fakultät – gewirkt und gegen den Hexenwahn gekämpft hat. Die Melancholie der Lieder von F. v. Spee hafte „noch immer an der Stadt, die Anfang und Ende, Tat und Schuld bezeugt: als Ursprung und zugleich als verschütteter Born des Reichs". Für Schneider hängt die Wahrhaftigkeit und Aufrichtigkeit der Einstellungen zur Geschichte an dieser „Anerkennung des Tragischen". Die hochfliegenden Träume der Menschen, ein Reich der Freiheit in der Geschichte zu verwirklichen, müssten tragisch scheitern. Das Christentum sehe aber Geschichte nicht als Teil einer Fortschrittsdynamik, sondern es bezeuge in „einer unheilbaren, aber erlösbaren Welt" die Rettung der Menschen durch Gott.

Vielleicht wird Geschichte hier in zu dunklen Farben gemalt, aber das Licht der Hoffnung leuchtet in der Geschichte letztlich nicht aus der Kraft menschlicher Möglichkeiten. Die Kirche ist selbst in die Bezüge von Vergangenheit und Zukunft eingespannt, die zu ihrer Wirklichkeit gehören: ihrer Herkunft von Jesus Christus, der sie in der Sendung des Geistes mit seinem Leben erfüllt und sie sendet, die Ankunft des Reiches Gottes in der Geschichte zu bezeugen. Das Christentum darf daher nicht die Flucht aus der Geschichte predigen, sondern es muss sich zum rettenden Handeln Gottes in der Geschichte bekennen. Es hat ein Heilsereignis in der Geschichte zu bezeugen, das die Geschichte als eine Zeit der Hoffnung auf Vollendung auszeichnet.

Aus dieser Perspektive betrachtet, sind christliche Gedenk- und Jubelfeiern letztlich ein Bekenntnis zu dieser Hoffnung. Jede Ortskirche, auch die Kirche von Paderborn, darf im Rückblick auf ihre Anfänge voll Freude und Dankbarkeit bejahen, dass sie besteht, dass sie da ist. In der Feier ihrer Anfänge bringt sie öffentlich zum Ausdruck, was sie in Wahrheit ist: eine Kirche, die an diesem Ort und in dieser Region zwölf Jahrhunderte hindurch von Generation zu Generation im Hören des Evangeliums und in der Feier der Eucharistie ihr Kirche-Sein je neu realisiert hat. Mit der Geschichte eines 1200-jährigen kirchlichen Lebens verbindet sich so das Bekenntnis zur Hoffnung auf Gottes künftiges Heil, und dies zu bezeugen ist nicht nur Sinn kirchlicher Feiern, sondern des christlichen Glaubens überhaupt.

Anmerkungen

[1] Vgl. z. B. die einschlägigen Beiträge in dem Ausstellungskatalog „Kunst und Kultur der Karolingerzeit" Bd. 1, hrsg. v. Chr. Stiegemann u. M. Wemhoff, Mainz 1999, sowie K. Hengst, Was ist über die Begegnung von Papst Leo III. und Frankenkönig Karl 799 in Paderborn bekannt? in: Theologie und Glaube, Heft 1 (erscheint im März 2000); J. Jarnut, Karl der Große: Mensch, Herrscher, Mythos. Paderborner Universitätsreden 66, Paderborn 1999.

[2] So Generalvikar Bruno Kresing im Vorwort zur Dokumentation „Wahrheit, die uns trägt". 1200 Jahre Bistum Paderborn, hrsg. v. Erzbischöfl. Generalvikariat Paderborn, 1999, S. 3; vgl. auch das Vorwort v. Erzbischof Johannes Joachim Degenhardt in der Broschüre zu den Jubiläumsveranstaltungen.

[3] Karl Rahner, Chancen des Glaubens, Freiburg 1971, S. 190.

[4] Vgl. J. B. Metz, Glaube in Geschichte und Gegenwart, Mainz 1977, S. 122ff.

[5] Die Vorlesungsreihe wird in Heft 1 des Jahres 2000 der Zeitschrift „Theologie und Glaube" sowie im Verlag Schöningh im Frühjahr 2000 veröffentlicht.

Prof. Dr. Josef Meyer zu Schlochtern,
Lehrstuhl für Fundamentaltheologie an der
Theologischen Fakultät Paderborn

Dr. Christoph Stiegemann

Die Ausstellung „799 – Kunst und Kultur der Karolingerzeit"

Ein Gipfeltreffen mit weitreichenden Folgen

[1] Paderborn war 100 Tage lang wie verwandelt - lebendiges Treiben vor Dom und Diözesanmuseum

[2] Lange Besucherschlangen vor dem Diözesanmuseum

Den Höhepunkt im Jahr des Bistumsjubiläums bildete die große kunst- und kulturgeschichtliche Ausstellung „799 – Kunst und Kultur der Karolingerzeit. Karl der Große und Papst Leo III. in Paderborn", die am 23. Juli 1999, dem Namensfest des hl. Dom- und Bistumspatrons Liborius, in Anwesenheit des Bundespräsidenten Dr. h. c. Johannes Rau im Hohen Dom feierlich eröffnet wurde. Was niemand erwartet hatte, trat ein: Die Ausstellung wurde zu einem überragenden Erfolg. Bis zum 1. November 1999 kamen mehr als 300.000 Besucher aus der ganzen Bundesrepublik und dem benachbarten Ausland nach Paderborn, um sich hier auf die faszinierende Reise in die Karolingerzeit zu begeben. Für viele kam der Paderborn-Besuch einer Entdeckung gleich. Einhellig begeistert zeigte sich die Presse, die in mehr als 2.000 Artikeln die Konzeption und deren gelungene Umsetzung lobte und die epochemachende Bedeutung der Ausstellung herausstellte. Auch die positive Berichterstattung in Rundfunk und Fernsehen trug wesentlich zum großen Erfolg des Unternehmens bei.

Anlass der Ausstellung war die Begegnung Karls des Großen mit Papst Leo III. im Jahre 799 in Paderborn, ein Ereignis von weltpolitischer Bedeutung, das wie kein zweites die Entwicklungslinien einer ganzen Epoche wie in einem Fokus bündelt. Der aus Rom geflüchtete Papst, auf den zuvor ein Attentat verübt worden war, fand in Paderborn die

Unterstützung Karls des Großen. Das hier geschlossene Bündnis zwischen Papst und Frankenherrscher nahm mit der Kaiserkrönung am Weihnachtstag des Jahres 800 in Rom für alle Welt sichtbar Gestalt an. Mit der Neuerrichtung eines westlichen Kaisertums wurde die imperiale Tradition der christlichen Spätantike neu belebt, traten Regnum bzw. Imperium einerseits und Sacerdotium andererseits wieder in ein enges, von den beiderseitigen Beziehungen zu Byzanz zusätzlich beeinflusstes Verhältnis, das sich in den folgenden Jahrhunderten spannungsreich entfalten sollte. In der Regierungszeit Karls des Großen wurde die Brücke zur römischen Antike geschlagen. Im Rückgriff auf die Ideenwelt der römischchristlichen Spätantike, auf künstlerische Techniken und wissenschaftliche Methoden jener Zeit entstand eine neue lebendige Kultur. Die Renovatio imperii, die das Erbe der Antike mit dem Geiste des Christentums durchdrang, prägte die europäische Geschichte bis in die Gegenwart hinein. Die kulturellen Bemühungen am Hofe Karls des Großen waren vordergründig auf die Antike ausgerichtet, im Kern aber eindeutig religiös motiviert. Es ging nicht einfach um die Wiederbelebung der Antike um ihrer selbst willen, vielmehr verband sich die Rezeption der Antike mit christlichen Vorstellungen, um das der Vergessenheit anheim gefallene klassische Erbe mit neuem Leben zu erfüllen.

Die Begegnung von 799 veränderte nicht nur die politische und geistlich-geistige Landschaft des damaligen Europa nachhaltig, sie markiert auch in der westfälischen Geschichte einen epochalen Einschnitt. Der unter dem Einfluss der fränkischen Reichskultur in den Jahrzehnten um 800 festzustellende Wandel der Lebensverhältnisse im gerade erst von den Franken eroberten und christianisierten Sachsen prägte die Region für Jahrhunderte. Die Begegnung steht nicht zuletzt aufgrund der 799 erfolgten Weihe der Kirche „von wunderbarer Größe" in engem Zusammenhang mit der Gründung des Bistums Paderborn, dessen 1200. Geburtstag im Jahr 1999 mit einer Vielzahl von Veranstaltungen festlich begangen wurde. Mit dem Ende der Sachsenkriege waren die Voraussetzungen geschaffen, die Christianisierung in Westfalen mit großer Intensität voranzutreiben. Fragen der Kirchenorganisation waren für Karl den Großen und seinen Sohn Ludwig den Frommen von zentraler Bedeutung, galt es doch, den noch jungen christlichen Glauben bei den Sachsen zu festigen und die Menschen in die bestehende kirchliche (und staatliche) Organisation des Frankenreichs zu integrieren. Dies geschah vor allem durch die Gründung von sieben sächsischen Bistümern, die Stiftung zahlreicher Kirchen und Klöster sowie umfangreiche Reliquientranslokationen nach Sachsen als sichtbare Zeichen des neuen Glaubens.

Eine Ausstellung, die das Ereignis der Begegnung in der Vielfalt seiner Bezüge darzustellen versuchte, mußte, so unsere ersten Vorüberlegungen, sowohl die regionalen Aspekte berücksichtigen, als auch jene übergreifenden Themen in den Blick nehmen, die notwendig sind, will man ein historisch angemessenes Bild der Zeit Karls des Großen zeichnen. Mit dem Ereignis des Jahres 799, das im nur wenig später entstandenen Karlsepos überschwenglich gefeiert wird, und dem ergrabenen Schauplatz des Treffens, der karolingischen Pfalz nördlich des Domes, war das Unternehmen unverwechselbar mit Paderborn verbunden, gleichsam lokal geerdet, während die sich darum gruppierenden Themen den Blick weiteten und so auf Zeit ein umfassendes Panorama der Karolingerzeit entstehen ließen. Schon der Titel der Ausstellung spiegelt diese doppelte Intention wider. In der Jahreszahl 799 ist das Ereignis präsent, der Titel „Kunst und Kultur der Karolingerzeit" weist ins Allgemeine. Bald zeigte sich, dass ein solch anspruchsvolles Projekt nur in intensiver Zusammenarbeit verschiedener wissenschaftlicher Disziplinen verwirklicht werden kann. Das Paderborner Unternehmen stieß schon zu Beginn der langen Vorbereitungsphase auf das große Interesse der Fachkolleginnen und -kollegen. Archäologen, Historiker und Kunsthistoriker haben sich im Rahmen der Tagungen des Wissenschaftlichen Beirates, in vorbereiten-

den Kolloquien und in zahlreichen Arbeitsgruppen uneigennützig engagiert und wichtige Anregungen für die inhaltliche Gestaltung der Ausstellung gegeben. Dabei ging es
nicht nur um die Sammlung und Sichtung
des in der Forschung hinlänglich bekannten
Materials. Neue Forschungen wurden angestoßen und im Vorfeld der Ausstellung
durchgeführt. Die Archäologen in Westfalen
haben die Gelegenheit zu einer „Bestandsaufnahme" genutzt und die Forschungsergebnisse der letzten Jahrzehnte zusammengetragen und interpretiert. Aufgrund der
weit fortgeschrittenen Neuauswertung der
Pfalzgrabung Paderborn war es nun endlich
möglich, ein Bild des Schauplatzes der Begegnung zu zeigen. Forschungen zur Bau-
kunst der Langobarden, zu Kirchenbau und
Ausstattung des 9. Jahrhunderts in Westfalen,
insbesondere zu Wandmalerei, Stuckplastik
und Monumentalepigraphik, aber auch zur
Renovatio in den Künsten und zur Liturgie
und Musik eröffneten neue Einblicke in die
Karolingerzeit. Sie sind im stattlichen drei-
bändigen Katalogwerk in dauerhafte Form
gegossen.

Eine Ausstellung zur Zeit Karls des Großen
konnte in Anbetracht des Ranges der Objekte
und der Vielfalt der Themen in Paderborn nur
realisiert werden, indem sich mehrere Träger
der großen Aufgabe gemeinsam stellten. Die
Verantwortlichen des Erzbistums Paderborn,
der Stadt Paderborn und des Landschafts-
verbandes Westfalen-Lippe besaßen die
visionäre Kraft, sich eine solche gemeinsame
Ausstellung vorzustellen und beschlossen
bereits 1995 die Gründung einer Ausstel-

lungsgesellschaft. In finanziell schwierigen
Zeiten haben sie erhebliche Mittel für diese
Ausstellung bereitgestellt. Das gesamte Konzept und die Umsetzung wurden gemeinsam
von allen drei Partnern in den Gremien der
Ausstellungsgesellschaft entwickelt und beschlossen. Dabei gab es in der vierjährigen
Vorbereitungsphase auch schwierige organi-
satorische, personelle und inhaltliche Probleme, die mutig angegangen und einvernehm-
lich einer Lösung zugeführt wurden.

In drei Museen in unmittelbarer Nachbarschaft des Paderborner Domes, dem Museum
in der Kaiserpfalz, dem Erzbischöflichen
Diözesanmuseum und der Städtischen Galerie am Abdinghof, fand die Ausstellung statt.
Jedes Haus präsentierte sich mit eigenen
inhaltlichen Schwerpunkten und darauf bezogen mit je eigenem Ausstellungsdesign
und doch gelang es, die Vielfalt zur Einheit
zusammenzubinden. Aus dem Miteinander
der Ausstellungshäuser im Herzen Paderborns
mit dem Dom im Zentrum, dessen Anfänge
in die Zeit Karls des Großen zurückreichen,
gewann die Ausstellung ihren besonderen
Reiz und unverwechselbaren Charakter.

Im Kreuzgang des ehemaligen Benediktiner-
klosters Abdinghof und in der darüber errich-
teten Städtischen Galerie nahm der Rund-
gang seinen Anfang. Hier fand der Besucher
Gelegenheit zur Information und Erholung.
Die von Prof. Spree, Frankfurt, gestaltete
audiovisuelle Präsentation „Charlemagne –
The Making of Europe" entstand in enger
Zusammenarbeit mit den am europäischen
Verbundprojekt zur Karolingerzeit beteiligten

Der Kreuzgang des ehemaligen Ab-
dinghofklosters mit dem Karolinger-
garten und der Gastronomie

Partnermuseen in Barcelona, Brescia und Split. Sie präsentierte in beeindruckenden Bildsequenzen viele, auch heute noch aktuell wirkende Aspekte der Zeitenwende vor 1200 Jahren. Das vielfältige Veranstaltungsprogramm „99 Tage – 99 Aktionen", das museumspädagogisch betreute „Karolingische Atelier" und der wiederbelebte Klostergarten mit der gastronomischen Betreuung im Klosterrefektorium rundeten das Programm ab und zogen zahllose Besucher in ihren Bann.

Das Museum in der Kaiserpfalz, an der Nordseite des Domes, befindet sich in der nach der Ausgrabung 1964 bis 1975 wiederaufgebauten Kaiserpfalz aus dem Anfang des 11. Jahrhunderts. Die große Aula bildete den idealen Rahmen für die Ausstellungseinheiten zum Geschehen des Jahres 799, zur Kaiserkrönung und zur Pfalzarchitektur Karls des Großen. Die imperialen Themen wurden mit den Mitteln bühnenmäßiger Inszenierung wirkungsvoll in Szene gesetzt. Der Schauplatz des Empfangs und des Gastmahls vor 1200 Jahren, die Aula der Pfalz Karls des Großen, liegt einsehbar zwischen dem spätromanischen Dom und der heutigen Kaiserpfalz und die Funde aus diesem Areal wurden zusammen mit neuen Modellen erstmals gezeigt. Die Wahl Paderborns als Ort der Begegnung ist nur im Zusammenhang mit der wenige Jahre zuvor erfolgten Eroberung und Christianisierung Sachsens zu verstehen. Zahlreiche, häufig erstmals gezeigte archäologische Exponate veranschaulichten das Mit- und Gegeneinander von Sachsen und Franken vor und während der Sachsenkriege sowie die für Westfalen so einschneidenden

Museum in der Kaiserpfalz: Bauplastik der Aachener Pfalz und die römische Lupa

[1] Museum in der Kaiserpfalz:
Archäologische Funde aus
Westfalen im Untergeschoss

[2] Diözesanmuseum:
Angelsächsische Mission mit
Tragaltar des Heiligen Liudger

[3] Diözesanmuseum: Hauptraum
mit Priesterstein aus St. Alban

Veränderungen in den Jahrzehnten um 800.
Im modernen Gebäude des Erzbischöflichen
Diözesanmuseums auf der Südwestseite des
Domes standen Kirche und Kunst um 800 im
Mittelpunkt. Für die Dauer der Ausstellung
verwandelte sich das Museum mit insgesamt
280 Leihgaben aus großen Museen und
Bibliotheken Deutschlands, Europas und aus
Übersee in ein Schatzhaus karolingischer
Kunst. Hier vor allem wurden die herausra-
genden Werke karolingischer Buchmalerei,
Elfenbeinkunst und Goldschmiedekunst prä-
sentiert, die mit Hilfe des eher zurückhalten-
den Ausstellungsdesigns in ihrer Wirkung
gesteigert hervorragend zur Geltung kamen.
Im Hauptraum des Museums wurde über drei
Ebenen hinweg die angelsächsische Mission
auf dem Kontinent thematisiert. Hier gab es
kostbare Werke aus der Zeit der Anfänge der
Mission zu sehen wie den Tragaltar des
Heiligen Liudger aus Essen-Werden, den
Ragyndrudis Codex des Heiligen Bonifatius
aus Fulda und das sog. Barberini-Evangeliar,
Mittelengland, 2. Hälfte 8. Jahrhundert aus
der Biblioteca Apostolica Vaticana. Die unte-

ren Ebenen waren ausgespannt zwischen
zwei Polen: Auf der Ostseite erhob sich eine
6,5 Meter hohe Skulptur des Bildhauers
Ulrich Möckel, geschaffen als Stellvertreter
für die untergegangenen Baumheiligtümer
der Sachsen. Diesem antwortete an erhöhter
Stelle auf der Westseite der sogenannte Prieser-
stein aus St. Alban in Mainz, geschaffen in
der 1. Hälfte des 9. Jahrhunderts mit einem
großen reliefierten Vortragekreuz, das in
Capitale die Inschrift Sancta Crux nos salva
(Heiliges Kreuz errette uns) trägt. Im Zeichen
des Kreuzes hielt das Christentum Einzug auf
dem Kontinent. Mit dem Ende der Sachsenkriege wurden die Missionsbestrebungen
intensiviert und systematisch vorgetragen.
Die Entwicklung der Kirchenorganisation
unter den Franken wurde ebenso thematisiert wie der Sakralbau in Westfalen seit
799, vorgestellt am Beispiel der Saalkirche in
Enger, der Bischofskirche in Paderborn, der
Stiftskirche in Meschede und der Klosterkirche in Corvey mit ihrem bedeutenden
karolingischen Westwerk.

Die Begegnung zwischen Papst und Herrscher im Jahr 799 legte es nahe, den Blick
nach Rom zu wenden. Rom erlebte in den
Jahren um 800 eine neue Blüte. Das Engagement der Päpste prägte sich in einer Vielzahl
kostbarer Stiftungen aus. Ein einzigartiges
emailliertes Reliquienkreuz mit zugehörigem
Silberkasten schenkte Papst Paschalis I. der
Peterskirche. Es kam aus dem Museo Sacro,
das bis zum Ende des vergangenen Jahres
der Biblioteca Apostolica Vaticana angeglie-
dert war. Die Vatikanische Bibliothek gab
allein 18 Handschriften und 16 Schatzstücke

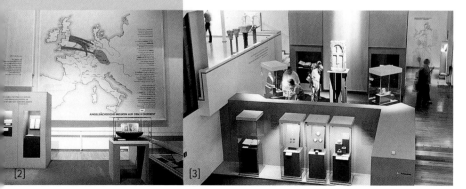

[2] [3]

als Leihgaben nach Paderborn. Selten waren so viele Kostbarkeiten aus karolingischer Zeit außerhalb des Vatikans gemeinsam zu bewundern. Die Idee der „renovatio", der bewusste Rückbezug auf die christliche Spätantike, prägte in der Zeit um 800 alle Bereiche des geistig-kulturellen Lebens. Ein Kunstwerk, das durch und durch von antiken Vorbildern geprägt ist, bildete einen Höhepunkt der Ausstellung: Das Lorscher Evangeliar entstand um 810 als jüngste Handschrift der Hofschule Karls des Großen. Nach über 30 Jahren wurden in Paderborn alle vier Teile auf Zeit wieder zusammengeführt.

Die Kirchen- und Liturgiereform Karls des Großen hatte, ausgehend vom römischen Vorbild, die Vereinheitlichung und Romanisierung der Liturgie im gesamten Frankenreich zur Folge. Der ursprüngliche Reichtum der Ausstattung karolingischer Kirchen in Westfalen ist anhand der wenigen erhaltenen Objekte nur noch schwer nachvollziehbar. So standen herausragende Beispiele karolingischer Goldschmiedekunst, Buchmalerei, Elfenbeinschnitzerei und Textilkunst für jene verlorenen Werke, die der Zusammenkunft von 799 ihren Glanz verliehen. Ein eigenes Kapitel bildete in diesem Zusammenhang die liturgische Musik, fällt doch die Ausbildung und schriftliche Fixierung des Gregorianischen Chorals in diese Zeit. Erstmals war der Kirchengesang dieser Zeit in einer Ausstellung zu hören und den Besuchern war Gelegenheit gegeben, die Entwicklung der Musik anhand zahlreicher Handschriften nachzuvollziehen.

Den würdigen Höhepunkt und Abschluss der Ausstellung bildete der Sarkophag Karls des Großen, der eigens für die Paderborner Ausstellung im Museum für Spätantike und Byzantinische Kunst in Berlin restauriert worden war, um dann hier erstmals der Öffentlichkeit wieder zugänglich gemacht zu werden. Mit dieser Maßnahme wurde unser Anliegen deutlich, nicht auf Kosten der Exponate eine Ausstellung zu realisieren, sondern mit diesem Unternehmen gerade zum Erhalt der kostbaren und überaus gefährdeten Werke aus karolingischer Zeit beizutragen. Die Resonanz in der Presse war überaus positiv, was ebenfalls der Ausstellung zugute kam. Den römischen Proserpinasarkophag aus dem 2./3. Jahrhundert, ließ Karl der Große, einem seit der Spätantike geübten Brauch der Zweitverwendung antiker Sarkophage folgend, über die Alpen nach Aachen verbringen, um sich darin nach seinem Tod im Jahr 814 wie ein weströmischer Kaiser bestatten zu lassen. Er fasst wie kein anderes Werk die Idee der „renovatio imperii" zusammen und führt sie anschaulich vor Augen.

Somit steht der Sarkophag in geradezu idealer Weise als Symbol für die Herrschaftsidee Karls des Großen, der das Erbe der Antike mit dem Geist des Christentums durchdrang und beides zu neuer Synthese führte. In jener Zeit vor 1200 Jahren wurden die Fundamente des lateinisch-christlichen Abendlandes gelegt. Das haben bereits die Zeitgenossen des großen Karolingers verspürt, würdigte ihn doch schon das Karlsepos zurecht als „Vater Europas".

Diözesanmuseum:
Lorscher Evangeliar,
Aachen um 810,
Evangelist Johannes

BELAUBTEN
BÄUMEN UND
QUELLEN BRACHTEN
DIE SACHSEN
VEREHRUNG ENTGEGEN
SIE VEREHRTEN
UNTER FREIEM
HIMMEL EINEN
AUFGERICHTETEN
STAMM AUS HOLZ
VON NICHT
UNBEDEUTENDER
GRÖSSE, DEN SIE
IN IHRER SPRACHE
IRMINSUL NANNTEN
WAS LATEINISCH
SOVIEL HEISST
WIE WELT(ALL)-SÄULE
GLEICHSAM

Diözesanmuseum:
Baumzeichen von Ulrich Möckel

[1] Der Sarkophag Karls des Großen wird durch eine eigens gebrochene Öffnung in das Diözesanmuseum hineingehoben

Besonders erfreulich war, in welch starkem Maße die Gemeinden des Erzbistums Anteil nahmen und die Ausstellung zu ihrer Sache gemacht haben. Schon bei den gut besuchten Informationsveranstaltungen im Vorfeld der Ausstellung war zu verspüren, wie vielerorts anfängliche Skepsis wich und immer deutlicher erkannt wurde, welche Bedeutung die Ausstellung für die Kirche von Paderborn besitzt, führte sie doch zu den Anfängen des Glaubens zurück, mit denen wir uns in ungebrochener lebendiger Tradition verbunden wissen. Wichtige Hilfestellungen gaben in diesem Zusammenhang die gut vorbereiteten Bildungstage, die die Bildungsstätte des Erzbistums Paderborn „Liborianum" in der Laufzeit der Ausstellung durchführte und die mit 3000 Teilnehmerinnen und Teilnehmern hervorragend angenommen wurden. Hier wie bei zahlreichen Führungen von Besuchergruppen in der Ausstellung zeigte sich, dass es nicht der pure Erlebnishunger war, der die Menschen nach Paderborn in die Ausstellung führte, sondern dass es neben dem historischen und ästhetisch-kunsthistorischen Erkenntnisinteresse ein tiefes Bedürfnis gibt, gerade heute in einer weitgehend säkularen Welt nach dem religiös-geistigen Wurzelgrund zu forschen, auf dem wir stehen. Im Rückblick erweist sich somit einmal mehr die Notwendigkeit, das christliche Erbe lebendig zu halten und dazu kann gerade die Begegnung mit den Kunstwerken vergangener Jahrhunderte, die ja nicht Selbstzweck waren, sondern ihren festen Sitz im Leben besaßen und für den Gottesdienst geschaffen wurden, wesentlich beitragen. Dahinter steht die Einsicht, dass ohne das Wissen um die eigene Herkunft die Gestaltung der Zukunft nicht möglich ist.

Dr. Christoph Stiegemann,
Direktor des Erzbischöflichen Diözesanmuseums

[2]

[3]

[2] Der Sarkophag Karls des Großen an seinem Standort in der Ausstellung, dabei: Restaurator Boris Meyer, Museum für Spätantike und Byzantinische Kunst der Staatlichen Museen Preußischer Kulturbesitz Berlin, Dr. Georg Minkenberg, Domschatzkammer Aachen und Dr. Christoph Stiegemann, Diözesanmuseum Paderborn

[3] Der Sarkophag, freudig umringt von allen guten Geistern der Karolingerausstellung im Diözesanmuseum

Wenn Steine erzählen könnten ...

Pfarrer Georg Austen

Wandel durch Licht und Zeit

Erstaunlich groß war die positive Resonanz auf einen Jugendgottesdienst in Paderborn in der Liboriwoche 1997, den der Bund der Deutschen Katholischen Jugend (BDKJ) mit dem Leitgedanken „Gott in Farben sehen" gestaltete. Dabei wurden im Paderborner Dom zum ersten Mal Elemente der liturgischen Feier mit unterschiedlichem Licht ausgemalt und mit Farben unterstrichen. Diese Versuche wurden mit Studierenden des Paulus-Kollegs und der Katholischen Hochschulgemeinde in Paderborn weiterentwickelt. Sie bildeten einen Baustein für die Konzeption der Performance „Wandel durch Licht und Zeit" im Februar 1999.

Die Symbolik und die Ausdrucksformen mittelalterlicher Architektur sowie die Bedeutungswelt und Ausstattung des Kirchenraumes sollten den Zuschauern in Verbindung mit meditativen Texten und Musik vor allem durch eine Licht- und Farbchoreographie neu erschlossen und erfahrbar gemacht werden. Der Kirchenraum weckt Fragen: Warum steht der Taufbrunnen ganz hinten? Wen bezeichnen die Heiligenfiguren am Paradiesportal und im Mittelschiff? Hat es eine tiefere Bedeutung, dass der Turm so dicke und wehrhaft wirkende Mauern hat? Warum ist die Kirche geostet?

Menschen brauchen in der Welt Orte und Räume, an und in denen Begegnung zwischen dem wahren Gott und dem geschaffenen Menschen zustande kommen kann. In unseren Kirchen und großen Kathedralen ist der christliche Glaube „verortet". Dabei ist eine Kirche mehr als ein Versammlungsraum oder

ein beeindruckendes Bauwerk; sie ist ein „Atem-Raum" des Glaubens. Hier atmet der Glaube durch die Geschichte und das Leben von Menschen, die in diesem Haus geschwiegen und gebetet, geklagt und gesungen, Gott gelobt und Gottesdienst gefeiert haben. Eine eigenartige Anziehungskraft geht bis in die heutige Zeit von unseren Kirchen aus. Dies bezeugen die Menschen, die sie besuchen, um hier Gottesdienst zu feiern oder den Raumeindruck zu erleben und die erhabene Schönheit der Architektur zu bewundern. Der Raum spricht von Gottes Nähe zu den Menschen.

Es lohnt sich, auf Entdeckungsreise zu gehen, denn die Bauformen der Kirchen und Dome, die Figuren und Bilder erzählen von Leben und Glauben, von den Freuden und Sorgen, von Fragen und Visionen, von Gott und Mensch – im Wandel der Zeit. Dabei ist die Predigt der Steine häufig wirkungsvoller als die des Wortes. So verhält es sich mit den Kirchen ähnlich wie mit den Bildern der christlichen Kunst, die uns die Inhalte des Glaubens vor Augen führen. Beide haben eine überlieferte Bildersprache, die sich nur dem wirklich erschließt, der ihre Symbolik, ihre Zeichenhaftigkeit, die versteckten Sinngehalte und Botschaften zu deuten versteht. Was den Menschen vergangener Jahrhunderte und selbst unseren Eltern und Großeltern vertraut war, ist vielen heute fremd geworden. Es müssen Zugänge gesucht werden, um über das ästhetische Erlebnis zu einer intensiveren Beschäftigung mit dem geistlichen Gehalt dessen zu gelangen, was uns sichtbar vor Augen steht.

„Wie ehrfurchtgebietend ist doch dieser Ort. Hier ist nichts anderes als das Haus Gottes und das Tor des Himmels" (Gen 28,17). Im Bild des Ersten Testamentes gesprochen, berühren sich auch heute hier Himmel und Erde. Wenn sich die Gemeinde zum Gottesdienst um den Altar versammelt, feiert sie, was die zu Stein und Raum gewordene Kirche ausdrückt: Jesus Christus ist die Mitte der Kirche und der Lebensgrund der Menschen. Er vereint uns mit sich und stiftet Gemeinschaft im Miteinander. Denn für uns als Christen ist der wahre Tempel Gottes die Gemeinschaft der Glaubenden (1 Kor 3,17). Die Apostel und Propheten sind das Fundament, Christus ist der Eckstein (Eph 2,19-22). Diese architektonischen Metaphern, die Aufbau und Zusammenhalt der Ecclesia veranschaulichen, haben dazu geführt, dass der Begriff Kirche im doppelten Sinn als Gemeinschaft von Menschen und als architektonisches Gebäude verstanden wird. Der Kirchbau wird somit zum Gleichnis für die Gemeinde der Gläubigen. Die im Glauben fundierte Intention der Menschen vergangener Jahrhunderte, im Gotteshaus ein Gleichnis des Himmels auf Erden zu sehen, ist heute vielfach aus dem Blick geraten. Historische Sakralräume werden häufig nur noch wegen ihres spezifischen Fluidums geschätzt, ohne die Zusammenhänge zu verstehen.

Mit der Performance „Wandel durch Licht und Zeit", die anlässlich des 1200-jährigen Bistumsjubiläums stattfand, wurden neue Wege beschritten, um die Bedeutung des Ortes, der Architektur und der Ausstattung des Paderborner Domes sinnlich erfahrbar zu machen. Der Paderborner Dom ist wie all unsere Kirchen nicht nur ein herausragendes Bauwerk, sondern Stein gewordener Zeuge des Glaubens seit 1200 Jahren. Die Architektur im Großen, aber auch jedes Detail, ist voll Bedeutung, nichts ist zufällig.

In sieben Bildern wurde die vielschichtige Bedeutungswelt erschlossen. Sie waren thematisch angelegt und wie folgt überschrieben:

1. Der heilige Ort – Ordnung im Chaos

Die Kirche ist in der Form des Kreuzes gebaut. „Templum" meint in ursprünglicher Wortbedeutung Schneidung, Kreuzung, Schnittpunkt. Orientierung wird möglich. Der Mensch ortet die Welt. Er erfasst sie mit den drei Dimensionen seines Körpers: Über ihm das unendliche Himmelsgewölbe, unter ihm ein Fleckchen Erde, seinen Standpunkt; rechts und links die Umwelt, hinter ihm die Vergangenheit, vor ihm das Neue.

2. Die Himmelsrichtungen und ihre Symbolik

Alles richtet sich nach dem Licht. Die Sonne prägt das Leben des Menschen. Der Tageslauf ist Sinnbild des Jahres, des Lebens, der Zeit. Die Sonne legt die Himmelsrichtungen fest. Nach mittelalterlicher Vorstellung hat jede von ihnen eine eigene Bedeutung. So haben auch in der Bauform des Domes die Himmelsrichtungen ihre Bedeutung gefunden. Der Süden ist die Seite des vollen Lichtes und des Lebens, der reichen Gnadenschätze Gottes, des Neuen Testamentes, der Ecclesia und der Heiligen. Im Westen geht die Sonne unter.

Hier endet der Tag, hier endet das Leben, hier endet die Zeit. Der Westteil der Kirche spricht von der Auseinandersetzung mit dem Vergänglichen und Weltlichen. Der Norden, die Mitternacht ist die Richtung des Dunklen, des Todes. Hier liegt auch der Friedhof. Im Osten, im Orient, erscheint das Licht zuerst. Hier ist der Anfang des Tages, des Lebens, die immer wiederkehrende Erneuerung. Hier ist Christus, auf ihn ist die Kirche ausgerichtet. Seit frühchristlicher Zeit beten die Gläubigen nach Osten gewendet, denn von hier erwarten sie die Wiederkunft Christi, die Sonne der Gerechtigkeit.

3. Wenn Steine reden – die vertikale Ordnung

Gottes Schöpfung klingt im Dombau wie in einem Echo nach. Die Raumsymbolik ist anschaulich erlebbar, da sie in Material, Farbe und Licht dem Naturraum einen im christlichen Geist aufgefassten Kosmos entgegenstellt. Das Quadrat der Vierung bezeichnet alles Irdische. Es verkörpert Begrenzung und Endlichkeit. Die Vierung steht auch für die vier Urelemente: Feuer, Wasser, Luft und Erde – und damit für den irdischen Menschen. Der Kreis symbolisiert Vollkommenheit, Unendlichkeit, Ewigkeit. Das Heilige erhebt sich über das Weltliche und ruht darauf. Das Gewölbe erschließt die Sphäre der Engel und des Himmels. Der Schlussstein steht für Christus, der in seiner göttlichen Vollmacht den Bau zusammenhält.

4. Der Rhythmus des Raumes

Licht und hell ist der Kirchbau der Gotik. Immer schlanker und höher wachsen die Pfeiler auf. Frei stehen sie im Raum. Sie verlieren das Schwere, das Mauerhafte und werden zu Gebilden aus lebendigen Kraftlinien. Rhythmisch schreitet der Raum voran, Joch folgt auf Joch. Aus den engen, dunklen Gassen der mittelalterlichen Stadt tritt der Gläubige in eine hohe, weite und lichte Halle. Er tritt in den Lichtraum des Göttlichen ein. Der Bau wird zur Vision des Unsichtbaren.

5. Der Dom – Wohnstadt der Heiligen

Der Kirchbau lebt. Heiligenfiguren bevölkern das Bauwerk. Sie empfangen den Gläubigen am Paradiesportal und begleiten ihn auf den Weg durch den Kirchenraum. Sie treten ihm in Lebensgröße gegenüber und sprechen ihn an. Der Mensch braucht Vor-Bilder. Er sucht Leit-Figuren. Die Apostel an den Pfeilern des Domes tragen die Artikel des Glaubensbekenntnisses. Sie leiten an zum Gebet. Der Glaube, so bezeugen sie, ist die lebendige Stütze der Kirche. Maria ist die eigentliche Patronin dieses Domes. Sie ist zugleich das Symbol der Kirche, die sie betreut, hell glänzend schwebt sie über dem Mittelschiff. Von allen Seiten ist sie zu sehen und kann angerufen werden. Der Mensch sucht die Nähe der Heiligen.

6. Der Altar – Christus in unserer Mitte

An einem hervorgehobenen und zentralen Platz steht der Altar, weil er ein Symbol für den gekreuzigten und auferstandenen Christus ist. Um den Altar wird Eucharistie gefeiert. Es bildet sich Gemeinschaft. Von hier gehen Kraft, Wandlung und Ermutigung für das Leben aus. Wer sich um diesen Altar versammelt, kann auch im Alltag nicht mehr an den Menschen vorbeileben – mit ihren Freuden und Sorgen, Fragen und Nöten, mit allem, was sie bewegt.

7. Die Gegenwart der Toten – Tod und Auferstehung

Im Tod sucht der Mensch Beistand. Er hofft auf die Auferstehung am Jüngsten Tag und die Fürsprache der Heiligen. Er vertraut seinen Leib der Kirche an und sucht die Nähe des heiligen Ortes. Das Totenlicht am Grab ist das Symbol dieser Hoffnung. „Lux perpetua luceat eis", das ewige Licht leuchte ihnen, so heißt es im Requiem. Das Vorbild ist die Osterkerze, die im Dunkel der Osternacht neu entzündet wird. Ihr Leuchten symbolisiert die Auferstehung Christi aus der Finsternis des Todes. Christus selbst ist das Licht der Sonne, das nach der Nacht wieder erscheint, die Sonne der Gerechtigkeit.

Auf diese Art können die Steine unserer Kirchen erzählen. In abgewandelter Form können sicher die verschiedenen Bilder übertragen werden auf andere Gotteshäuser, die von Gottes Nähe erzählen. Die Botschaft der Steine wurde bei der Performance durch eine abgestimmte Lichtchoreographie weiter herausgearbeitet und gesteigert. Darüber hinaus gab es Musikimprovisationen an Orgel, Saxophon und Schlagwerk. Sie wechselten ab mit Gesang und Texten, wobei sich moderne Poesie der theologisch-spekulativen Tiefgründigkeit mit jahrhundertealten Quellentexten verband. Eine so konzipierte Performance will den

An vier Abenden, fünf Aufführungen voll besetzt: Insgesamt erlebten mehr als 3.000 Besucher den „Wandel durch Licht und Zeit" im Hohen Dom zu Paderborn

Wir spüren heute in einer oftmals nüchternen und sinnentleert erscheinenden Welt, dass das Wissen um die Zusammenhänge von Leben und Glauben verloren geht. Gleichzeitig spüren wir den Hunger und die Suche nach Orientierung. Menschen suchen Antworten in den Fragen nach dem Woher, Wozu und Wohin unseres Lebens. Hier können die alten Wahrheiten und Weisheiten, die in den Räumen und Orten unseres Glaubens enthalten sind, neu zum Sprechen gebracht werden.

Der „Wandel durch Licht und Zeit" ist ein unkonventioneller Versuch, neue Brücken zu schlagen, damit wir künftig wieder deutlicher sehen, wo Himmel und Erde sich berühren. Die positiven Resonanzen können ermutigen und anregen, Symbolik, Botschaft und christlich-abendländische Traditionen unserer Kirchen wieder mehr oder anders in den Blick zu nehmen. Sie haben uns mehr zu sagen, als wir auf den ersten Blick zu erahnen vermögen.

Besuchern weder ein Konzerterlebnis noch eine Light-Show oder einen kunsthistorischen Vortrag bieten; vielmehr sollten Musik, Wort und Licht im Raum zu einem alle Sinne faszinierenden „Gesamtkunstwerk" zusammengefügt werden. Darum muss die Lichtgestaltung wie auch die musikalische und textliche Interpretation sorgfältig auf die Architektur des Raumes abgestimmt werden.

Unerwartet viele Besucher wurden durch die Performance angezogen und begeistert. Auch in der Medienwelt stieß dieses Ereignis auf ein sehr positives Echo. Erfreulich ist ebenso, dass diese Idee in anderen Gemeinden und Diözesen aufgegriffen wurde. So wird z. B. überlegt, beim Katholikentag in Hamburg den „Wandel durch Licht und Zeit" aufzuführen.

Quelle: Wandel durch Licht und Zeit –
Kirchenräume neu entdecken,
hrsg. von Georg Austen, Martin Reinert,
Christoph Stiegemann, Andreas Witt.
Bonifatius Verlag, Paderborn 1999.

Pfarrer Georg Austen,
Diözesanseelsorger des Bundes der Deutschen Katholischen Jugend im Erzbistum Paderborn und Studentenpfarrer

Jubiläen im Jahre 1999

Gerhard Sander

Das Erzbistum Paderborn feierte 1999 das 1200-jährige Jubiläum seiner Gründung. Eingebettet in dieses große Ereignis gab es auf der örtlichen Ebene viele kleinere Jubiläen. Sie wurden zum Teil gefeiert, waren zum Teil Anlass für eine Festschrift und wurden zum Teil auch nur zur Kenntnis genommen.

Grundlage für die folgende kleine Übersicht über die Anlässe, die man gefeiert hat oder hätte feiern können, ist im wesentlichen der Realschematismus des Erzbistums Paderborn. Er ist trotz aller Lücken das einzige Werk, das eine Gesamtdarstellung des Erzbistums und seiner Pfarreien bietet. Aus der Fülle der jubiläumsfähigen Daten, die in dem Werk verzeichnet sind, werden einige herausgegriffen, um zu zeigen, dass außer dem Erzbistum auch Pfarreien und Institute Grund zum Jubel gehabt haben.

Mit einem Paukenschlag tritt das Bistum vor 1200 Jahren in das Licht der Geschichte und hat gleich markante Ereignisse im Gefolge: Es gibt einige Pfarreien und Kirchen, die auch ihr 1200-jähriges Bestehen in diesem Jahr feiern bzw. die Weihe ihrer Altäre Papst Leo III. im Jahr 799 zuschreiben. Hierzu gehören: Hohensyburg, ein Stephanusaltar im Paderborner Dom, Detmold, die Kiliankirche vor der Stadt Lügde, Schieder, die Laurentiuskirche in Rehme, die Kapelle auf dem Wittekindsberg, der Mindener Dom, Obermarsberg und Siddinghausen.

In den folgenden 500 Jahren sind zwar Pfarreien in reicher Fülle entstanden, die genauen Daten bleiben aber meistens im Dunkel der Geschichte verborgen, so dass es für diese Pfarreien keinen greifbaren Anlass gab, ein Jubiläum zu feiern. Eine Ausnahme machen nur die Pfarreien Nieheim, die vor 700 Jahren von Pömbsen abgetrennt, und die Vikarie Beatae Mariae Virgine und Allerheiligen in Delbrück, die vor 666 Jahren gegründet wurden. Anders sieht es bei den Klöstern aus. Hier konnten Willebadessen auf die Gründung des Benediktinerinnenklosters vor 850 Jahren und Oelinghausen auf die Gründung des Prämonstratenserinnenklosters vor 825 zurückblicken.

Erst ab dem 15. Jahrhundert bietet die urkundliche Überlieferung in größerer Anzahl genauere Daten zu unseren Pfarreien und Pfarrvikarien. Vor 555 Jahren, als die Soester Fehde begann, wurden die Pfarrei Rödgen und vor 550 Jahren, als die Fehde endete, die Vikarie St. Nikolaus in Warstein gegründet. Vor 525 wurde die Pfarrkirche St. Christina in Herzebrock geweiht und vor 500 Jahren das Kloster Glindfeld von Kreuzherren neu besiedelt.

Das 16. Jahrhundert ist arm an Jubiläumsdaten. Das hat seinen Grund in dem alles beherrschenden Ringen der Konfessionen. Außerhalb des Fürstbistums Paderborn gingen fast alle Pfarreien des Bistums dem katholischen Glauben verloren. In Waldeck begann die Reformation schon 1524 – vor 475 Jahren. 1599, in der Zeit der Katholischen Reform, der sogenannten Gegenreformation, wurde der Grundstein der heutigen Pfarrkirche St. Jodocus in Wewelsburg gelegt.

Vor 375 Jahren, im Jahre 1624, führte Weihbischof Pelking die Stadt Lügde zum katholischen Glauben zurück. Das gleiche Jahr wurde im Westfälischen Frieden zum „Normaljahr" erklärt, d. h. bezogen auf den 1. Januar 1624 sollten die kirchlichen Besitzfragen geregelt werden. Dadurch blieb neben anderen die Pfarrei St. Lambertus in Castrop katholisch.

Nach dem Ende des Dreißigjährigen Krieges weihte Weihbischof Bernhard Frick 1649 auf seinen Firmreisen im Bereich Lippstadt und Soest zahlreiche Kirchen, Altäre und Glocken: Höinkhausen, Östereiden, Langenstraße, Berge, Anröchte, Mellrich, Uelde, Klieve, Altengeseke, Oestinghausen, Hultrop, Ostinghausen, Horn, Eickelborn, Lohe, Schallern, Schmerlecke, Bockum, Benninghausen, Hellinghausen, Erwitte, Westernkotten, Völlinghausen, Stirpe, Eickeloh, Bökenförde, Dedinghausen, Esbeck, Mönninghausen, Störmede, Langeneicke und Ehringhausen.

Der wirtschaftliche Aufschwung der Barockzeit führte zum Bau und zur Einweihung vieler kirchlicher Gebäude: 1666 – vor 333 Jahren – die Kapelle St. Agatha und Gertrudis in Fleckenberg, St. Sebastian in Weikede, St. Maria Immaculata im Schloss Tatenhausen. Im gleichen Jahr wurde die Vikarie in Westönnen gegründet und die Klosterkirche St. Agnes in Hamm vom Staat als Pfarrkirche anerkannt. Auf 300 Jahre können die Pfarrkirche St. Mariä Himmelfahrt in Bruchhausen, St. Johannes in Bad Westernkotten und die Kapelle St. Hubertus in Repe zurückblicken. Vor 250 Jahren entstand in der Residenzstadt Arolsen eine katholische Gemeinde, die

vor 175 Jahren kanonisch als Pfarrei errichtet wurde.

Die Vernichtung fast aller alten Klöster am Anfang des 19. Jahrhunderts führte, sobald die politischen Verhältnisse es wieder zuließen, zu einer Fülle von Neugründungen. Die Kongregation der Schwestern der christlichen Liebe wurde 1849 in Paderborn gegründet, die Franziskaner ließen sich im selben Jahr in Werl nieder. Ebenfalls vor 150 Jahren wurde der Bonifatiusverein gegründet. Er war die direkte Folge des Wiedererwachens des katholischen Bewusstseins, das mit dem Kölner Ereignis 1837, der Wallfahrt zum Heiligen Rock nach Trier 1844 und der Katholikenversammlung 1848 seinen Aufschwung nahm.

Vor 100 Jahren kamen die Benediktinerinnen nach Herstelle, wurde die Pfarrei St. Peter und Paul in Lage gegründet, die Pfarrkirche St. Johannes in Sundern geweiht und die Kapelle St. Peter und Paul in Grimminghausen gebaut.

In diesem Jahrhundert ist der Abschluss des Preußenkonkordates vor 70 Jahren ein Grund zum Feiern, denn das Bistum Paderborn wurde in den Rang eines Erzbistums gehoben. Damit schied es aus der Kirchenprovinz Köln aus, zu der es seit 1821 gehört hatte.

Nach dem Zweiten Weltkrieg brachte 1949 für das Erzbistum wichtige Ereignisse: Am 13. Mai erfolgte die Gründung der Landvolkshochschule „Anton Heinen" im alten Zisterzienserkloster Hardehausen und am 9. Oktober die Weihe der alten Deutschordenskommende

St. Clemens in Dortmund-Brackel als Institut des Erzbistums für katholische Soziallehre. Vom 31. August bis zum 4. September fand in Bochum der 73. Deutsche Katholikentag statt. Außerdem wurde im selben Jahr in Heiden-oldendorf das Säkularinstitut St. Bonifatius gegründet.

Die Jubiläen erinnern uns an unsere Geschichte, die mehr ist als nur vorübergegangene Zeit. Sie ist geprägte Zeit: durch Erlebnisse und Erfahrungen, durch Glauben, Hoffen und Lieben. Durch die vielen Jubiläen vor Ort in den Gemeinden und Einrichtungen wird eindrucksvoll unterstrichen, dass Christen immer wieder neu Gemeinden und Gemeinschaften gründeten: Orte des gemeinsamen Betens und Lebens. Möge diese Tradition auch die Zukunft bestimmen.

Gerhard Sander,
Bistumsarchivar

Thomas Schäfers
Dr. Christoph Stiegemann

Sonderpostwertzeichen
1200 Jahre Bistum Paderborn

Sonderpostwertzeichen zum
Bistumsjubiläum von
Professor Peter Steiner, Stuttgart

Im Jahr 1999 feiert die Kirche von
Paderborn ihr 1200-jähriges Bestehen.
Die Anfänge verbinden sich mit
einem Ereignis von weltpolitischer
Bedeutung. Im Jahr 799 empfing
Karl der Große den aus Rom geflohe-
nen Papst Leo III. mit allen Ehren in seiner
prächtig ausgestalteten Pfalz in Paderborn.
Das feierliche Empfangszeremoniell wird im
sogenannten Karlsepos „De Carolo Rege et
Leone Papa" aus dem Anfang des 9. Jahrhunderts wort- und beziehungsreich geschildert:
„Der König, der Vater Europas, und Leo, der
oberste Hirte auf Erden, sind zusammengekommen und führen Gespräche über mancherlei Dinge."

In dreimonatigen Verhandlungen wird ein
Bündnis zwischen dem aufstrebenden fränkischen Reich und dem römischen Papsttum
geschlossen, das ein Jahr später mit der Kaiserkrönung Karls in Rom besiegelt wurde. Die
Begegnung von 799 veränderte nicht nur die
politische und geistliche Landschaft des damaligen Europa nachhaltig, sie markiert auch
in der westfälischen Geschichte einen epochalen Einschnitt. Mit der von Karl errichteten
und im Jahr 799 durch Papst Leo III. geweihten Kirche von „wunderbarer Größe" wurde
ein Grundstein des Bistums Paderborn gelegt.

Unter dem Motto „1200 Jahre Bistum Paderborn. Mehr als man glaubt." wird an die Anfänge des Bistums ausgehend von der Begeg-

nung zwischen Karl dem Großen und Papst
Leo III. erinnert. Hinter den 1200 Jahren ver-
bergen sich bedeutende Ereignisse und eine
lebendige Geschichte des Glaubens bis auf
den heutigen Tag. Über rund 48 Generationen hinweg haben Eltern ihren Kindern ihren
Glauben weitergegeben.

Mehr, als man glaubt, haben Christen zu allen
Zeiten Zeugnis für ihren Glauben abgelegt.
Manchmal haben sie dafür Nachteile und Ge-
fahren auf sich nehmen müssen. In Liturgie,
Verkündigung und Diakonie, den drei Grund-
diensten der Kirche, haben sie ihren Glauben
gefeiert und Zeichen der Hoffnung in der
Welt gesetzt.

Der Blick in die Geschichte zeigt, wie lebendig und aber auch wechselvoll die 1200 Jahre
für das Bistum waren. Im Jahre 806 erhält es
mit Bischof Hathumar seinen ersten Bischof.
1036 gelingt es Bischof Meinwerk durch die
Ansiedlung verschiedener Orden Paderborn
zu einem geistlichen Zentrum zu machen.
Gleichzeitig werden erste Ansätze zur Ausbildung zum Fürstbistum deutlich. Fürst-
bischof Dietrich IV. von Fürstenberg (1585–
1618) leitet eine umfangreiche Kirchenreform
nach dem Konzil von Trient ein. Er gründet
1614 auch die Paderborner Universität und
übergibt sie bei deren Eröffnung 1616 den
Jesuiten. In der Säkularisation 1802 geht das
Fürstbistum unter, Stifte und Klöster werden
aufgehoben. Das Bistum bleibt bestehen.

Ein Vorentwurf im
Wettbewerb der Entwürfe

1821 wird das Bistum durch die Bulle „De salute animarum" neu umschrieben.

Durch die Zuweisung des Bistums Corvey und von Gebieten der Bistümer Köln, Osnabrück, Mainz, Minden, Halberstadt und Magdeburg wird Paderborn zu einem der größten deutschen Bistümer. 1930 wird es zum Erzbistum erhoben. Zur Kirchenprovinz gehören die Suffraganbistümer Fulda und Hildesheim. 1958 tritt das Erzbistum an das neu errichtete Bistum Essen die Dekanate Bochum, Gelsenkirchen, Hattingen, Wattenscheid und angrenzende Gebietsteile ab. 1994 wird der in Sachsen-Anhalt gelegene östliche Teil des Erzbistums ausgegliedert. Das Bistum Magdeburg wird errichtet. Einen feierlichen Höhepunkt stellt der Pastoralbesuch Papst Johannes Paul II. im Jahr 1996 dar.

Wettbewerbsentwurf

Heute leben im Erzbistum Paderborn rund 1,83 Millionen Katholiken in sieben Seelsorgeregionen, 40 Dekanaten und 770 Kirchengemeinden. Neben den rund 1.300 Welt- und Ordenspriestern, etwa 100 Ständigen Diakonen, ca. 220 Gemeindereferentinnen und Gemeindereferenten und etwa 6.600 Religionslehrerinnen und -lehrern engagieren sich weit über 40.000 Mitarbeiter ehrenamtlich in den Gemeinden und Verbänden.

Thomas Schäfers,
Leiter der Presse- und Informationsstelle
Erzbischöfliches Generalvikariat

Dr. Christoph Stiegemann,
Direktor des Erzbischöflichen Diözesanmuseums

Wettbewerbsentwurf

ettbewerbsentwurf

Rektor Liudger Gottschlich

Aufbruch zum Leben

Das Projekt der „Exerzitien im Alltag" während der Fastenzeit 1999

Das Ziel des Jubiläumsjahres – „Die Quellen bedenken, die Gegenwart prüfen, in die Zukunft aufbrechen" – erinnert stark an den klassischen Dreischritt von Exerzitien: Erinnerung – Reinigung – Einigung. „Die Quellen bedenken": Das ist die Memoria an die Heilstaten Gottes damals, die uns Heutigen Kraft und Mut für die Aufgaben der Zukunft schenken soll. Und diese sind gewaltig. Eine Prüfung der Gegenwart zeigt: Die Kirche im Abendland befindet sich in einer Krise wie seit langem nicht. Fragt man nach ihren Ursachen, mag man auf mannigfaltige Gründe stoßen – viele davon äußerer Art, die der Kirche das Leben schwer machen wie zuvor. Die gewichtigeren aber scheinen hausgemacht, innerer Art zu sein. Ein entscheidender ist wohl der, viel zu lange beim Bedenken der Quellen geblieben zu sein, anstatt in einem nächsten Schritt daraus zu leben!

Jede Kirchenkrise ist immer eine „Gläubigenkrise". Kirche ist ein Haus aus lebendigen Steinen – und eben daher immer nur so kraftvoll und lebendig, wie seine Mitglieder überzeugt Glaubende mit einer lebendigen Gottesbeziehung sind. Unsere Krise ist das dunkle Erbe der sogenannten Volkskirche. Da die ganze Gesellschaft christlich geprägt war, wurde jedes Neugeborene selbstverständlich getauft. Das ganze Leben war in einen stützenden, kirchlichen Rahmen eingebunden. Wissen um Gott und Gottesbilder wurden zu Hause und von anderen Autoritäten überliefert.

In der Regel waren Glaube und Kirchenmitgliedschaft nicht hinterfragt. Mit den gesellschaftlichen Umbrüchen verschwand der Einfluss der Kirchen; andere, nicht-christliche Lebensentwürfe nahmen zu. So offenbarte sich, dass der vermeintliche Glaube vieler nur übernommene Gewohnheit oder angelerntes Wissen ist, nicht aber in einer persönlichen Gottesbeziehung wurzelt. Gott ist für viele Getaufte lediglich ein Begriff, eine recht unbestimmte Macht, eine oft sehr verschrobene Vorstellung – doch kein persönliches Gegenüber. Da ist nie eine Beziehung zu einem liebenden DU gewachsen. Viele kennen Gott nur vom Hörensagen, nicht aus eigener Erfahrung. Sie wissen von Gott, der Quelle allen Lebens, doch haben sie nie davon gekostet.

Daher gleicht das Leben vieler „Gläubiger" einer Suchreise durch die Wüste. Üppig reich ist unser Land und unzählig die Angebote, dem Leben einen Sinn zu geben. Jeder noch so grelle Scharlatan bekommt im Fernsehen das Forum, seine „Heilslehren" zu verkünden. Schier endlos kann man zugreifen und kosten. Scheinbar leben wir – verglichen mit dem Rest der Welt – in einer traumhaften Oase. Doch der Traum vom guten Leben wird für nicht wenige zum Albtraum und die Oase entpuppt sich als Ödnis, denn keines der Angebote stillt die Sehnsucht nach Leben, die jeden umtreibt. Im Gegenteil: Je häufiger man von den verschiedenen Möglichkeiten kostet, um so durstiger und enttäuschter bleibt man zurück. Es ist kein Zufall, dass die Zahl der Suchtkranken ständig wächst. „Sucht" und „Sehnsucht" hängen innerlich zusammen. Sehnsucht, die nicht gestillt wird, verkommt zur Sucht. Die meisten Menschen in unserem Land sind getauft und finden doch die Quelle nicht, die ihren Durst wirklich stillen könnte. Sie suchen Gott, weil sie durch Erzählungen von ihm wissen; aber sie suchen an den falschen Orten oder bleiben an materiellen Dingen hängen, die sie mit Gott verwechseln. Auch ernsthafte Christen bleiben durstig. Es ergeht ihnen mit ihrem Wissen über Gott ähnlich wie mit dem Lesen von Speisekarten: Das Lesen und Nachdenken steigert den Appetit – aber es macht nicht satt. Deshalb sagt der Heilige Ignatius von Loyola: „Nicht das Viel-Wissen sättigt die Seele, sondern das Verkosten der Dinge von Innen her."

Genau dies verfolgt das Exerzitienprojekt. Es unterstützt das Ziel des Jubiläumsjahres spirituell, indem die Teilnehmer durch Erinnerung und Reinigung in die lebendige Begegnung mit Gott geführt werden – in die Vereinigung. Vom theoretischen Wissen über Gott zum Erleben der Person; vom reinen Hörensagen zum spürbaren Erfahren; vom Betrachten der Quelle zum Trinken, um den Durst zu stillen und zu einem kraftvollen Glauben zu kommen. So können wir in die Zukunft aufbrechen und den Glauben überzeugend und anziehend weitergeben, damit er lebendig bleibt.

Dies bringt das Bild des Projektes zum Ausdruck. Zur Entstehung berichtet der Maler Sieger Köder von einer Reise in die Sahara.

Dabei begegnete ihm mitten im ödesten Teil der Wüste in einem Steinhaufen eine Wasserlache mit einigen blühenden Blumen. Auf seine Frage, ob das eine Art Zisterne sei, entgegnete ihm der einheimische Führer, das sei eine „Quelta", zu Deutsch: eine Quelle. Unter der Sahara befinden sich riesige Wasservorräte. Zu diesen dringen an einigen wenigen Stellen natürliche Röhren durch den Boden vor und befördern ständig frisches, klares Wasser nach oben. Nicht in Massen, aber genug, um zu trinken und sich für den weiteren Weg zu bevorraten. Eine solche Quelta stillt den Durst und rettet vor dem Tod. Man muss nur erfahren genug sein, sie zu finden.

Gott ist in jedem Getauften. Der Heilige Geist ist in unsere Herzen gesandt. In jedem Christen sind damit die nötigen „Wasservorkommen", die den geistlichen Durst wirklich stillen. Nur dringen eben oft keine Röhren mehr dorthin vor. Vielleicht, weil uns nie jemand gelehrt hat, sie zu bohren. Vielleicht ist aber auch die damit verbundene Mühe zu unbequem. Vielleicht wurden diese Röhren im Laufe der Jahre zugeschüttet - durch den Lärm unserer Zeit; durch den geistigen Müll, den sie tonnenweise produziert; durch Wohlstandsverfettung, vergleichbar einem spirituellen Herzinfarkt. Auch aktive Christen sind davor nicht gefeit! Die Exerzitien im Alltag brechen die Wege zur Quelle des Lebens in

uns neu auf; sie reinigen die Röhren! Die Zugänge zu Gott, zur Quelle des Lebens, werden neu geöffnet. Dazu bedarf es der Übung und der Erfahrung. Übung heißt auf Latein: „Exerzitien". Für diesen Übungsweg gibt das Projekt Handwerkszeug und Anleitung, um erfahrbar zu machen: „Wer von dem Wasser trinkt, das ich ihm geben werde, wird niemals mehr Durst haben; vielmehr wird das Wasser, das ich ihm gebe, in ihm zur sprudelnden Quelle werden, deren Wasser ewiges Leben schenkt. Wer Durst hat, komme zu mir und es trinke, wer an mich glaubt. Wie die Schrift sagt: Aus seinem Inneren werden Ströme von lebendigem Wasser fließen." Damit meinte er den Geist, den alle empfangen sollten, die an ihn glaubten.
(Joh 4,14 u. 7,37b–39a)

Wird damit nicht reichlich viel versprochen? Der Mensch ist misstrauisch – der erfahrene Christ zumal. Hat nicht jedes Jahrzehnt nach dem Konzil einen neuen, angeblich einzig richtigen Weg in die Zukunft hervorgebracht? In den 70er Jahren wurde jedes Engagement unter das Heil der Gruppendynamik gezwängt. Die 80er waren gesellschaftlich und kirchlich zunächst von der Friedensbewegung, dann von der Ökologie beherrscht. Die 90er scheinen unzählige geistliche Gruppen und Bewegungen zu produzieren, genau wie bei der letzten Jahrtausendwende; jede mit dem Anspruch auf den einzigen Weg in die Zukunft. Liegt da ein Projekt „Exerzitien im Alltag" nicht genau im Trend – quasi als „letzter Schrei" einer untergehenden Kirche? Ein Blick in die Entstehungsgeschichte mag da beruhigen. Wenn das Projekt auch in den

Strom der Zeit zu passen scheint, so ist es doch kein Kind unserer sogenannten Postmoderne, sondern wesentlich älter – und bewährter! Es trifft weniger den Zeitgeist, als vielmehr den „Kairos", den richtigen Zeitpunkt.

„Erfinder" dieser Art von Exerzitien ist Ignatius von Loyola (1491-1556), und niemand wäre weniger in Verdacht, ein überspannter „Zeitgeistlicher" zu sein, als dieser nüchterne und erfahrene Seelenführer. Aus der präzisen Analyse seiner geistlichen Lebensgeschichte und der gründlich studierten Weisheiten der großen spirituellen Lehrer heraus, verbunden mit jahrelanger Erfahrung in der geistlichen Begleitung anderer, entwickelt er sein bekanntes Exerzitienbuch. Wer sich diesen geistlichen Übungen unterwerfen will, begibt sich für zehn oder gar 30 Tage in völlige Abgeschiedenheit. Ignatius selbst nun rät für den Fall, dass sich ein Exerzitant aus Zeit- oder Geldgründen nicht für die vorgesehene Zeit in ein Kloster zurückziehen kann, diesem Suchenden für jeden Tag Betrachtungsstoff an die Hand zu geben, mit dem er sich zu Hause beschäftigen kann. Auf diese Weise wird in etwa sechs Wochen der gleiche geistliche Weg zurückgelegt, wie sonst in zehn Tagen der Abgeschiedenheit. Genau diesem Rat folgt unser Projekt. Es gibt den Übenden Betrachtungsmaterial für eine halbe Stunde täglich an die Hand. Dazu kommt ein abendlicher Tagesrückblick von einer viertel Stunde und ein wöchentlicher Austausch mit anderen. Wo und wann im Rahmen des Alltags die tägliche Betrachtung gemacht wird, entscheidet jeder selbst.

Diese Bedingungen scheinen also unserer zeitfressenden Gegenwart gut entgegenzukommen, zumal es heute schwerer ist denn je, sich aus dem Alltag länger zurückzuziehen. Aber gilt das auch für den Inhalt? Sind nahezu 500 Jahre alte Übungen für den modernen Menschen noch zeitgemäß? Durchaus.

Grundinhalt der Exerzitien ist, dass der Einzelne mit seiner je individuellen Geschichte und seinen ganz persönlichen Lebensumständen auf den Weg gestellt wird, in die spürbare, direkte Begegnung mit Gott zu gelangen. Damit ist Ignatius ein sehr moderner Mensch. Denn er steht am Beginn der Neuzeit, die durch Renaissance und Humanismus das Individuum mit seinen Bedürfnissen wiederentdeckt und ernst nimmt. Weil das Suchen und Fragen des heutigen Menschen nach wie vor dasselbe ist wie damals, und weil Ignatius den Einzelnen in der spürbaren Begegnung mit Gott das Ziel allen Suchens finden lässt, sind seine Exerzitien auch vom Inhalt her auf den heutigen Menschen maßgeschneidert.

Dass Ignatius den Einzelnen mit der persönlichen Geschichte so ernst nimmt, hat einen weiteren Vorteil: Es weitet den Kreis der möglichen Teilnehmer unendlich! Seine Spiritualität setzt keine Vorbedingungen, anders als die meisten geistlichen Bewegungen, die eine einheitliche Grundlage voraussetzen und gerade dadurch ihre Identität gewinnen. Das heißt konkret: Für die Teilnahme an den Exerzitien ist es gleichgültig, ob jemand sich zur Schönstattbewegung, zu den Fokolaren, zu Jesus Caritas oder sonst einer Gruppe zugehörig fühlt; ob jemand viel, wenig oder keine geistliche Erfahrung mitbringt; ob er den Hauptschulabschluss hat oder ein Studium; ob er Mann/Frau, arm/reich, halber Heiliger oder Sünder ist – jede(r) kann kommen und sich mit den gleichen Chancen auf den Weg zu Gott machen. Das Geheimnis dahinter ist ein Wort Jesu: „Niemand kann zu mir gelangen, wenn nicht der Vater ihn zieht!" (Joh 6,44). Der Übende gelangt nicht durch seine Leistung im Beten oder Denken in die Begegnung mit Gott, sondern Gott ist es, der umgekehrt am Übenden handelt. Er zieht ihn in seine Gegenwart. Ignatius leitet an, sich passiv der Begegnung mit Gott zu öffnen, und Gott findet bei jedem individuell die Tür zur Vereinigung (vgl. Offb 3,20: „Ich stehe an der Tür und klopfe. Wer mir öffnet, bei dem werde ich eintreten.").

Am Ende des Projektes haben sich an rund 380 Orten unserer Diözese nahezu 10.500 Menschen beteiligt. Zu einem Drittel waren die Teilnehmer jünger als 30 Jahre; die Mehrheit war über 45. Ein Drittel waren Männer, zwei Drittel Frauen. Der Grad der kirchlichen Bindung war sehr unterschiedlich, wenn auch in der Mehrzahl enger. Die meisten Exerzitanten wünschen eine Fortsetzung des Projektes. Durchweg am wichtigsten waren den Teilnehmern die Übungen still zu werden, um auf die Stimme Gottes lauschen zu können. Die Sehnsucht nach Stille und Kontemplation, auch in den Gemeindegottesdiensten, zeigte sich als größtes Bedürfnis.

Rektor Liudger Gottschlich, Leiter des Referates Exerzitien und Spiritualität im Erzbischöflichen Generalvikariat

Dr. Werner Sosna

Geschichte erleben – Zukunft gewinnen

Botschaften der Karolingerausstellung für unsere Zeit

Die Idee

Auch das Liborianum als Bildungsstätte des Erzbistums Paderborn blickt auf eine ereignisreiche Zeit im Zusammenhang mit der Karolingerausstellung zurück. Am Anfang stand ein Gespräch der Bildungsreferenten der regionalen und diözesanen Ebene, in dem das Bistumsjubiläum und die Karolingerausstellung als Chance für die kirchliche Bildungsarbeit anvisiert wurden. Die hier geborene Idee, die Botschaften der Karolingeraustellung für unsere Zeit zu erschließen, wurde von den Bildungsreferenten zu einem tragfähigen Konzept entwickelt, um interessierten Gruppen einen besonderen Zugang zu Themen und Inhalten der Karolingerausstellung zu bieten. Auf diese Weise konnte die kunst- und kulturgeschichtliche Ausstellung für die Gäste des Liborianum sowohl in ihren historischen Aspekten sinnvoll vorbereitet als auch im Blick auf die Bedeutung einzelner Exponate im Gespräch mit den Referenten vertieft und erweitert werden. In der Perspektive der Erwachsenenbildung sollte darüber hinaus das besondere Interesse gefördert werden, die Ereignisse von 799 und die Zeugnisse aus jener Zeit für unsere heutige geschichtliche und gesellschaftliche Situation zu erfassen. Das bedeutete auch, den eigenen christlichen Glauben vor diesem Hintergrund zu thematisieren und dabei Impulse für die individuelle Lebensgestaltung zu entdecken.

Das Konzept

Um das leisten zu können, mussten in einem ersten Schritt geeignete thematische Zugänge zur Karolingerausstellung erstellt werden. So realisierten die in der Vorbereitungsgruppe beteiligten Bildungsreferenten ein eigenständiges Konzept, mit dessen Hilfe konkrete Aspekte der Karolingerausstellung hervorgehoben und in ihrer Bedeutung für die Gegenwart erschlossen werden konnten. Von methodischer Seite war dabei gefordert, die erreichbaren historischen Informationen zur Situation der damaligen Zeit und zu den Exponaten mit der existentiellen Lebenssituation der Teilnehmer und ihren Anfragen in Verbindung zu bringen.

Die Ergebnisse machten schließlich auf sechs Themenfelder bzw. Akzente der Karolingerausstellung für die Bildungsarbeit aufmerksam:

- Mystik und Politik
- Christusbilder und Kreuzesdarstellungen
- Christianisierung gestern und heute
- Bedeutung und Stellenwert der Heiligenverehrung
- Christentum als Buchreligion
- Renovatio: Vereinheitlichung von Kunst und Liturgie

Zugleich wurde ein Methodenset mit praktischen Hinweisen für die Gruppenarbeit konzipiert.

Nachdem diese Themenfelder als „fertige Bausteine" vorgelegt werden konnten, ist in einem zweiten Schritt die Schulung der externen Referenten für den Bildungstag im Liborianum erfolgt. Allen Referenten wurden die entsprechenden Inhalte und dazugehörigen Materialien präsentiert, damit sich jeder auf das ihn persönlich ansprechende Thema gezielt vorbereiten konnte. Auch dieses Vorgehen fand bei allen Referenten uneingeschränkte Zustimmung und dokumentierte die gute Umsetzbarkeit der einzelnen Bausteine in der konkreten Arbeit mit der Gruppe. Natürlich waren die Referenten auch oft gefordert, auf das Gesamtspektrum der Themenfelder zurückzugreifen, um auf spezifische Interessen der Teilnehmer zu reagieren. Diese Flexibilität unterstreicht nicht nur das hier vermittelte erwachsenenpädagogische Konzept, sondern auch das pädagogische Interesse und die Qualität der eingesetzten Referenten.

Die Referenten

Für die Durchführung der Bildungstage konnten insgesamt 36 Referenten gewonnen werden, davon 22 als externe Referenten auf Honorarbasis. Die Schulungen für die Gestaltungsmöglichkeiten der Bildungstage fanden in der Bildungsstätte statt, um sich gleichzeitig mit den Räumlichkeiten im Liborianum vertraut machen zu können. Darüber hinaus konnte die Gruppe der Referenten unmittelbar zu Beginn der Libori-Woche eine eigene Führung durch die Karolingerausstellung in der Kaiserpfalz und im Diözesanmuseum selbst erleben. Das ist für alle ein beeindruckender Einstieg ins Thema gewesen.

Da das Interesse an der Durchführung der Bildungstage auf Seiten der Referenten spürbar groß war, nahmen viele von ihnen auch Entfernungen von 50 Kilometern auf sich, um nach Paderborn zu kommen. Vereinzelt mussten Referenten Entfernungen von über 100 Kilometern zurücklegen. Auch diese Tatsache kann als ein positives Signal für das Interesse an der Durchführung kirchlicher Bildungsarbeit gewertet werden und zeigt die personellen Ressourcen auf, die für die Erwachsenenbildung sinnvoll eingesetzt werden können.

Zum Gelingen der Bildungstage hat auch die Tatsache beigetragen, dass viele Referenten auf langjährige Erfahrungen in den verschiedensten Bereichen der kirchlichen Bildungsarbeit zurückgreifen konnten. Insbesondere die oft spontan zu leistende Einstellung auf die unterschiedlichen Erwartungen der Gruppen konnte auf diese Weise methodisch gut umgesetzt werden. Aber auch die „neuen" Referenten leisteten in diesem Bereich qualitativ hochwertige Bildungsarbeit, was sich oft in der Resonanz einer Gruppe dokumentierte. Ein schönes Beispiel dazu ist die Aussage von Teilnehmern, die am Ende eines sechseinhalbstündigen Bildungstages gerne noch länger geblieben wären, weil das Gespräch zu den Impulsen der Austellung „jetzt erst richtig beginnt".

Die Gruppen

Mit Hilfe eines eigenen Werbeträgers wurde seit Anfang des Jahres 1999 für die Bildungstage im Liborianum bistumsweit geworben. Die Resonanz darauf überstieg – wie auch die auf die Ausstellung – alle Erwartungen. 181 Gruppen nahmen das Angebot der Bildungstage an und kamen mit 3.215 interessierten Gästen während der dreimonatigen Ausstellungszeit in die Bildungsstätte nach Paderborn. Davon waren es allein im September 1.404 Teilnehmer!

Auch die geographische Verteilung lässt ein ähnlich erstaunliches Bild erkennen: Die Gruppen kamen nicht nur aus dem gesamten Gebiet des Erzbistums Paderborn, sondern auch aus Bonn, Duisburg und Osnabrück. Das ist sicherlich ein Zeichen dafür, dass das überregionale Interesse an der Ausstellung auch Gruppen erreicht, die solche Ereignisse in einem geeigneten Rahmen wahrnehmen und von einem gemeinsamen Standort aus erschließen möchten.

Wen hat das Liborianum mit seinem Angebot konkret erreicht? Die Bildungstage sind schwerpunktmäßig von Pfarrgemeinden und KFD-Gruppen in Anspruch genommen worden. Darüber hinaus gibt es jedoch einen großen Anteil von anderen Gruppen. Dazu zählen Lehrerkollegien aller Schulstufen, katechetische Arbeitskreise, Dekanatsbildungswerke, Bund Neudeutschland, Caritas-Konferenzen, Katholische Krankenhaushilfe, ökumenische Gruppen, Chöre, Frauen-Treff, VHS Literaturkreis, Familienkreis, Museumskreis, Katholische Medienwerkstatt, Altenheime und Familienbildungsstätten. Um auch andere interessierte Bürger zu erreichen, wurden drei Termine für Einzelanmeldungen reserviert und durch die Medien veröffentlicht. Auch hier war das Interesse so groß, dass –

wie in anderen Fällen auch – die Gruppen eigens geteilt werden mussten, um der Vorbereitung, der Führung durch die Ausstellung und der Bildungsarbeit gerecht werden zu können.

Fazit

Obgleich Zahlen in einer Statistik nicht alles sagen können, so belegen sie doch eindrucksvoll die Akzeptanz der Bildungstage als kirchliches Angebot. Der Erfolg, der sich darüber hinaus in der Zufriedenheit der Gäste niederschlägt, basiert noch auf anderen Faktoren, die für eine Bildungsstätte genauso lebenswichtig sind: Das Personal in Haustechnik, Küche und Speiseraum war unermüdlich im Einsatz, um die geplante Tagesstruktur zu ermöglichen. Erst dieses reibungslose Zusammenspiel der einzelnen Bereiche hat den Bildungstag für viele Gruppen zu einer gelungenen und interessanten Einheit von Ausstellungserlebnis und Bildungsarbeit gemacht.

„Geschichte erleben – Zukunft gewinnen" ist damit auch ein lebendiges Beispiel, dass Kirche und Bildungsarbeit zusammengehören. Das große Interesse von einzelnen Gemeindemitgliedern, neuen und traditionellen Gruppen am Bistumsjubiläum hat gezeigt, dass Kirche auch in dieser Form erlebt werden will, um der eigenen Existenz als Christ in Gesellschaft und Gegenwart Ausdruck zu verleihen. Die Bildungstage im Liborianum haben auf diese Weise dazu beigetragen, dass Menschen – ausgehend von dem historischen Anlass der Bistumsgründung – ihren Glauben gemeinschaftlich reflektieren und ihre christliche

Identität neu erfahren können. Von daher ist
der durch die Bildungstage eröffnete Raum
für solche Erfahrungen auch im Blick auf die
vehementen gesellschaftlichen Veränderungs-
prozesse ein nicht unbedeutendes Signal für
die Kirche, Kommunikation in dieser Form zu
fördern und damit Brücken zu den Menschen
zu bauen!

Dr. Werner Sosna,
Hauptabteilung Pastorale Dienste
Referat religiös-theologische Bildung

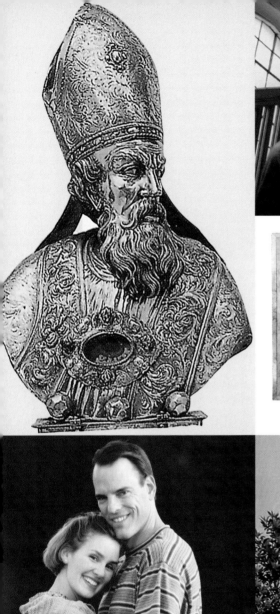

Die Gegenwart prüfenn

Rund um den Dom

Karl Josef Tielke

„Mit den Ehrenamtlichen!" – so lautete die gleichbleibende Antwort unseres Erzbischofs, wenn er gefragt wurde, wie er sich denn die Feier seines 25-jährigen Jubiläums als Erzbischof von Paderborn wünsche. Dieses Jubiläum – gleichzeitig auch das seines Generalvikars – sollte zeitlich in der ersten Hälfte des großen Bistumsjubiläums stattfinden. So war es nicht verwunderlich, dass in den Planungen des Jubiläums aus dieser Antwort des Erzbischofs schon früh eine erste Leitidee für einen „Tag des Ehrenamtes" geboren war. Eine gute Gelegenheit, den vielen tausend Ehrenamtlichen, die hauptsächlich vor Ort in den Gemeinden engagiert sind, Wertschätzung und Dank auszusprechen. In den seit einigen Jahren geführten Debatten um Krise und Chance des Ehrenamtes gibt es ja bei allen unterschiedlichen Standpunkten eine wesentliche Übereinstimmung: Das Ehrenamt braucht mehr Wertschätzung und mehr öffentliche Anerkennung. Der Wunsch des Erzbischofs, sein Jubiläum mit dieser Intention zu verbinden, wurde im Bistum als deutliches Signal zur Unterstützung der Ehrenamtlichen verstanden.

Die Einladung im Originalton:
„... die Katholische Kirche lebt in den Diözesen und Pfarrgemeinden vom Mittun zahlreicher ehrenamtlicher Frauen, Männer und Jugendlicher. In den Grunddiensten der Kirche, der Liturgie, der Verkündigung und der Diakonie bzw. der Caritas, legen sie durch ihr

Handeln Zeugnis ab von dem lebendigen Glauben an Jesus Christus, seine frohmachende und befreiende Botschaft. Aus Anlass unseres Bistumsjubiläums möchte ich alle ehrenamtlichen in unseren Pfarrgemeinden, Verbänden, Gremien, Einrichtungen und Institutionen tätigen Frauen, Männer und Jugendlichen am 25. April nach Paderborn einladen. Unter dem Motto „Rund um den Dom" soll dieser Tag des Ehrenamtes die Lebendigkeit und die Vielfalt des Engagements hervorheben, den vielen Ehrenamtlichen mit ihren Familien Raum geben zu Begegnung und Austausch und ihnen meinen Dank und die Verbundenheit der Diözese ausdrücken. Für mich und meinen Generalvikar ist es eine große Freude, mit ihnen zu feiern und dankbar auf die 25 Jahre unseres Wirkens als Erzbischof und Generalvikar in unserer Diözese zurückzublicken. Wir freuen uns auf ihr Kommen!"

Aus diesen Vorgaben heraus galt es nun, ein Programm für einen ganzen Tag zu gestalten. In den Überlegungen der Vorbereitungsgruppe entwickelte sich daraus das Bild eines Pfarrfestes der Diözese. Eine große Unbekannte blieb dabei bis zum Schluss die Frage, mit wieviel Teilnehmern man denn realistisch rechnen könne. Hier setzte sich sehr schnell der Mut zum Risiko durch: Alle Gedanken, durch Begrenzung der Teilnehmerzahlen pro Gemeinde zu kalkulierbaren Größen zu kommen, wurden verworfen, da sie der sehr offen ausgesprochenen Einladung in keinster Weise gerecht werden könnten! Der bunte und offene Festcharakter des Tages wurde durch die folgenden Bausteine geprägt.

Den Auftakt des Tages würde natürlich eine feierliche Eucharistiefeier im Hohen Dom bilden, in der auch die Vielfalt und Lebendigkeit ehrenamtlichen Engagements im gesamten Bistum Ausdruck finden sollte. Eine Arbeitsgruppe aus dem Diözesanpastoralrat ging mit großer Tatkraft und viel Phantasie an diese Aufgabe heran.

Der Dom sollte an diesem Tag nicht nur durch diese Eucharistiefeier eine zentrale Rolle spielen, sondern er blieb es den ganzen Tag über durch Orgelkonzerte, Domführungen und eine Dankandacht zum Abschluss des Tages. Viele Teilnehmer nutzten diesen Tag zum Besuch des Domes, und so war er von früh bis spät gut gefüllt. Die Freiflächen vor dem Dom und dem Generalvikariat wurden schon in den Tagen vorher zu einer riesigen Zeltstadt. Vor dem Diözesanmuseum wurde ein großes Zirkuszelt aufgebaut, in dem ein Unterhaltungsprogramm mit Zauberei, Kinderzirkus, Akrobatik usw. seinen Platz fand. Zusammen mit der gleich anschließenden Spielstraße, Mal- und Spielaktionen und sogar einem Still- und Wickelraum im Diözesanmuseum wurde dieser Teil zum eindeutigen Schwerpunkt von Kindern und ihren Eltern.

Auf einer „Meile des Ehrenamtes" präsentierten etwa 40 Gemeinden, Verbände und Einrichtungen Beispiele des ehrenamtlichen Engagements. Die meisten Aussteller hatten sich nicht darauf beschränkt, die üblichen Infostände einzurichten. Kreative Ideen machten aus Zuschauern und Passanten aktiv Mitwirkende und eröffneten neue Einsichten zum Ehrenamt. Über den ganzen Platz verteilt waren Getränke- und Verpflegungsstände sowie Freiluftbühnen, auf denen Musikgruppen unterschiedlichster Stilrichtungen und Kleinkünstler lebendige Unterhaltung boten.

Auf dem Parkplatz vor dem Generalvikariat war ein großes Festzelt aufgebaut. Unter dem Titel „Mehr als man glaubt" wurde hier in Form eines Mittagsmagazins eine bunte Mischung von Beiträgen rund um das Ehrenamt dargeboten. Hier war auch der Ort, an dem die 25 Dienstjahre des Erzbischofs und seines Generalvikars mit Videospots, Interviews und Gratulanten (als Geschenk jeweils eine schöne Geschichte aus den 25 Jahren) gewürdigt wurden. Stellvertretend für die Ehrenamtlichen aus dem gesamten Erzbistum waren 40 Frauen und Männer aus den 40 Dekanaten nach Paderborn gekommen, die in 40 unterschiedlichen Aufgabenbereichen ehrenamtlich engagiert sind. Die Palette ihrer Tätigkeiten reichte von der Sorge für den Blumenschmuck in der Kirche über den Einsatz als Lektorin, als Verantwortlicher für den kirchlichen Friedhof und den Einsatz für Asylbewerber bis hin zur Tätigkeit im Kirchenvorstand und Pfarrgemeinderat: ein Querschnitt durch die noch weitaus größere Vielfalt ehrenamtlichen Engagements. Erzbischof und Generalvikar sprachen diesen 40 Vertreterinnen und Vertretern stellvertretend für alle Ehrenamtlichen im Erzbistum Dank und Anerkennung aus.

[1]

[2] Zu den Attraktionen für die jungen Besucher gehörte die Kletterwand

Auch die sich anschließende erste Preisverleihung im Wettbewerb sozialer Ideen „Nicht reden – handeln" würdigte die hohe Bedeutung ehrenamtlichen Engagements. Die Jobclubs in Dortmund, der Verein Hilfe für Menschen in Abschiebehaft Büren und das Gasthaus in Dortmund wurden als herausragende Beispiele für soziales Engagement und den Kampf gegen Ungerechtigkeiten in der Gesellschaft ausgezeichnet.

Livemusik, Werbespots für weitere Veranstaltung im Jubiläumsjahr und kabarettistische Einlagen sorgten dafür, dass auch in diesem Mittagsmagazin der frohe und leichte Charakter dieses Tages erhalten blieb.

In der Rückschau auf diesen Tag bleiben vor allen Dingen drei Eindrücke haften:

■ Der 25. April war ein ausgesprochen fröhlicher, unbeschwerter Tag rund um den Dom. Die Resonanz war hervorragend: Etwa 15.000 Teilnehmer aus allen Gebieten des Erzbistums erlebten eine lebensfrohe und engagierte Kirche zum Anfassen. In der derzeitigen Umbruchsituation eine nicht zu unterschätzende Erfahrung, die zum Aufbruch ermuntern kann!

■ Der ausdrückliche Wunsch des Erzbischofs, sein Jubiläum als Dank und Anerkennung für die Ehrenamtlichen zu nutzen, erwies sich als ein Treffer ins Schwarze. Diese Botschaft wurde freudig aufgegriffen. Dazu zählte auch, dass die Ehrenamtlichen den an diesem Tag freiwilligen und unbezahlten Dienst der Mitarbeiterinnen

und Mitarbeiter des Generalvikariates, des Offizialates und des Diözesan-Caritasverbandes als positives Signal mit Wohlwollen und Respekt registrierten.

■ Dieser Tag hatte eine nicht zu unterschätzende Funktion für die weiteren großen Jubiläumsveranstaltungen. Dies war der Auftakt für die Freiluftsaison, die wie schon dieser Tag fast ausnahmslos von Sonne beschienen wurde. Die Verantwortlichen fühlten sich durch die positive Atmosphäre des Tages und die große Resonanz für die noch ausstehenden Großveranstaltungen ermuntert – mit Recht und mit Erfolg, wie der Verlauf des Jahres gezeigt hat!

Karl Josef Tielke,
in der Leitung der Hauptabteilung Pastorale Dienste verantwortlich für Pastorale Planung und Koordination

Wenn Menschen sich engagieren

Karl-Heinz Stahl

Es ist eine klare Option für das Ehrenamt, dass unser Erzbischof sein 25-jähriges Leitungs-jubiläum im Erzbistum Paderborn mit einem Treffen der ehrenamtlichen Mitarbeiterinnen und Mitarbeiter verbindet.

Beeindruckende Vielfalt

Gerade der „Tag des Ehrenamtes" am 25. April 1999 zeigte beeindruckend, wie viel-fältig, wie engagiert, wie kompetent Ehren-amtliche im Erzbistum Paderborn tätig sind und damit Verantwortung mittragen für eine lebendige, menschenfreundliche Kirche. Eine lebendige Gemeinde – und auch ein lebendi-ges Bistumsjubiläum – ist ohne freiwillige Mitarbeit ihrer Mitglieder nicht denkbar. Beeindruckend ist auch die Zahl der Mitar-beiterinnen und Mitarbeiter, die zu diesem Zeitpunkt im Erzbistum Paderborn in vielfäl-tiger Weise freiwillig und unentgeltlich tätig sind. Mehr als 140.000 Ehrenamtliche[1] enga-gieren sich in Pfarrgemeinderäten und Kir-chenvorständen, in Büchereien und Kirchen-chören, in der Sakramentenvorbereitung und Gottesdienstgestaltung, in der Caritas und Telefonseelsorge, in Verbänden und Initiativ-gruppen, in der Jugendarbeit, der Altenarbeit, der Bildungsarbeit, den Gremien an Schulen, und und und. „Noch nie waren so viele Men-schen ehrenamtlich im Erzbistum Paderborn tätig", kann denn auch Erzbischof Degenhardt völlig zu Recht sagen.

Ehrenamtliches Engagement ist keine Selbstverständlichkeit

Diese sehr erfreuliche Tatsache darf jedoch nicht dazu führen, das ehrenamtliche Enga-gement dieser vielen Männer und Frauen als Selbstverständlichkeit zu betrachten. Vielmehr sind die Verantwortlichen auf allen Ebenen des Erzbistums dazu aufgerufen, an-gesichts des gesellschaftlichen Wandels – und damit verbunden auch eines Wandels ehrenamtlichen Engagements – einen Per-spektivenwechsel vorzunehmen: „Von einem Ehrenamt, das in erster Linie der Versorgung gemeindlicher Erwartungen im Rahmen fest vorgegebener Strukturen dient und nach Zu-ständigkeiten verlangt, hin zu einem Ehren-amt, das mehr der individuellen Kompetenz der Engagierten Rechnung trägt und in einem größeren Zusammenhang des Mitein-ander-Christ-Werdens steht; von einem stark institutionalisierten Ehrenamt hin zu Formen des Engagements, bei denen die Persönlich-keit und der Glaube des Einzelnen stärker in den Vordergrund treten."[2]

Dieser Perspektivenwechsel mag erst einmal sehr ungewohnt erscheinen, doch zeigt er eine Richtung auf: Wenn Gemeinden nicht Objekte, sondern Subjekte der Seelsorge sind, muß auch in der alltäglichen Gemeindepraxis sichtbar sein, dass ehrenamtlich Engagierte ebenfalls nicht Objekte, sondern Subjekte sind. Oder anders gesagt: Ehrenamtlich Engagierte sind verantwortliche Partner in

[1] Ehrenamtliche Initiativen prägen das Gesicht der Kirche

[2] Die Vielfalt des Ehrenamtes im Erzbistum Paderborn wurde an diesem Tag deutlich

den vielfältigen Aufgabenbereichen der Gemeinde, deshalb sind sie Mitarbeiterinnen und Mitarbeiter – und keine Helfer.

Ehrenamtliche Arbeit prägt jeden einzelnen Bereich der Gemeinde, in dem sie geleistet wird. Deshalb muss sichtbar werden, dass in jedem dieser Tätigkeitsfelder das Ehrenamt einen eigenen Charakter und eine spezifische Qualität hat.

Förderliche Rahmenbedingungen sind notwendig

Damit diese spezifische Qualität zum Tragen kommen kann, bedarf es förderlicher Rahmenbedingungen und klarer Absprachen. Dies bedeutet zuallererst, ehrenamtliches Engagement nicht auf eine „Einbahnstraße des Gebens" zu reduzieren, sondern anzuerkennen, dass Ehrenamtliche aus ihrem Engagement auch „Gewinn für sich selbst" ziehen wollen. Dabei spielt jedoch nicht der Status die entscheidende Rolle. Vielmehr wollen Ehrenamtliche, dass die Aufgabe klar umschrieben, überschaubar und zeitlich begrenzt ist, dass sie Sinn stiftet, Raum für Mitsprachemöglichkeiten, Mitbestimmung und Selbstverwirklichung bringt und Chancen zur Kompetenzerweiterung beinhaltet.

Darüber hinaus ist es unverzichtbar für ein klares Verhältnis zwischen Ehrenamtlichen und Hauptberuflichen zu sorgen. Partnerschaftliches Miteinander, Transparenz, Beteiligung und echte Mitverantwortung sind hier gefordert. Dazu müssen dialogische Lernprozesse in Gang gesetzt werden, damit Ehrenamtliche durch die Hauptberuflichen konkrete, alltagsnahe Unterstützung, Begleitung und Beratung erfahren können.

Klassisches und neues Ehrenamt

An dieser Stelle muss jedoch ein deutlicher Hinweis erfolgen: In der Diskussion um „altes" oder „neues Ehrenamt", um „klassische" oder „neue Formen der Freiwilligkeit" sollten jetzt nicht vorschnell die Erkenntnisse aus den vielfältigen Diskussionen um die Neue Freiwilligkeit als neuer Programmpunkt gesetzt werden. „Für die Engagierten ist die Frage der Bezeichnung ihres Engagements mit großer Sicherheit nicht bedeutungsvoll. Sie engagieren sich unter anderen Gesichtspunkten als unter dem Blick auf die Bezeichnung ihres Engagements. Ihnen geht es um förderliche Rahmenbedingungen wie Qualifizierung, Autonomie, Partizipation, Anerkennung u. a."[3]

Die einzelnen Formen sind so trennscharf in der konkreten Arbeit auch gar nicht erkennbar, und die Gefahr des „Aktionismus" wäre zu groß. Es geht hier zur Zeit in der Praxis nicht um ein Entweder-oder, sondern vielmehr um ein Sowohl-als-auch, damit nicht ehrenamtliches Engagement abgewertet wird, was von den Beteiligten zufriedenstellend erlebt wird und Freude macht.

Vielmehr muss es darum gehen, in kleinen (leistbaren) Schritten systematisch, konkret und kontinuierlich einen Weg zu beschreiten, der, ausgehend von den Lebenslagen der Menschen, diesen in ihrem Ehrenamt eine Entfaltungshilfe gibt. Dazu bedarf es zunächst einer sorgfältigen Analyse der bestehenden Angebote und Formen des jeweiligen Ehrenamtes. Darüber hinaus gilt es, gemeinsam mit den ehrenamtlich Tätigen zu prüfen, wie Angebote vernetzt werden können und die Rahmenbedingungen konkret verbessert (geändert) werden können, um dies denn auch konsequent zu tun. Zeitgleich muss überlegt werden, wie und wo neue Formen des Ehrenamtes zum Tragen kommen können und auf Dauer auch zum Tragen kommen müssen, wenn auch zukünftig Menschen für ein Ehrenamt gewonnen werden sollen. Dazu ist es notwendig, die konkreten Bedingungen ehrenamtlichen Engagements so zu gestalten, dass Menschen mit gleichem Antrieb ihnen entsprechende Aufgaben finden können und Förderung erfahren. Denn: „Bürgerschaftliches Engagement wird nicht verhindert durch den Rückgang der Gesinnung, sondern den Rückstau der Bedingungen".[4]

Zufriedene Ehrenamtliche sind die besten Werbeträger

Auf dieser Basis wird deutlich, dass Geben und Nehmen im ehrenamtlichen Engagement auf Dauer in der Balance bleiben müssen. Persönliche Zufriedenheit im Ehrenamt hängt in hohem Maße davon ab – und zufriedene Ehrenamtliche sind die besten Werbeträger für ehrenamtliches Engagement. So zeigt die Eurovol-Studie[5] sehr deutlich, dass etwa 45 Prozent der heute tätigen Ehrenamtlichen durch persönliche Werbung gewonnen wurden; demgegenüber ist die schriftliche Werbung über Plakate, Handzettel, Ausschreibungen erheblich weniger wichtig. Ein Zweites zeigt diese – und fast identisch eine weitere[6] – Studie: In der Reihenfolge der Gründe, warum sich jemand nicht ehrenamtlich engagiert,

spielt der Zeitaspekt die entscheidende Rolle (in der Eurovol-Studie geben beispielsweise 47 Prozent der Befragten an „keine Zeit übrig" zu haben). Bemerkenswerter erscheint mir jedoch die Aussage, dass in der Rangfolge der Antworten in beiden Studien an dritter Stelle geantwortet wird, ich wurde „nie gefragt" (30 Prozent in der Eurovol-Studie) bzw. man hat „mich nicht gefragt" (Gensicke/Klages 1997). In diesem Zusammenhang erscheint auch eine Umfrage interessant, die das Institut für Demoskopie in Allensbach im Auftrag des Deutschen Caritasverbandes durchführte. Auf die Frage, ob sie sich vorstellen könnten „ehrenamtlich für den Caritasverband oder eine andere Hilfsorganisation" tätig zu werden, bejahen ca. 15 Prozent der Befragten dies und etwa 24 Prozent antworten mit „vielleicht".[7]

Praxishilfen für Verantwortliche
So gesehen erscheint es mir lohnenswert, sehr genau und sorgfältig zu überlegen, wie Mitarbeiterinnen und Mitarbeiter angesprochen und für ein Ehrenamt gewonnen werden können. Verantwortliche in Gemeinden, Organisationen und Verbänden, in denen sich ehrenamtliche Mitarbeiterinnen und Mitarbeiter engagieren, können dabei auf zwei Praxishilfen der Abt. Jugendpastoral/Jugendarbeit im Erzbischöflichen Generalvikariat zurückgreifen. „Ehrenamt fördern" zeigt einzelne Aspekte zur Förderung ehrenamtlichen Engagements und Hintergründe zu diesen Aspekten auf. Darüber hinaus können Verantwortliche mit einer Einschätzungshilfe die Situation in ihrem jeweiligen Bereich überdenken. „Ehrenamt fördern – Personal

entwickeln" zeigt Wege auf, wie Verantwortliche gezielt und mit Konzept die Bedingungen für ehrenamtliches Engagement gestalten
können. Dazu werden in sechs Schritten ausgewählte theoretische Grundlagen und konkrete Umsetzungsmöglichkeiten aufgezeigt.

Ausblick

„Gegen den Wind des gesellschaftlichen
Wandels sollten wir keine Mauern errichten,
sondern Windmühlen bauen."[8] Das Bistumsjubiläum zeigte beeindruckend an vielen
Stellen, welche Bedeutung ehrenamtliches
Engagement in unserem Erzbistum hat. Ich
sehe eine große Chance darin, das Jubiläum
zum Ausgangspunkt zu nehmen, um uns
gemeinsam Gedanken darüber zu machen,
wie wir Formen entwickeln, um die Menschen
im Ehrenamt zu fördern. Wenn wir dies konsequent und in überschaubaren Schritten
tun, ist schon viel gewonnen.

Anmerkungen

[1] Diese Zahl basiert auf einer diözesanweiten Zählung zum „Tag des
Ehrenamtes" am 25.4.99.

[2] Gereon Alter, in: Lebendige Seelsorge 3/1999, S. 138.

[3] Martin Nörber, in: sozialmagazin 3/99, S. 22f.

[4] Theresa Bock, zit. nach: caritas in NRW, 5/99, S. 19.

[5] Vgl.: Gaskin, K. / Smith, J. D. / Paulwitz, I. u. a., Ein neues bürgerschaftliches Europa, Robert-Bosch-Stiftung (Hrsg.), Freiburg 1996.

[6] Gensicke, T. / Klages, H., Wertewandel und bürgerschaftliches
Engagement in Deutschland. Zit. nach: Beher, K. / Liebig, R ./
Rauschenbach, Th., Das Ehrenamt in empirischen Studien – ein sekundär-
analytischer Vergleich, 2. Aufl. Stuttgart 1999.

[7] Vgl.: Deutscher Caritasverband e. V. (Hrsg.), Freiwilligenzentren, Freiburg
1997, S. 6.

[8] Zit. nach: Gudrun Born, Ehrenamt und bürgerschaftliches Engagement,
in: Freiwilliges Engagement für das Gemeinwohl, Akademie der Diözese
Rottenburg-Stuttgart (Hrsg.), S. 17.

Karl-Heinz Stahl,
Leiter des Referates Grundlagenarbeit /
Ehrenamtlichenförderung / Jugendhilfeplanung
im Erzbischöflichen Generalvikariat

Ehrenamt zwischen Solidarität und Selbstverwirklichung

Domvikar Thomas Dornseifer

Auch die Katholische Frauengemeinschaft Deutschlands (kfd) als der größte Erwachsenenverband in unserem Erzbistum hat sich neben vielen anderen am „Tag des Ehrenamtes" anlässlich des 1200-jährigen Jubiläums unseres Bistums beteiligt. Dabei war es uns natürlich wichtig, die Bedeutung des ehrenamtlichen Engagements in den Gemeinschaften und Gemeinden vor Ort zu unterstreichen. Doch fast noch wichtiger erschien es uns, auf die neuen Herausforderungen aufmerksam zu machen, vor denen ehrenamtliche Arbeit heute steht und welche wir als reiner Frauenverband vielleicht besonders deutlich spüren und darüber mit den Besuchern am „Tag des Ehrenamtes" auch ins Gespräch zu kommen versuchten.

Diese Herausforderungen zeigen sich zum einen an den sich verändernden Bedingungen „vor Ort" als auch bei denjenigen, die eine ehrenamtliche Aufgabe übernommen haben oder übernehmen möchten.

Durch das Entstehen von Pastoralverbünden verändert sich der Lebensraum Pfarrgemeinde. Die Arbeit in Kirchenvorständen, Pfarrgemeinderäten, Familiengottesdienstkreisen, in der Sakramentenkatechese, in der Sorge um die kranken und älteren Gemeindemitglieder usw. wird sich viel deutlicher als in der Vergangenheit auf die eigenverantwortliche Arbeit ehrenamtlicher Frauen und Männer stützen müssen. Die Priester und hauptamt-

lichen Mitarbeiterinnen und Mitarbeiter werden Verantwortung delegieren und sich so gemeinsam mit kompetenten Frauen und Männern im Ehrenamt trotz knapper werdender Ressourcen den Anforderungen der Zukunft stellen. Auch der Verbandsalltag wird sich verändern. Die Mitarbeit zum Beispiel des Priesters im Verband, die Frage der geistlichen Begleitung wird neu zu überdenken sein. Ebenso stellen wir gerade als Frauenverband fest, dass sich die Lebenssituationen von Frauen zum Beispiel durch vermehrte Erwerbstätigkeit oder durch die zunehmende Zahl von alleinlebenden Frauen verändern und damit auch die Erwartungen und Ansprüche durch die Einbindung in einen Verband.

Neue Herausforderungen zeigen sich aber auch bei denen, die sich im Ehrenamt engagieren oder aber diese Möglichkeit für sich in Betracht ziehen. Das Lebensumfeld in der eigenen Familie hat sich in den letzten Jahren verändert. Durch die Erwerbstätigkeit beider Elternteile, durch lange Wegstrecken zum Arbeitsplatz, durch weiterführende Schulen im Nachbarort und unterschiedlich lange Unterrichtszeiten der Kinder verlagert sich so manche Familienaktivität auf den Abend und das Wochenende, auf die Zeit, die für ehrenamtliche Arbeit zur Verfügung steht. Die Zeitreserven werden knapper und viele überlegen sehr genau, wo sie diese freie Zeit einsetzen. Die Frage, wofür ich Zeit habe

und wofür nicht, wird immer häufiger gestellt. Außerdem sieht sich ehrenamtliches Engagement immer deutlicher der Konkurrenz einer individuell gestalteten Freizeit ausgesetzt.

Genau hier gilt es nun für die Verbände als Träger ehrenamtlicher Arbeit anzusetzen und die Möglichkeiten und Chancen, die Herausforderung und persönliche Bereicherung durch ein ehrenamtliches Engagement zu betonen und nach außen deutlich zu machen.

Frauen und Männer finden durch das Ehrenamt einen Ausgleich zu Familie und Beruf. Sie knüpfen eine Fülle neuer Kontakte, gestalten sinnvoll in Gemeinschaft mit anderen Zeit. Diese Erfahrungen fördern persönliche Weiterentwicklung und regen immer wieder zur Begegnung mit anderen Menschen an. Der Blick weitet sich über die eigenen Bedürfnisse und Wünsche hinaus. Frauen und Männer, die sich in den unterschiedlichsten Lebensbereichen ehrenamtlich einsetzen, erfahren neben aller Mühe auch Freude und Spaß. Sie lernen Menschen kennen, denen sie sonst nie begegnet wären. Sie werden zu einer Vertrauensperson für andere. So stärkt sich das Selbstwertgefühl. Mit jeder Begegnung lernen sie mehr über sich und andere.

Ehrenamt in Verbindung mit den ganz persönlichen Möglichkeiten und Fähigkeiten, in überschaubaren Zeiträumen, kann zu einer deutlichen Bereicherung des Alltags werden. Ehrenamtliche Arbeit ist heute angesiedelt zwischen Solidarität und Selbstverwirklichung. Ehrenamtliche Mitarbeit darf nicht eine „Einbahnstraße des Gebens" sein, sondern muss als etwas erfahren werden, was enorm bereichert und qualifiziert. Das Ehrenamt lebt von der spürbaren Wertschätzung durch andere, von Begleitung, von Aus- und Fortbildung.

Wenn Verbände sich verstärkt dieser Herausforderung stellen, die (Rahmen-)Bedingungen ehrenamtlicher Arbeit positiver zu gestalten, kann das Ehrenamt auch heute zu einer reizvollen, sinnstiftenden und – wenn auch nicht im materiellen Sinn – gewinnbringenden Aufgabe werden, zu der Menschen sich herausfordern lassen.

Domvikar Thomas Dornseifer,
Diözesanpräses der Katholischen
Frauengemeinschaft Deutschlands

Verleihung des Förderpreises „Nicht reden – handeln"

Thomas Klöter

„Mehr als man glaubt!" – Der Wettbewerb für mehr Gerechtigkeit und Solidarität im Jubiläumsjahr

Geschichte und Idee des Förderpreises

Erzbischof Dr. Johannes Joachim Degenhardt hat im Jahr 1998 den Preis gestiftet. Ausgelöst durch das gemeinsame Wort der Kirchen zur sozialen und wirtschaftlichen Lage in Deutschland und die „Messe der Solidarität" sollte der Preis Unterstützung und Ermutigung zu konkretem und aktivem Handeln auf allen Ebenen in der Erzdiözese geben.

Der Wettbewerb „Nicht reden – handeln" wollte bereits Engagierte durch die Anerkennung ihrer Arbeit zum Weitermachen ermutigen, die Zögernden anspornen sich gesellschaftspolitisch einzubringen, den Ratlosen Beispiele möglichen Einsatzes bieten. Vor allem aber sollte der Wettbewerb für soziales Engagement werben, damit Solidarität und Gerechtigkeit im Sinne des gemeinsamen Wortes der Kirchen wachsen und nicht geringer werden.

Am Wettbewerb haben sich über 70 Initiativen, Projekte, Verbände, Gemeinden und Einzelpersonen beteiligt. Diese überwältigende Zahl von Bewerbungen und nicht ausschließlich die drei Erstplatzierten sind der Erfolg des Preises.

Phantasie, Kreativität und der Wille an den gegebenen Verhältnissen etwas zum Positiven zu verändern, sind sehr deutlich geworden.

Der Förderpreis am „Tag des Ehrenamtes"

Schon sehr früh entstand die Idee, den „Tag des Ehrenamtes" für die Verleihung des Förderpreises zu nutzen und somit auch den Förderpreis mit den Veranstaltungen des Jubiläumsjahres zu verbinden. Gerade die Anknüpfung an ehrenamtliches Engagement erschien als sehr gelungene Verbindung.

Der Tag mit seinen vielen Besuchern bot eine gute Gelegenheit, die Projekte und Ideen einem großen Publikum vorzustellen. Gleichzeitig sollte den Bewerbern für ihren Einsatz und ihr Engagement gedankt werden.

Hierzu bot sich das – für die große Karolingerausstellung schon leergeräumte – Diözesanmuseum an. Die Räumlichkeiten ermöglichten es, auf drei Ebenen verschiedene Schwerpunkte zu setzen. Eine Ebene war für die drei Preisträger und deren Vorstellung vorgesehen. Eine zweite Ebene ermöglichte ein „Wettbewerbscafé" als Dankeschön an alle Teilnehmer des Wettbewerbes. Auf der dritten Ebene wurden sämtliche Bewerber dem interessierten Publikum vorgestellt. Für die Besucher waren die sehr unterschiedlichen Bewerbungen, das hohe Engagement und der hohe Einsatz der Wettbewerbsteilnehmer sehr beeindruckend.

Die drei Preisträger erhielten ihre Auszeichnungen im großen Veranstaltungszelt unter dem Beifall der Anwesenden aus der Hand des Erzbischofs.

Der von Erzbischof
Dr. Johannes Joachim Degenhardt
gestiftete Preis

Der Erzbischof wies in seiner Laudatio darauf hin, dass mit einem solchen Wettbewerb nicht die Probleme der heutigen Zeit gelöst werden können, dazu seien die Gegebenheiten in der Gesellschaft zu komplex. Aber die Vielzahl schlüssiger, in die Tat umsetzbarer Ideen sei ein deutliches Zeichen des Willens zu mehr Gerechtigkeit.

Der Förderpreis im Jubiläumsjahr

Die Verbindung des Förderpreises mit den Anliegen des Bistumsjubiläums waren in zweierlei Richtung bedeutsam und wichtig:

■ **Aus geschichtlicher und heutiger Sicht**
In der Geschichte des Erzbistums gibt es viele herausragende Beispiele sozialen, politischen und gesellschaftlichen Engagements. Gerade im sozialen Engagement, im persönlichen Einsatz für Gerechtigkeit zeigt sich eine besondere Stärke: Kirche und Christen waren (gestern) und sind (heute) bereit und in der Lage, neue Herausforderungen anzunehmen, auf die Veränderungen der Zeit mit Kreativität und Mut zuzugehen!

Dies hat für die heutige Zeit der Förderpreis eindrucksvoll unter Beweis gestellt. Es wurde deutlich, wie vielfältig, wie offen und beeindruckend heute Menschen bereit sind, sich für andere Menschen einzusetzen.

Sie stehen damit in der Tradition des Erzbistums und führen diese fort!

■ **Aus der Hoffnung für die Zukunft unserer Kirche**
Das Engagement im sozialen Feld ermöglicht eine Beteiligung ganz unterschiedlicher Personengruppen und Institutionen. In der Beteiligung an der Gestaltung der Gesellschaft werden Christen kooperationsfähiger und weltoffener. Die Mitarbeit von Laien in diesem Feld bietet mannigfaltige Möglichkeiten des verantwortlichen, selbstgestalteten Einsatzes. Wenn auch Priester in einigen Projekten mitarbeiten und mitgestalten, so bleibt der Hauptanteil der verantwortlichen Tätigkeit in der Hand der Laien.

Zukunft des Förderpreises

Eine zentrale Frage des Jubiläumsjahres war die nach der Zukunft der Kirche. „In die Zukunft aufbrechen" wies auf die dritte Dimension des Jubiläumsjahres hin.

Im Bereich des Förderpreises sind folgende Erkenntnisse wichtig geworden:
■ Soziales und politisches Engagement ist auf Dauer ein zunehmend wichtiger Faktor in unserer Kirche.
■ Soziales und politisches Engagement benötigt Unterstützung und Anerkennung.
■ Soziales und politisches Engagement ist Auftrag aller Christen und Gemeinden.

Der Diözesanpastoralrat hat beschlossen, den Wettbewerb alle zwei Jahre neu auszuschreiben, um diese Möglichkeit der fördernden Unterstützung fest zu positionieren. Unter der Grundannahme, dass die Herausforderungen der kommenden Jahre eher größer denn kleiner werden, kann ein solcher Förderpreis eine wichtige Hilfe sein, bleibenden Einsatz zu fördern.

Die kommenden Förderpreise werden sich auf konkrete aktuelle Herausforderungen einstellen müssen. Der offene erste Durchgang wird in Zukunft durch das Aufgreifen aktueller Veränderungen und Gefährdungen fokussiert und besonders unterstützt. Im Referat Arbeitsweltbezogene Pastoral kann die Dokumentation des Wettbewerbes und aller Bewerber kostenlos bezogen werden.

[1] Erzbischof Degenhardt bei der Laudatio

[2] Die Jury des Wettbewerbs (Prof. Dr. Kürpick, Herr Kitt, Weihbischof Prof. Dr. Marx, Frau Wittrech) und Herr Hunstig, geschäftsführender Vorsitzender des Diözesanpastoralrates

Thomas Klöter,
Leiter des Referates Arbeitsweltbezogene Pastoral im
Erzbischöflichen Generalvikariat

Weihbischof Heinz Josef Algermissen

Ein geistliches Netzwerk ist Wirklichkeit geworden

Orden und Geistliche Gemeinschaften im Jubiläumsjahr des Bistums Paderborn

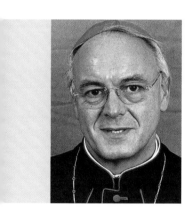

Auf vielfältige Weise haben die Ordensmänner und Ordensfrauen sowie die Angehörigen von Geistlichen Gemeinschaften in der Erzdiözese Paderborn das Jubiläum des 1200-jährigen Bestehens des Bistums mitgestaltet und mitgefeiert. In die Öffentlichkeit gerichtete oder gar spektakuläre Aktionen standen dabei allerdings nicht im Vordergrund. Kernstück des Engagements war vielmehr die Kontinuität in der spirituellen und kontemplativen Begleitung des großen Jubiläums der Kirche von Paderborn. Durch ihr Gebet, ihr geistliches Gedenken und ihr Mittragen haben die Orden, die Säkularinstitute und die Geistlichen Gemeinschaften – jede so, wie es ihrem Charisma entspricht – dem Bistumsjubiläum eine besondere spirituelle Tiefendimension verliehen.

Dennoch ragen für die Orden und Geistlichen Gemeinschaften zwei Ereignisse im Jubiläumsjahr besonders heraus. Auf diese möchte ich näher eingehen:

Die „Gebetskette" der Orden

Am Fest der Erscheinung des Herrn, dem 6. Januar, haben die Orden und Geistlichen Gemeinschaften im Rahmen eines feierlichen Vespergottesdienstes in unserer Domkirche ihre Gebetskette eröffnet. Symbol dafür war die sogenannte „Jahrtausendkerze", die im Laufe des Jubiläumsjahres durch die Klöster und Konvente des Erzbistums gewandert ist. Die Kerze ist in den einzelnen Niederlassun-

gen jeweils für einige Tage beherbergt und dann weitergegeben worden. Damit haben die Orden und die Geistlichen Gemeinschaften sowohl ihre Mitfeier des Jubiläums der Erzdiözese Paderborn deutlich gemacht, aber auch ihre Verbindung untereinander und ihre geistliche Vorbereitung auf das große Jubiläum des Jahres 2000.

Mit großer Freude denke ich an die Eröffnung der Gebetskette zurück, zu der etwa 500 Ordensfrauen und Ordensmänner in den Hohen Dom gekommen waren. Damals sprach ich von einer „Welle des Gebetes", die im Jubiläumsjahr durch unsere Erzdiözese ziehen möge. Ich gab meiner Hoffnung Ausdruck, dass das Symbol der Jahrtausendkerze uns Ansporn sein könne, miteinander die Leuchtspur der Hoffnung in unserem Leben, in unserem Tun und in unserem Beten zu entdecken.

Auf den Tag genau ein Jahr später, am Dreikönigstag des Jahres 2000, haben wir, wiederum mit einem Vespergottesdienst im Dom, die Gebetskette abgeschlossen. Die große Teilnahme daran – es waren erneut etwa 500 Ordensleute gekommen – und die frohe Stimmung dieser gottesdienstlichen Feier haben uns neben vielen Erfahrungen des Jahres der Gebetskette gezeigt, dass das erhoffte „geistliche Netzwerk" Wirklichkeit geworden ist. Die verschiedenen Klöster und Konvente sind einander näher gekommen.

Die Gebetsgemeinschaft hat uns neu deutlich gemacht, dass wir nicht als „Einzelkämpfer", sondern in Gemeinschaft auf dem Weg sind. Mein Eindruck war, dass die Gebetskette alle, die daran teilgenommen haben, verändert und neu miteinander verbunden hat. Nach einem Jahr waren wir nicht mehr dieselben, als die wir aufgebrochen sind. Die Gebetskette hat übrigens auch über den inneren Kreis der Orden und Geistlichen Gemeinschaften hinaus ausgestrahlt: Im Abschlussgottesdienst ließen uns einzelne Brüder und Schwestern an ihren Erfahrungen teilhaben und berichteten, dass die Gebetskette und die Jahrtausendkerze auch beispielsweise in Krankenhäusern oder den örtlichen Pfarrgemeinden ein großes Echo gefunden haben.

Das Treffen der Geistlichen Bewegungen und Gemeinschaften

Ein zweites zentrales Ereignis des Jubiläumsjahres stellte das Treffen der Geistlichen Bewegungen und Gemeinschaften am 13. März in Paderborn dar. Über 700 Männer, Frauen und Jugendliche aus allen Teilen des Erzbistums waren an diesem Tag in die Bischofsstadt gekommen. Sie repräsentierten 17 Geistliche Bewegungen und Gemeinschaften: das Fatima-Weltapostolat Unserer Lieben Frau, das Medjugorje-Zentrum Deutschland „Maria, Königin des Friedens", die Marianische Priesterbewegung/Marianischer Segenskreis, die Ehepaargruppen Equipes Notre Dame, die Charismatische Erneuerung, die Frauengemeinschaft Charles de Foucauld, die Gemeinschaft des heiligen Franz von Sales, die Gemeinschaft der Seligpreisungen, die Unio

Apostolica, die Gemeinschaften des Neukatechumenats, die Fokolar-Bewegung, die Franziskanische Gemeinschaft, die Dominikanische Laiengemeinschaft, die Schönstatt-Bewegung, die Missionarische Heilig-Geist-Gemeinschaft, die Gemeinschaft Christlichen Lebens und die Integrierte Gemeinde - Apostolische Gemeinschaft.

Höhepunkt des Tages war ein gemeinsamer Gottesdienst mit Erzbischof Dr. Johannes Joachim Degenhardt im Hohen Dom. In seiner Predigt unterstrich der Erzbischof die Bedeutung der Geistlichen Bewegungen und Gemeinschaften für das Erzbistum Paderborn und dankte ihnen für ihr Wirken. Durch ihr besonderes Engagement werde die Freude am Glauben sowie am Gebet deutlich und in ihrem Tun ließen sie eine kirchliche Gesinnung klar erkennen. Gerade heute komme es darauf an, christliches Zeugnis im konkreten Alltag zu leben, sagte der Erzbischof. Damit werde ein wichtiger Beitrag zur notwendigen Evangelisierung geleistet.

Bereits am Vormittag waren die Angehörigen der Geistlichen Bewegungen und Gemeinschaften in der Paderborner Marktkirche zu einem Vortrag zusammengekommen, den ich unter die Überschrift „Komm, Geist des Vaters!" gestellt hatte. Dieser Vortrag, über den es anschließend Gelegenheit zur Diskussion gab, sei an dieser Stelle in Teilen wiedergegeben:

1. Martin Buber überliefert eine alte jüdische Geschichte. Rabbi Meir begann zu reden: „Wenn einer Rabbi und Führer wird, müs-

sen alle notwendigen Dinge da sein, ein Lehrhaus und Zimmer und Tische und Stühle, und einer wird Verwalter, und einer wird Diener und so fort. Und dann kommt der böse Widersacher und reißt das innerste Pünktlein heraus, aber alles andere bleibt wie zuvor, und das Rad dreht sich weiter, nur das innerste Pünktlein fehlt." Der Rabbi hob die Stimme: „Aber Gott helfe uns, man darf es nicht geschehen lassen!" Könnte das nicht auch unsere Situation sein? Das Rad dreht sich weiter: Gottesdienste finden statt, es wird Religionsunterricht gehalten, die Gemeinden machen viel los, die Glocken läuten, im Fernsehen kommt das Wort zum Sonntag. Aber was ist mit dem innersten Pünktlein? Gott selbst, das „innerste Pünktlein", scheint verloren gegangen zu sein. Und damit befinden wir uns in einem tragischen Leerlauf. „Man beschäftigt sich gegenseitig auf Hochtouren – im Leerlauf." Das scheint für mich die tiefere Begründung der Kernkrise sowohl unserer Kirche als auch des Glaubens zu sein.

In seinem Kinderbuch „Tom Sawyer und Huckleberry Finn" beschreibt Mark Twain die beiden Jungen, die mit ihrem kleinen Boot ein großes Schiff verfolgen. Sie wollen es sehnlichst erreichen, das ist ihr Ziel. Sie haben es immer vor Augen, doch dann kommt der Augenblick, da sie das Schiff aus den Augen verlieren. Es heißt an dieser Stelle: „Als sie das Ziel nicht mehr vor Augen hatten, brauchten sie doppelte Kraft."

Auch das ein Hinweis auf unsere kirchliche Situation! Ein Weg ohne Ziel, ohne Jesus Christus als Richtung und Zielpunkt, führt bald in den Leerlauf und braucht doppelte Kraft. Doppelte Kraft hat aber keiner. Und darum bemerken wir in kirchlichen Kreisen soviel Erschöpfung.

Gott wiederholt sich nicht. ER ist immer neu und lässt seinen Geist je neu wirken. So können wir bei entwickelter Wahrnehmungsfähigkeit auch je neu die Wirkungen dieses Geistes in unserer Kirche feststellen, in einer Kirche, die im Sinne der beiden Bilder mitunter oder häufig gar das „innerste Pünktlein", um das sich alles drehen muss, und die Richtung verloren zu haben scheint.

Nicht wenige sprechen von einer „winterlichen Zeit der Kirche" (Karl Rahner). Doch gibt es in ihr durchaus sichtbare Zeichen dafür, dass der Heilige Geist sich inmitten aller Krise dieser Zeit „sozusagen selbst wieder zu Worte gemeldet hat" (Kardinal Ratzinger). Zwei für mich wichtige Zeichen seien hier genannt:

Einmal die faszinierende Erfahrung, dass eine Million junge Menschen aus aller Welt die Einladung des Papstes zum Weltjugendtag im August 1997 in Paris annahmen. Sodann das Pfingstwunder auf dem Petersplatz in Rom: 400.000 Menschen, zumeist junge, repräsentierten Pfingsten letzten Jahres 56 Geistliche Gemeinschaften mit insgesamt 80 Millionen Gläubigen weltweit.

Sie feierten mit dem Papst und vielen Bischöfen zusammen ein Fest des Geistes und der Einheit. Sichtbar und deutlich wurden die beiden Dimensionen, die für die Kirche koexistenzial sind: die Dimension der Institution und die des Charismas. Beglückend war die konkrete Verlebendigung einer alten Einsicht, denn beide Prinzipien und Profile der Kirche brauchen einander: Das petrinische Prinzip mit den einheitsstiftenden Elementen Dogma, Lehramt, Papst- und Bischofsamt braucht wesentlich das marianische Prinzip des Charismas. Das marianische Prinzip braucht wesentlich das petrinische. Beide sind als Ausdruck der lebendigen Kraft des Heiligen Geistes in spannungsvoller Einheit zugunsten der Kirche da.

Diesen ersten Teil möchte ich mit den Worten des Heiligen Vaters aus seiner Missionsenzyklika „Redemptoris Missio" abschließen, die ich bereits in meinem Vorwort zur Broschüre „Geistliche Bewegungen und Gemeinschaften im Erzbistum Paderborn stellen sich vor" zitierte: „Innerhalb der Kirche bieten sich verschiedene Arten des Dienstes, der Funktion, der Ämter und der Formen der Hinführung zum christlichen Leben an. Ich denke dabei an eine Neuheit in der jüngsten Zeit in nicht wenigen Kirchen: An die große Entfaltung von kirchlichen Bewegungen, die von einer starken missionarischen Kraft geprägt sind. Wenn sie sich in Demut in das Leben der Ortskirchen einfügen und von Bischöfen und Priestern herzlich in die Diözesan- und Pfarrstrukturen aufgenommen wer-

den, bilden diese Bewegungen ein wahres Gottesgeschenk für die Neuevangelisierung und die Missionsarbeit im eigentlichen Sinn des Wortes. Ich empfehle daher, sie zu verbreiten und sie in Anspruch zu nehmen, um vor allem unter den Jugendlichen dem christlichen Leben und der Evangelisierung ... wieder neue Kraft zu verleihen."

Ich darf hinzufügen: Diese Bewegungen sind noch aus einem anderen Grund für mich ein wahres Gottesgeschenk. Der Volksmund nennt die Gruppen um Chiara Lubich „Focolare" – wie die Feuerstelle in den alten Bauernhäusern der Gegend um Trient, um die sich die Familie versammelt, ein Ort von Wärme und Licht. Die Geistlichen Gemeinschaften und Bewegungen sind so für viele Orte von Wärme und Licht, bieten manchen auf der Suche nach einem Dach für die Seele Unterkunft und Heimat.

2. Kommen wir nun, liebe Schwestern und Brüder, zu dem Gemeinsamen in all der Vielfalt der Geistlichen Gemeinschaften.

Wer sich intensiver mit den Geistlichen Gemeinschaften und Bewegungen beschäftigt, entdeckt viele Gemeinsamkeiten, ebenso aber auch eine überraschende Vielfalt, die schon immer als Kennzeichen für das Wirken des Heiligen Geistes verstanden wurde. Was leuchtet in den Geistlichen Gemeinschaften bei aller Vielfalt an Gemeinsamem auf?

Bei vielen wird deutlich, dass sie sich als Konkretisierung der Erneuerungsbewegung des letzten Konzils verstehen. Vor der Weltbischofssynode 1987 über „Berufung und Sendung des Laien in Kirche und Welt" sagte Papst Johannes Paul II. über die kirchlichen Bewegungen: „Sie gehören sicherlich zu den schönsten Früchten der umfassenden und tiefgreifenden geistlichen Erneuerung, die das letzte Konzil in Gang gebracht hat" (Papst Johannes Paul II. beim internationalen Treffen der kirchlichen Bewegungen am 2. März 1987).

Die Vielfalt zeigt sich gerade dann, wenn wir analog zu den klassischen Orden auf die Ursprungserfahrung jeder Gemeinschaft zurückschauen: Da gibt es erneuerte „Dritte Orden" des heiligen Franz von Assisi oder des heiligen Dominicus, Gemeinschaften, die im Umfeld der Orden entstanden sind, wie die Missionarische Heilig-Geist-Gemeinschaft um Steyl oder wie die Gemeinschaft Christlichen Lebens mit ihrer ignatianischen Prägung. Da sind Gemeinschaften wie die des heiligen Franz von Sales und Werke wie Schönstatt und die Fokolar-Bewegung, an deren Beginn ein ausgeprägtes Gründercharisma steht. Zu diesen Gemeinschaften zählen auch die Ehepaargruppen Equipes Notre Dame in Paris und die Gemeinschaften, die sich an Charles de Foucauld und seiner Spiritualität orientieren. In Spanien entwickelte sich in den Jahren nach dem Zweiten Weltkrieg die Neukatechumenale Gemeinschaft um Kiko Arguello und der Cursillo. In den sechziger Jahren entstand die Eheerneuerungsbewegung

Marriage Encounter, zur gleichen Zeit breitete sich die Charismatische Erneuerung in der katholischen Kirche aus.

In der Begegnung mit Geistlichen Bewegungen und Gemeinschaften erkennen viele zum ersten Mal oder neu den Ruf Gottes in ihrem Leben und erfahren Gottes Handeln in der Geschichte. So werden Glaube und Leben bewusst als Berufung, als Antwort auf Gottes Ruf verstanden, den es zu leben gilt mitten in der Welt der Arbeit und der Freizeit. Am Beginn des Weges steht in der Regel ein Akt der Umkehr und der Entscheidung für Gott und für den Dienst am Nächsten mit einer daraus entspringenden ansteckenden Freude am Christsein. Das Leben wird zu einem spannenden Abenteuer, auch mitten in der Alltäglichkeit. Die Entscheidung für den rufenden Gott und die Christusnachfolge gilt es freilich immer wieder zu erneuern. Gerade das gemeinsame Priestertum aller Getauften erweist sich hier als Grundlage für besondere Berufungen in der Kirche. Aus ihm entspringt die Bereitschaft, sich in Dienst nehmen zu lassen und die Gaben des Heiligen Geistes dankbar anzunehmen für den Dienst am Leib Christi. Man erlebt in den neuen Geistlichen Gemeinschaften auch ein neues Miteinander zwischen Priestern, Ordensangehörigen und Laien; eine Reihe der neuen Geistlichen Gemeinschaften sind von Laien gegründet, auch wenn nachher Priester sich dort orientieren oder integrieren.

Jeder Aufbruch des Geistes in der Kirchengeschichte wurde als Antwort Gottes auf die spezifische Not einer Epoche verstanden, als ein Wort Gottes in die jeweilige Zeitsituation, eine Wiederentdeckung des Evangeliums in einem ganz besonderen Licht, so dass es neben der christlichen Grundspiritualität viele Spiritualitäten der Kirche gibt. Der Glaube an Gottes Liebe über jeden Menschen und der vertraute Umgang mit dem Wort der Heiligen Schrift sind durchgängige Kennzeichen. Bestimmte Worte der Schrift, die Grundanliegen der Bergpredigt oder Stationen im Leben Jesu geben der jeweiligen Spiritualität einen ganz besonderen Akzent.

Kennzeichnend für alle neueren Geistlichen Gemeinschaften und Bewegungen ist das Bemühen um ein bewusstes Stehen und Leben in der Kirche, ein echtes „sentire cum ecclesia". Diese Liebe zur Kirche wurde häufig durch ein Leiden an ihr auf die Probe gestellt. Gerade der manchmal schmerzhafte Prozess, der mit der Mühe verbunden war, von Seiten der kirchlichen Leitung anerkannt und verstanden zu werden, hat die Geistlichen Gemeinschaften zu einer besonderen Beziehung zum Leitungsamt in der Kirche geführt und den Wunsch gefördert, je nach ihrer Eigenart ganz in der Ortskirche einer Diözese und in der Weltkirche beheimatet zu sein. – In diesem Zusammenhang mit dem Leiden an der Kirche wird eine geistliche Gesetzmäßigkeit offenbar: „Es gibt keine Erneuerung der Kirche ohne das Geheimnis von Kreuz und Auferstehung."

Dazu steht in einer gewissen Spannung das Faktum, dass gerade in der Pfarrgemeinde vor Ort und im Zusammenwirken mit den Verbänden Berührungsängste bestehen, die abzubauen sind, um zu einem fruchtbaren und sich ergänzenden Miteinander zu kommen. Angesichts einer sich manchmal auflösenden Kirchlichkeit bei vielen Mitchristen halten die Geistlichen Gemeinschaften bewusst an der Einheit mit Papst und Bischof fest. Was auf dem Grabstein P. Kentenichs in Schönstatt steht, könnte als Leitmotiv für die Geistlichen Bewegungen überhaupt gelten: „Dilexit ecclesiam – Er liebte die Kirche."

In der Regel bleibt die geistliche Anziehungskraft von Erneuerungsbewegungen nicht bei der eigenen Kirche stehen. Ökumene wird in großer Selbstverständlichkeit gelebt. Mitunter ist sogar eine besondere Offenheit zu Mitgliedern der großen Weltreligionen festzustellen, auch die Bereitschaft, mit Nichtglaubenden und Suchenden ins Gespräch zu kommen. Ich denke da besonders an die Fokolar-Bewegung mit ihrem dreifachen Communio-Ansatz: Gemeinschaft mit der und in der eigenen Kirche, Gemeinschaft mit anderen Konfessionen und den großen Weltreligionen.

Jede entfaltete Spiritualität der Geistlichen Gemeinschaften drängt auch zur Inkarnation, zur zeichenhaften Präsenz in dieser Welt. Der Lebensstil vieler Bewegungen, gerade auch jener, die Formen christlicher Gütergemeinschaft entwickelt haben, wirkt zeichen- und modellhaft in die Strukturen einer künftigen Weltgesellschaft hinein. Klöster, Modellsiedlungen, Projekte einer neuen Wirtschaftsordnung, Presse- und Verlagsarbeit sind Beiträge für eine neue Kultur des Miteinanders in Familie und Kirche, im Berufsalltag und in der Freizeit.

Zusammenfassend lässt sich sagen: Die Gemeinschaften und Bewegungen bleiben nur so lange Erneuerungsimpulse in unserer Kirche, als sie sich selbst immer wieder dem radikalen Umkehrruf Jesu stellen, wie er am Beginn des Weges dieser Gemeinschaften steht. Der Dialog, zu dem der folgende Abschnitt meines Referates anstacheln will, ist die beste Garantie dafür, dass die neuen Geistlichen Gemeinschaften das bleiben, was ihr unverzichtbarer Beitrag in der Kirche von heute ist.

3. Geistliche Gemeinschaften wollen nicht nur einen Beitrag leisten für die Kirche vor Ort, wie von mir eben dargestellt. Sie wollen ihn zugleich leisten als einen Beitrag in der Kirche vor Ort. Die Mitglieder Geistlicher Gemeinschaften bereichern und verändern das Leben in Gemeinden und Verbänden, wo sie den Reichtum ihrer geistlichen Erfahrungen einfließen lassen in Gottesdienst und Verkündigung und in das diakonische Engagement der Gruppen, der Gesprächs- und Arbeitskreise, der Initiativen und Bewegungen.

Diese Übersetzung in das Leben der Gemeinden gelingt, wie ich es beobachte, noch nicht hinreichend. Einerseits stehen die Mitglieder und kleinen Gruppen Geistlicher Gemeinschaften in der Gefahr, sich allzu sehr auf ihre jeweilige Gemeinschaft zurückzuziehen und sich so selbst zu isolieren. Wer aber in einer Nische nur für sich selbst fromm ist, kann von der Gemeinde kaum angemessen wahrgenommen und verstanden werden. Andererseits erfahren Geistliche Gemeinschaften in Gemeinden und auch bei den für die Leitung der Gemeinden Verantwortlichen nicht selten Misstrauen und Sperren. Sie werden als Konkurrenten angesehen oder als „elitäre" Sondergruppen mit dem Anspruch, die „besseren Christen" zu sein, die die Einheit der Gemeinden gefährden und auf die Probe stellen. Solche Erfahrungen ergeben sich zumeist dann, wenn zwischen Gemeinschaften und Gemeinden so gut wie keine Kontakte bestehen und man einander fremd bleibt.

Dabei könnten die Geistlichen Gemeinschaften eigentlich wie Sauerteig wirken. Wie meine ich das?

Es besteht heute vielfach eine Sprachnot: Eine Not, Wahrheit und Verheißungen des Glaubens so zur Sprache zu bringen, dass sie im Zusammenhang alltäglicher Lebenserfahrung verständlich werden. Hier können Mitglieder Geistlicher Gemeinschaften in den Gemeinden ihren Dienst der Begleitung auf dem Weg einer persönlichen Glaubenserneuerung und Glaubensvertiefung einbringen, weil unter ihnen das geistliche Gespräch immer neu gelernt und erprobt wird. Sie laden ein und ermutigen, die persönliche Lebensgeschichte als einen Lernort des Glaubens und als einen Ort der Erfahrung der Gegenwart Gottes neu zu entdecken. Sie laden ein, das in den Gemeinden oft schwierige und bisweilen verstummte geistliche Gespräch neu aufzunehmen, eigene Lebenserfahrungen im Lichte des Glaubens zu deuten und zu verstehen.

Die einzelnen Mitglieder oder kleinen Gruppen Geistlicher Gemeinschaften haben in den Gemeinden vor Ort, aber auch in der Ortskirche, in der Diözese, einen prophetischen Dienst zu leisten. Indem sie religiöse Routine, falsche Kompromisse mit dem gesellschaftlichen Umfeld und Unverbindlichkeit des Glaubens in Frage stellen, geben sie den Umkehrruf des Evangeliums weiter. Dieser Anspruch, das Evangelium neu, konkret und unmittelbar zu leben, wird in vielen Kirchengemeinden als Stachel, als Herausforderung empfunden. Polarisierungen sind da und dort eine reale Folge und mitunter kaum zu vermeiden.

Hinzu kommt noch, dass der Lebensstil einiger Gemeinschaften auf der Seite der Gemeindeglieder als Anfrage empfunden wird. Das verlangt von den Mitgliedern Geistlicher Gemeinschaften ein hohes Maß an Vermittlung, Dialogfähigkeit und Bereitschaft zur Auseinandersetzung sowie eine positive Toleranz auch in Situationen des Nicht-Verstandenwerdens.

Ich möchte Sie, liebe Schwestern und Brüder der Geistlichen Gemeinschaften, aber

hier ausdrücklich ermutigen, sich nicht vorschnell in manchmal starr gewordene Strukturen unserer Kirchengemeinden zu integrieren oder sie schnell zu adaptieren. Bleiben sie von ihrem Charisma her ein heilsames Element der Unruhe und geistlichen Infragestellung! Damit meine ich natürlich nicht eine Arroganz des Besserseins.

4. Ich möchte mich dem Ende meines Referates nähern und in einem mir wesentlichen Punkt mit Ihnen über die Bedingung des Einheitsgedankens nachdenken.

Beim großen Treffen der Geistlichen Gemeinschaften Pfingsten 1998 bekam Chiara Lubich, die Gründerin der Fokolar-Bewegung, vom Heiligen Vater den Auftrag, den unterschiedlichen Gemeinschaften zu helfen, sich besser kennen zu lernen, einander näher zu kommen und den Kontakt auch mit den Orden und Kongregationen zu suchen.

Ich nehme an, dass im Hintergrund dieses Auftrags an sie die Spiritualität der Einheit steht, wie sie von der Fokolar-Bewegung von Anfang an gelebt wird:

Je mehr man sich einander nähert, desto mehr nähert man sich Christus. Selbstverständlich gilt auch die andere Bewegung: Je mehr man sich Christus nähert, desto mehr kommt man einander näher. Die Einheit untereinander (d. h. besonders auch mit Papst und Kirche) lässt uns die Gegenwart des Auferstandenen spüren,

der uns anhaucht, uns Seinen Geist ein-
haucht (vgl. Joh 20,19-23: der Heilige
Geist als das Geschenk des Auferstandenen an die versammelten Jünger). Es ist
der Geist, den der Sohn schon immer besitzt, die Bedingung der einzigartigen
Beziehung des Sohnes zum Vater. Durch
den Geist wird der ewige Vater des Sohnes
auch unser Vater, so dass auch wir in diesem Geist sprechen dürfen „Abba, lieber
Vater" (Röm 8,15). Der Geist legt uns dieses Wort, das unsere Gottesbeziehung
grundlegend verändert, in den Mund.

Und wenn dieses Referat überschrieben ist
mit „Komm, Geist des Vaters!", dann findet die Bitte Erfüllung in jenem Wort aus
dem ersten Johannesbrief (3,1) „Wir
heißen Kinder Gottes und wir sind es".

Aber bitte nicht vergessen: Immer **wir**, nie
ich allein ohne die anderen! Ein Heilsego-
ismus verbietet sich grundsätzlich. Damit
führt uns also der Geist des Vaters durch
Jesus Christus zur Einheit untereinander
und zu der mit dem Leib, nämlich der
Kirche.

Der Grundausgangspunkt ist die innertri-
nitarische Communio, die sich in Liebe
auslegt und Bedingung der Erlösung ist.
Infolgedessen muss die Kirche Ikone der
Allerheiligsten Dreifaltigkeit sein, wie es
das II. Vatikanische Konzil in der Dogma-
tischen Konstitution Lumen Gentium ausdrückt. Wenn sich nun aber die Kirche je
neu so entwirft und versteht, dann müssen sich besonders auch die Geistlichen
Bewegungen in ihr von diesem in der
Dreifaltigkeit angelegten Prinzip der
Einheit her verstehen.

Abschluss der Gebetskette: Am 6. Januar 2000 kehrt die Jahrtausendkerze
in den Hohen Dom zu Paderborn zurück

5. Damit komme ich am Ende zu einigen
Fragen:

Die Erste ist jene, mit der Professor Ricardi,
der Begründer der Bewegung von S. Egidio,
vor kurzem im Rahmen eines geistlichen
Kongresses in Rom, an dem ich teilnehmen durfte, seinen Vortrag beendete:
„Warum möchte Gott, dass wir – als Geistliche Gemeinschaften – da sind?"

Die Zweite sei verbunden mit Röm 8,14: „Denn alle, die sich vom Geist Gottes leiten lassen, sind Kinder Gottes." Nur also, wer sich vom Geist führen lässt, ist Gottes Kind. Wohin aber will der Geist uns führen?

Die dritte Frage lautet so: Wie finden wir je neu die kostbare Perle, den Schatz, um dessentwillen es sich lohnt, alles aufzugeben? Wissen wir, dass dieser Schatz einer in zerbrechlichen Gefäßen ist?
(vgl. 2 Kor 4,7).

Liebe Schwestern und Brüder! Kommen wir zum Anfang unserer Überlegungen zurück: Danke für all das geistliche Leben, für alle Glaubensfreude, die Sie – zugunsten unserer Kirche von Paderborn – einbringen. Bitte helfen Sie weiter mit, dass wir in unserer Kirche das „innerste Pünktlein", das Ziel nicht aus den Augen verlieren! Und es wiederfinden, sofern wir es verloren haben. Ich danke Ihnen.

Weihbischof Heinz Josef Algermissen,
Bischofsvikar für Ordens- und Säkularinstitute und
Gesellschaften des Apostolischen Lebens

Jutta Loke

Kreuz und quer

Der Versuch eines geordneten Rückblicks –
die katholische Jugendarbeit feiert das 1200-jährige
Jubiläum am 8. Mai in Unna

Im Regal steht ein Aktenordner mit der Aufschrift „Kreuz und quer". Ein ziemlich dicker Ordner, der von einer sehr intensiven Vorbereitung zeugt. Das ist längst nicht alles, was von der Veranstaltung der katholischen Jugendarbeit im Rahmen des Bistumsjubiläums geblieben ist. Aber es steckt doch eine Menge drin.

Ein gemeinsamer Tag aller Bereiche katholischer Jugendarbeit

Hier zum Beispiel, ganz hinten, die ersten Protokolle von den Vorbereitungstreffen. Und auch gleich Zeugnis eines Charakteristikums von „Kreuz und quer": Alle Bereiche katholischer Jugendarbeit haben diesen Tag gemeinsam vorbereitet. Die Jugendverbände, die Jugendfreizeitstätten, die Jugendbildungshäuser, die Referenten für katholische Jugendarbeit, die die Arbeit vor Ort in den Pfarrgemeinden unterstützen, die Abteilung Jugendpastoral/Jugendarbeit im Generalvikariat. Es war nicht so ganz einfach, weil alle Vertreter natürlich ihre je besonderen Zielgruppen im Blick hatten. Die ersten Ideen für den Tag reichten vom dreitägigen Zeltlager für Kinder und Jugendliche bis zu einem Fachforum für verantwortliche Mitarbeiterinnen und Mitarbeiter mit Referaten und Diskussionsforen.

Ein Tag für die Ehrenamtlichen

Dann wurde deutlich, dass die Arbeit in allen Feldern ohne eine Gruppe gar nicht leistbar

wäre: die ehrenamtlichen Mitarbeiterinnen und Mitarbeiter. So war schnell das Ziel klar. Denen, die sonst die Gruppenstunden organisieren, das Geld verwalten, Ferienfreizeiten gestalten, Presseberichte schreiben, Thekendienst machen, Orientierungstage leiten ... denen wollten wir unseren Dank und unsere Anerkennung sagen. Und wir wollten es ihnen ermöglichen, sich anregen zu lassen, andere zu treffen, sich auszutauschen und zusammen zu feiern. Und so sollte nach innen und nach außen deutlich werden, wie vielfältig und aktuell katholische Jugendarbeit ist, wie sie sich an den Interessen und Bedürfnissen von Kindern und Jugendlichen ausrichtet.

„Kreuz und quer"

Wir hatten das Ziel formuliert und brauchten einen Namen. Ein paar Seiten weiter in dem dicken Ordner: eine Sammlung mit tiefsinnigen, anspruchsvollen, witzigen Titeln für unseren Tag, solche wie „Gipfelstürmer" oder „Youbel", „1200 Jahre – und noch immer jung" und so weiter und so weiter. Am Ende fiel die Wahl auf „Kreuz und quer", weil wir allerhand in dem Titel entdeckten: das Kreuz als ein Symbol für unseren gemeinsamen Ausgangspunkt. Aber auch dafür, dass wir unser „Kreuz" für Kinder und Jugendliche machen, für sie einstehen, ihre Interessen vertreten. Und „quer", das passt für Jugend. Die kommt manchmal quer, die ist anders, aber so bringt sie auch weiter ...

Zauberhafte Verkleidungen beim Blick zurück im Fantasyspiel

Und plötzlich fiel die Entscheidung gar nicht mehr so schwer. Und relativ eindeutig aus allen unterschiedlichen Bereichen.

Eine große Vielfalt – über 100 Programmpunkte

Dann ging die Arbeit richtig los. In dem Ordner finden sich jetzt die Protokolle der unterschiedlichen Arbeitsgruppen: Inhalte, Programm, Gottesdienst, Atmosphäre/Gestaltung, Organisation.

Und was sich da findet lässt ahnen, was dann am 8. Mai los war: über 100 Programmpunkte. Hier zwischen den Aktendeckeln schön alphabetisch geordnet. In meiner Erinnerung sehr bunt, sehr vielfältig, sehr lebendig. Jugendfreizeitstättencafé, T-Shirt-Druck, Arbeits-Lose kaufen, Stempel herstellen, Breakdance, ein „Human Kicker" (so etwas wie ein Tischkicker nur mit echten Menschen), ein Erste-Hilfe-Spiel und ein Sauerländer Parcours, ein eigens komponiertes Musical und der Auftritt von vier Bands, Puppenspieler, Bühnenprogramm ... mehr als wir jemals geglaubt hätten. Vor meinem Auge entsteht ein Bild von Menschen an allen Ecken und Enden: ins Gespräch vertieft, Leute, die zuhören oder zusehen, die etwas bauen, die etwas ausprobieren, viel Gelächter.

Ehrenamt eröffnet Horizonte

Draußen auf dem Gelände stand ein Kran, mit dem man sich nach oben transportieren lassen konnte. Dort hatte man einen guten Überblick über das ganze Gelände. Und konnte vielleicht sogar erfahren, was an der Gondel des Krans geschrieben stand:

[1] [2] Mach Dir ein Bild von katholischer Jugendarbeit: Neben vielen Infos Gespräche bei einer kleinen Stärkung

„Ehrenamt eröffnet Horizonte". Wir haben ganz vielen ehrenamtlichen Mitarbeiterinnen und Mitarbeitern etwas geboten. Aber wir hätten es nicht geschafft ohne ein großes Heer von Freiwilligen, die auch ihren Teil geleistet haben. Mehr als dreihundert waren es. Manche haben zeitweise hinter einem Stand gestanden, etwas aufgebaut, eine Aktion betreut. Ein Teil der Leute war den ganzen Tag und am Vortag im Einsatz. Für einige hatten die Vorbereitungen auch schon Wochen vorher begonnen. Aber viele haben uns zugesichert, dass sie etwas davon hatten. Nicht nur, weil wir sie am Tag selbst und bei einem Sommerfest einige Wochen später gut versorgt haben. Nein. Es gab noch anderen „Gewinn": Leute zu treffen, die etwas ähnliches machen, sich auszutauschen, Anregungen zu bekommen, mal zu zeigen, was man kann, sich zu präsentieren. Oft wurde das alles auf den Punkt gebracht: Es hat richtig Spaß gemacht.

Gottesdienst am Anfang des Festes

In seiner Predigt im Gottesdienst von „Kreuz und quer" bedankte sich Erzbischof Johannes Joachim ganz ausdrücklich bei den Ehrenamtlichen an allen Stellen in der katholischen Jugendarbeit. Mit diesem Gottesdienst fing

[3] Abheben und sich reichlich Überblick verschaffen

[1] Zum Mitmachen:
Kunstwerke aus Ytong

[2] Ein Höhepunkt:
Gottesdienst mit Erzbischof
Dr. Johannes Joachim Degenhardt

das Fest an. Die Eishalle nahe der Stadthalle war gut gefüllt. Quer über die Ränge war ein Kreuz gespannt. Die Atmosphäre war sehr dicht. Dazu trug auch die Musik der Gruppe Vocale bei. Und mit Musik ging es in der Stadthalle weiter. „No Porrigde" heizte noch einmal kräftig ein, bevor sich ein gelungener Tag dem Ende zuneigte.

Und bevor ich den Aktenordner schließe, fällt mein Blick noch auf die Rückmeldungen, die ich ganz obenauf abgeheftet habe: Dank für einen gelungenen Tag, gute Rückmeldungen zu einzelnen Dingen, die Bitte, so etwas noch mal zu machen.

Noch mal?
Der ganze Aufwand? Die ganze Vorbereitung? Ohne Bistumsjubiläum? 1999 haben wir jedenfalls beschlossen, es in diesem Jahrhundert nicht noch einmal zu tun. Aber wir sehen auch den Gewinn und die Perspektiven: Vielfalt auf einer gemeinsamen Grundlage. Die unterschiedlichen Bereiche katholischer Jugendarbeit haben gemeinsam einen Tag gestaltet. Basis war unser gemeinsamer Ausgangspunkt, die „Grundlagen und Eckpunkte katholischer Jugendarbeit im Erzbistum Paderborn". Dort ist das Ziel benannt. Katholische Jugendarbeit soll junge Menschen beim Menschsein und bei der Menschwerdung unterstützen, sich dabei am Evangelium orientieren und die Situation der Kinder und Jugendlichen zum Ausgangspunkt nehmen. Da die Situationen sehr unterschiedlich sind, ist auch die katholische Jugendarbeit sehr vielfältig. Das zeigte sich bei „Kreuz und quer", das zeigt sich in der alltäglichen Arbeit in Pfarrgemeinden, Jugendverbänden, Jugendfreizeitstätten, Jugendbildungshäusern.

Personales Angebot – Mitarbeiterinnen und Mitarbeiter sind unsere Stärke
Die Arbeit geht, so ist es ebenfalls in den „Grundlagen und Eckpunkten" formuliert, dabei wesentlich über „Begegnung und Dialog". Die große Zahl von ehrenamtlichen Mitarbeiterinnen und Mitarbeitern und die Hauptberuflichen, die sie unterstützen, sind dabei unser Potential. Und die waren am 8. Mai dabei. Sie waren eingeladen. Aber sie haben auch ihre Zeit, ihre Ideen, ihre Kraft investiert. Und vielleicht wurde es auch erst so zu ihrem Tag. Und der hat Spaß gemacht.

So werde ich also den Ordner nicht ganz so weit wegstellen. Ich lasse ihn vorne im Regal stehen. Einmal, um mich daran zu erinnern, was alles so in katholischer Jugendarbeit steckt. Aber auch, falls wir ihn mal wieder brauchen ...

[1] Breakdance am Ministranten-Stand

[2] Zum Selbermachen: Namensschilder gestalten

Jutta Loke,
Koordinierende Leiterin der Abteilung Jugendpastoral/Jugendarbeit im Erzbischöflichen Generalvikariat

Auszug aus dem Gebet zum Bistumsjubiläum

Herr, es ist Zeit, aufzubrechen zu dir
und deinem Kommen den Weg zu bereiten
in eine Welt, die oftmals zerrissen
und doch voll Sehnsucht und Hoffnung ist.
So bitten wir dich: Komm du uns entgegen!
Lass uns erfahren, dass du da bist,
und bleibe bei uns, wo wir
in deinem Namen unterwegs sind.
Sende aus deinen Geist,
und das Antlitz der Erde wird neu!

Amen

Dieser Auszug aus dem Gebet zum Bistumsjubiläum verdeutlicht noch einmal den Eindruck der Teilnehmerinnen und Teilnehmer am ökumenischen Vespergottesdienst, den Erzbischof Dr. Johannes Joachim Degenhardt am 16. Mai im Hohen Dom zu Paderborn mit den Vertretern aus der Ökumene feiern konnte. Die bunte Fülle der Mit-Liturgen ließ einerseits den Reichtum der christlichen Traditionen auf dem Gebiet des Erzbistums Paderborn erahnen, andererseits drängte sich Nachdenklichkeit auf, wie diese Kirchen und christlichen Gemeinschaften überzeugend die Botschaft vom Reich Gottes gemeinsam verkünden können. Neben den Vertretern der evangelischen Landeskirchen und der Freikirchen machte die Anwesenheit des Bischofs des koptisch-orthodoxen Patriarchats aus dem Kloster Brenkhausen und des Vertreters des Bischofs der syrisch-orthodoxen Kirche in Deutschland aus dem Kloster in Warburg bewusst, dass Ökumene im Erzbistum nicht nur das Schöpfen aus den gemeinsamen Quellen des Glaubens für katholische und evangelische Christen meint, sondern eben auch das gemeinsame Schöpfen mit den Christen der verschiedenen orthodoxen Kirchen, die aus beruflichen Gründen oder aufgrund religiöser Verfolgung im Gebiet des Erzbistums Paderborn ihren Wohnsitz gefunden haben.

Das Johann-Adam-Möhler-Institut für Ökumenik

Das Bemühen um die Einheit der Kirchen und der Christen hat im Erzbistum Paderborn eine fast 50-jährige Tradition. Im Jahre 1957 wurde vom damaligen Erzbischof und späteren Kardinal Lorenz Jaeger das Johann-Adam-Möhler-Institut im Garten des Priesterseminars als „Institut für Konfessions- und Diasporakunde" gegründet. Heute führt das Institut die Bezeichnung „Institut für Ökumenik".

In dieser Zeit vor dem II. Vatikanischen Konzil war der ökumenische Gedanke noch keineswegs ein allgemeines Anliegen in der katholischen Kirche. Erst das II. Vatikanische Konzil (1962-1965) verhalf ihm auf katholischer Seite zum Durchbruch. Dazu lieferte das Möhler-Institut als wissenschaftliche Einrichtung wichtige Beiträge. Bis in die Gegenwart ist es durch seine Mitarbeiter an zahlreichen internationalen und nationalen ökumenischen Dialogen beteiligt. Das Möhler-Institut ist Herausgeber der folgenden theologischen Reihen: Konfessionskundliche und kontroverstheologische Studien; Konfessionskundliche Schriften; Handreichungen für Erwachsenenbildung, Religionsunterricht und Seelsorge. Als Herausgeber und Mitherausgeber fungiert das Möhler-Institut bei mehrbändigen Werken und Monographien: z. B.: Handbuch der Ökumenik; Kleine Konfessionskunde; Dokumente wachsender Übereinstimmung. Die Vierteljahresschrift „Catholica" wird vom Möhler-Institut herausgegeben.

Die Mitarbeiter des Möhler-Institutes sind durch Lehr- und Vortragstätigkeit an der Theologischen Fakultät, am Priesterseminar und in der ganzen Diözese in der Weitergabe der ökumenischen Forschungsergebnisse engagiert. Seit Jahren führt das Möhler-Institut in zweijährigem Rhythmus einen Intensiv- und Aufbaukurs zur Ausbildung von Ökumene-Mitarbeitern und -Mitarbeiterinnen der deutschen Diözesen durch.

Arbeitsgemeinschaft christlicher Kirchen

Ab den 70er Jahren ist neben dem wissenschaftlichen Bemühen um die Einheit der Christen die Begegnung und Zusammenarbeit der Kirchen und kirchlichen Gemeinschaften in den ökumenischen Gremien gewachsen. Hier sind vor allem zu nennen die Arbeitsgemeinschaften der christlichen Kirchen auf Bundes-, regionaler und lokaler Ebene. Die Mitglieder bekennen, der Basisformel von Neu-Delhi 1961 entsprechend, den Herrn Jesus Christus gemäß der Heiligen Schrift als Gott und Heiland und trachten danach, gemeinsam zu erfüllen, wozu sie berufen sind – zur Ehre Gottes, des Vaters, des Sohnes und des Heiligen Geistes. Zweimal jährlich findet eine Mitgliederversammlung und Studientagung statt. In der Arbeitsgemeinschaft christlicher Kirchen ist die Erzdiözese Paderborn durch ihre Delegierten vertreten. Neben der Arbeitsgemeinschaft christlicher Kirchen auf Landesebene sind in den letzten Jahrzehnten zahlreiche lokale ACKs entstanden.

Erzbischof Degenhardt mit Präses Manfred Sorg von der Evangelischen Kirche von Westfalen

Liturgen verschiedener Konfessionen beim ökumenischen Vespergottesdienst am 16. Mai 1999 im Hohen Dom zu Paderborn

Bistumskommission für Ökumene

Gemäß dem Auftrag des II. Vatikanischen Konzils besteht im Erzbistum Paderborn eine Kommission für Ökumene als beratendes Gremium für den Erzbischof. Die Mitglieder werden aus den sieben Regionen der Diözese – je ein Priester und ein Laie – durch den Erzbischof ernannt. Die Bistumskommission hat z. B. die „Hilfen für die ökumenische Arbeit in den Gemeinden" erarbeitet.

Kontaktgespräche des Erzbischofs mit den Leitungsgremien der evangelischen Landeskirchen

Zur Abstimmung gemeinsamer Anliegen finden jährliche Kontaktgespräche des Erzbischofs mit den kirchenleitenden Gremien der evangelischen Landeskirchen statt, mit denen die Erzdiözese Paderborn regional verbunden ist. Dazu gehört auch die Entsendung eines Vertreters der Erzdiözese Paderborn zu den jährlich stattfindenden Synoden der evangelischen Landeskirchen.

Ökumenische Zusammenarbeit in der Pastoral

Ökumenische Zusammenarbeit und Begegnung ist für viele Pfarrgemeinden unserer Diözese seit Jahren eine Selbstverständlichkeit. In vielen Gemeinden treffen sich Pfarrgemeinderäte und Kirchenvorstände mit den Presbyterien der evangelischen Gemeinden zur regelmäßigen Kontaktpflege.

In Hagen und Meschede besteht ein ökumenisches Zentrum einer katholischen Kirchengemeinde mit der evangelischen Gemeinde. Die Gemeinden leben unter einem gemeinsamen Dach. Kirche und Pfarrzentrum werden miteinander in gegenseitiger Abstimmung und wechselseitiger Gemeinschaft genutzt. Die Möglichkeiten für die ökumenische Zusammenarbeit sind hier bis in die Strukturen der Pfarrgemeinde verankert.

Die gemeinsame Feier der Gebetswoche für die Einheit der Christen, der Weltgebetstag der Frauen, die ökumenische Bibelwoche, die Friedensdekade, ökumenische Schulgottesdienste, gemeinsame Glaubensseminare sind in zahlreichen Pfarrgemeinden gute Tradition. Das „Jahr 2000" als Hinführung zum neuen Jahrhundert und Jahrtausend ist ein guter Anlass, die Gemeinschaft im Gebet der christlichen Gemeinden zu vertiefen, einander in Achtung wahrzunehmen, Vorurteile abzubauen und gemeinsam in den Nöten der Zeit zusammenzustehen. Nur so werden die Christen in der Kraft des Heiligen Geistes die Einheit im Bekenntnis und die Gemeinschaft im Leben mehr und mehr zurückgewinnen.

Lass uns erfahren, dass du da bist,
und bleibe bei uns,
wo wir in deinem Namen unterwegs sind.
Sende aus deinen Geist
und das Antlitz der Erde wird neu!

Pastor Dr. Michael Hardt,
Leiter der Fachstelle Ökumene des
Erzbischöflichen Generalvikariates

„Wir feiern Geburtstag. Unser Bistum wird 1200 Jahre alt."

Prälat Franz Hochstein

Kinderwallfahrt am 6. Juni 1999

Seit 1995 werden alle zwei Jahre zwei Kommunionkinder-Jahrgänge mit ihren Eltern und Geschwisterkindern zu einer Wallfahrt nach Paderborn eingeladen. Die dritte Kinderwallfahrt fiel in das Jubiläumsjahr: „1200 Jahre Bistum Paderborn - mehr als man glaubt." Sie fand am 6. Juni 1999 auf dem Paderborner Schützenplatz statt.

Erzbischof Dr. Johannes Joachim Degenhardt schrieb in seiner Einladung an die Kinder:
„'Wir feiern Geburtstag. Unser Bistum wird 1200 Jahre alt.' Unter diesem Leitwort steht die 3. Kinderwallfahrt, zu der ich euch – die Kinder der Kommunionjahrgänge 1998 und 1999 – herzlich einlade. Ich freue mich, wenn ich euch zusammen mit euren Eltern und Geschwistern und allen, die euch auf die Erstkommunion vorbereitet haben, in Paderborn begrüßen kann. Noch mehr würde ich mich freuen, wenn diese Geburtstagsfeier uns im Glauben an Gott und seinen Sohn Jesus Christus bestärkt und wenn wir merken, wie gut und schön es ist, dass wir zu seiner Kirche dazugehören."

Etwa 8.000 Kinder und Erwachsene folgten dieser Einladung. In der Begrüßung wurde gesagt:
„Kinder sind die besonderen Lieblinge Gottes. Jesus hat sie umarmt und gesegnet. Wer sie liebt, kommt Gott näher und damit dem Himmel. 'Kinder sind Brücken zum Himmel'- so lautet der Titel eines Buches, in dem geschrieben wird: 'Das Kind ist das Teuerste, was eine Nation hat ... unsere Kinder sind unsere Zukunft'.

Unsere Kinderwallfahrt heute möge erkennen lassen, dass wir in den Kindern das Teuerste sehen, so dass kein Preis für sie zu hoch ist ..."

Höhepunkt des Wallfahrtstages war die Eucharistiefeier am Vormittag mit Herrn Erzbischof, der seine Predigt im Dialog mit zwei Kindern von der Dortmunder Josef-Grundschule hielt. Im Anschluss an das Jesuswort: „Ihr seid meine Freunde, wenn ihr tut, was ich euch auftrage. Ich nenne euch nicht mehr Knechte ..." (Joh 15,14 f.) wurde dem Gedanken der Freundschaft mit Jesus nachgegangen. Der Erzbischof sagte:
„Was Jesus damals seinen Jüngern gesagt hat, das hat er auch für uns heute gesagt ... Das gilt auch für uns. Und so bemühen sich alle Christen immer wieder, so zu leben, wie Jesus es uns vorgelebt hat, denn so können wir ihm unsere Freundschaft zeigen. Das Wichtigste ist dabei, dass wir ihn lieb haben ...

Je mehr wir beten, um so fester kann unsere Freundschaft mit ihm werden. Dann hat Jesus gesagt: Was ihr dem geringsten Menschen getan habt, das habt ihr mir getan. – Wenn wir andere Menschen gern

Frohe Lieder prägten die Kinderwallfahrt

[1] Der Erzbischof bei seiner Predigt

[2] Gemeinsam Zeichen setzen – das Netz symbolisiert Verbundenheit und Zusammengehörigkeit im Erzbistum

der Bewegung wurde das Netz auseinandergeknüpft, und jeder bekam das Band eines anderen zum Mitnehmen und zur Erinnerung an die Kinderwallfahrt. Das Zeichen des Netzes hinterließ einen tiefen Eindruck.

Am Nachmittag standen auf dem Programm:
- Musik und Lieder, Geschichten und Spiele
- Dom-Wallfahrt
- Malwettbewerb zum Leitwort
- Bistumsquiz-Wettbewerb
- Basteln von Kreuzfibeln
- Gestalten einer Geburtstagskerze.

Das Interesse der Medien an der Kinderwallfahrt wurde besonders deutlich durch eine Liveübertragung von 13.00 bis 14.00 Uhr im WDR-Fernsehen.

Mit einer Andacht am späteren Nachmittag verabschiedete Weihbischof Algermissen die Teilnehmer an der Kinderwallfahrt. 1200 Luftballons erinnerten noch einmal an das Leitwort: „Wir feiern Geburtstag. Unser Bistum wird 1200 Jahre alt."

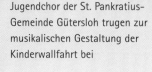

[3] Mädchenchor, Knaben- und Jugendchor der St. Pankratius-Gemeinde Gütersloh trugen zur musikalischen Gestaltung der Kinderwallfahrt bei

haben, wenn wir ihnen helfen ... immer wenn wir einander Gutes tun, zeigen wir, dass wir Freunde Jesu sind. ...

Und wie zeigt Jesus uns, dass er unser Freund ist? Er zeigt uns, dass er uns lieb hat, indem er uns Menschen gibt, die uns gern haben: eure Eltern zum Beispiel, Oma und Opa, eure Freunde ... Aber er hat uns ein noch größeres Zeichen seiner Liebe gegeben ... Das letzte Abendmahl, das Jesus vor seinem Tod mit seinen Freunden gefeiert hat, soll zeigen, wie sehr er sie liebt, dass er sogar sein Leben für sie hingibt. Immer wenn wir in der heiligen Messe dieses Opfermahl feiern, zeigt uns Jesus, dass er für uns da ist ..."

Zum Friedensgruß entstand ein großes Netz. Jedes einzelne Kind und jede und jeder einzelne Erwachsene knüpfte ein Band mit anderen zusammen. Das Netz wurde über die Köpfe gehoben und zur Musik hin- und herbewegt. Es sollte ein Zeichen der Verbundenheit und der Zusammengehörigkeit aller Gläubigen in unserem Erzbistum sein. Nach

Domvikar Prälat Franz Hochstein,
Leiter der Pilgerstelle im
Erbischöflichen Generalvikariat

„Weißt du wo die Sonne lacht"

Roswitha Gembris-Nuebel

Eltern-Kind-Tag am 22. August 1999 auf dem Schützenplatz, Paderborn

Junge Familien, insbesondere die vielen Eltern-Kind-Gruppen der acht Familienbildungsstätten unseres Erzbistums, waren zu diesem Tag eingeladen und verwandelten den Schützenplatz in einen Ort voller Lebendigkeit und Lebensfreude, in einen Ort, an dem „die Sonne lacht". Der eigene Tag für Eltern und Kinder im Vorschulalter im Rahmen des Bistumsjubiläums macht zugleich die hohe Wertschätzung von Ehe und Familie deutlich: Familien sind der Kern aller Gemeinschaften in Kirche und Staat. Sie benötigen Zeichen gegenseitiger Stärkung wie die Begleitung der Kirche auf einem sicherlich nicht immer leichten Weg.

Familien mit kleinen Kindern brauchen an einem solchen Festtag eine besondere Ansprache – und entsprechend ausgewählte Angebote aus dem Bereich der Eltern-Kind-Arbeit in den Familienbildungsstätten gestalteten die Aktionen des Tages. Unter verschiedenen Themenschwerpunkten konnten Eltern mit ihren Kindern gemeinsam etwas von dem erleben, was Familienbildungsstätten tun ...

Familienbildung im ersten Lebensjahr
- Kinder auf dem Weg in die Welt begleiten mit Spiel- und Bewegungsanregungen für Eltern und Kinder im ersten Lebensjahr (PEKiP) und Babymassage nach Leboyer

Familienbildung und Kreativität
- Kunterbunter Bastelspaß für Kinder und Eltern – mit verschiedenen Angeboten zum Malen und Basteln, zum kreativen Arbeiten mit Pappe, Holz und Ton

Die Schöpfung bewahren
- Kinder und Eltern entdecken die Welt – mit Angeboten, die vier Elemente Wasser, Feuer, Erde, Luft kennen und erleben zu lernen

Raum der Ruhe
- Lasst uns das Leben leise leben – mit Ruheübungen für Kinder und Eltern und Möglichkeiten für Sinneserfahrungen

Zum Programm des Tages gehörte eine spielerische Einführung ins Bewegungstheater. Thema: „Wie bei Hempels unterm Sofa", geleitet von dem Tanzpädagogen Nils Neuber. Detlev Jöcker begeisterte mit neuen und alten Mitmachliedern. Festlicher Höhepunkt und zugleich Abschluss des Eltern-Kind-Tages war ein Wortgottesdienst mit Weihbischof Prof. Dr. Reinhard Marx in einer überfüllten Schützenhalle. Ein buntes Rahmenprogramm auf dem gesamten Schützenplatz mit Aktionsecken, Zauberei, Kleinkunst und Spielen aus vergangenen Zeiten sorgte dafür, dass Eltern und Kinder immer wieder Neues entdecken konnten. Verlost wurde an diesem Tag auch ein Besuch bei Erzbischof Dr. Johannes Joachim Degenhardt.

[1]

[2]

Mit über 3.000 Besuchern war der Eltern-Kind-Tag dem Motto des Bistums entsprechend in jedem Fall ... Mehr als man glaubt.

Junge Familien – so ein Fazit des Eltern-Kind-Tages sind eine besondere Zielgruppe in unserem Erzbistum und über Eltern-Kind-Gruppen der Familienbildungsstätten gelingt es u. a., sie zu erreichen. Kirchliche Familienbildung hat den Auftrag, christliche Werte von Ehe und Familie und die sich aus dem Glauben ergebenden Möglichkeiten für die Gestaltung des Lebens zu vermitteln (Pastorale Regelungen, Katholische Familienbildungsstätten im Erzbistum Paderborn). Somit tragen Familienbildungsstätten in besonderer Weise zur Unterstützung und Begleitung von Familien bei. Mit ihren Angeboten, von denen der Eltern-Kind-Bereich nur ein Ausschnitt ist, sprechen Familienbildungsstätten in unserem Erzbistum viele Menschen an – nicht nur am Eltern-Kind-Tag. Familien mit kleinen Kindern drängten sich beim Wortgottesdienst, und noch nach dem Segen verweilten sie, als spürten sie etwas von einem Sonnenstrahl, der, im Lied besungen, ihnen geschenkt ist. Sie haben sich ansprechen lassen – und darin liegt die große Chance der Kirche, über Angebote der Familienbildung auch solche Menschen zu erreichen, die der Kirche ansonsten eher fern stehen, die nicht den rechten Bezug finden, die sich ausgegrenzt fühlen.

Angebote im Eltern-Kind-Bereich werden insbesondere von jungen Familien in Anspruch genommen. Die Phase der Familiengründung ist bei dieser Personengruppe noch sehr unmittelbar, und obgleich sie sich den Veränderungen, die Elternschaft mit sich bringt, bereits angepasst haben, ist der Familienalltag durch die raschen Veränderungen in der Entwicklung der Kinder geprägt. (Junge) Familien sind auf der Suche nach Orientierung und Unterstützung, sie sind offen für Anregungen. An dieser Stelle erfüllen Familienbildungsstätten eine wichtige Funktion. Als Einrichtungen der katholischen Kirche geben sie aus ihrem christlichen Glauben und ihrem Selbstverständnis heraus Orientierung und Unterstützung bei der Gestaltung des konkreten Familienalltags. So kommt es vor, dass, angeregt durch Gespräch und praktisches Tun, in einem der vielen Eltern-Kind-Kurse die Entscheidung fällt, das Kind taufen zu lassen.

Kurse im Eltern-Kind-Bereich sind nicht nur die bekannten Spielgruppen für die verschiedenen Altersstufen, sondern sie beziehen sich auf ganz unterschiedliche Themenbereiche, beispielsweise Rhythmik, Gymnastik, Schwimmen, Musizieren, Basteln, Töpfern u. a. Auch Veranstaltungen, an denen die gesamte Familie teilnehmen kann, Familiensamstage oder Bildungswochen bzw. -wochenenden gehören zum Programmangebot. In Pfarrgemeinden sind Familienbildungsstätten mit ihren Eltern-Kind-Angeboten aktiv. Darüber hinaus unterstützen sie Eigeninitiativen von Eltern, die sich als Eltern-Kind-Gruppen zusammenschließen und sich in Räumen der Pfarrgemeinden treffen wollen. Familienbildungsstätten bieten hier Fortbildung und Begleitung von Spielgruppenleiterinnen an.

[1] Weihbischof Prof. Dr. Reinhard Marx am Familienwunschbrunnen

[2] Ausblick von Papas Schultern ...

[3] ... heut' bin ich mal Indianerin

Familienbildung beschränkt sich allerdings nicht nur auf den grob umrissenen Eltern-Kind-Bereich, sondern bietet lebensphasenbegleitend Bildung und Begegnung an. Familienbildung in unserem Erzbistum ist ... mehr als man glaubt!

Der Eltern-Kind-Tag, so ein abschließendes Resümee, ist ein deutliches Zeichen für eine lebendige Kirche im Erzbistum Paderborn. Diese Lebendigkeit zu erhalten und Kirche durch den Beitrag Familienbildung zukunftsorientiert mitzugestalten – daran wollen Familienbildungsstätten auch im kommenden Jahrtausend mitwirken.

Roswitha Gembris-Nuebel,
Pädagogische Leiterin des Referates Familienbildungsstätten im Erzbischöflichen Generalvikariat

Manfred Frigger

Familie – Leben als Christen teilen

Liebe(s)Leben

Feiertag für Mitarbeiter/innen in der Ehe-, Familien- und Lebensberatung am 16. September 1999

Einstimmung

Die Mitarbeiterinnen und Mitarbeiter in der Ehe-, Familien- und Lebensberatung im Erzbistum Paderborn haben einen guten Ruf und sind in der Kirche und Gesellschaft wegen des hohen fachlichen Standards anerkannt. Das sogenannte „positive Image" der Beratungsstellen ist auch für eine positive Darstellung der katholischen Kirche in der Öffentlichkeit hilfreich. Im Namen der Mitarbeiterinnen und Mitarbeiter in der Ehe-, Familien- und Lebensberatung und der vielen Ratsuchenden in unseren Stellen möchte ich meinen Dank aussprechen und einiges besonders hervorheben, was uns auszeichnet und unseren Dienst am Menschen wirksam unterstützt:

■ Die Berater/innen lassen sich vom christlichen Menschenbild leiten.

   ■ Aus dieser Grund- und Glaubenshaltung heraus lassen sie sich auf die Begegnungen mit den Rat suchenden Menschen ein.

   ■ Sie sehen sich als Mitarbeiter/innen am Reich Gottes, um den Menschen eine christliche Begleitung anzubieten. Sie wollen durch fachlich qualifizierte Gespräche und Begegnungen den Ratsuchenden neue Orientierung ermöglichen.

■ Die Kostenfreiheit sowie die Offenheit für Ratsuchende, unabhängig von Alter, Konfession, Weltanschauung und Lebenssituation ist konstitutives Element.

■ Vielfältige Möglichkeiten zur Fortbildung und Supervision begründen unseren qualitativ hohen fachlichen Standard.

■ Die Durchführung von Ausbildungskursen für neue Ehe-, Familien- und Lebensberater/innen ermöglicht die Anstellung nachwachsender Mitarbeiter/innen.

■ Die Fortbildung der Sekretärinnen verhilft zum gelungenen Umgang mit Ratsuchenden.

■ Wir freuen uns über einladend gestaltete Beratungsräume und ansprechende Möblierung.

■ Eine gute Kooperation und Vernetzung mit anderen Einrichtungen der pastoralen und psychosozialen Dienste ist gängige Praxis.

■ Die klare Organisationsstruktur mit „flacher Hierarchie" verhilft zur Transparenz der Entscheidungen.

■ Eine vertrauensvolle Zusammenarbeit mit dem Erzbischof, den Mitarbeiterinnen und Mitarbeitern im Erzbischöflichen Generalvikariat und in den Gemeindeverbänden ist dankend anzuerkennen.

Träger der Ehe-, Familien- und Lebensberatung

Träger der Ehe-, Familien- und Lebensberatung ist das Erzbistum Paderborn. Der Leiter der Paderborner Beratungsstelle ist zugleich als Fachreferent verantwortlich für die insgesamt 24 Ehe-, Familien- und Lebensberatungsstellen im Erzbistum Paderborn.

Ehe-, Familien- und Lebensberatung – Dienst der Kirche

Die Ehe-, Familien- und Lebensberatung will in enger Kooperation mit und in den Pfarrgemeinden sowie überörtlichen Gremien ihren pastoralen Dienst anbieten. Als psychosoziales und pastorales Angebot wird es auch von Menschen angenommen und akzeptiert, die am „Rande des kirchlichen Lebens stehen" oder sich zu keiner Kirche zugehörig fühlen. Unsere Beratungsstellen sind fest in der kirchlichen Tradition verwurzelt. Im Gegensatz zu dem verbreiteten öffentlichen Image der Kirche bedeutet dies keinen fachlichen Mangel unserer Beratung. Im Gegenteil ermöglicht es uns eine klare Hinwendung zum Ratsuchenden und seinen Lebenswirklichkeiten.

„Die Beratungsdienste der katholischen Kirche haben die Aufgabe, Menschen in ihrer Not beizustehen. ... Die Arbeit geschieht aus dem Glauben, dass Gott zu allen Menschen „ja" sagt. In diesem Ja Gottes hat jeder Mensch seinen einzigartigen Wert und wird auch in Konflikten, Unzulänglichkeiten und in seinem Scheitern von Gott angenommen und geliebt." (Grundordnung der Beratenden Dienste, S. 4)

Ziel unserer Beratung ist es, „Ratsuchende in die Lage zu versetzen, ihre Probleme und Konflikte zu lösen, Krisen durchzustehen und zu verarbeiten oder mit nicht behebbaren Belastungen in erträglicher Weise zu leben. Beratung nutzt die persönlichen und familiären Ressourcen und ist bestrebt, durch die Entwicklung neuer Orientierungen und Verhaltensalternativen eigenverantwortliche Entscheidungen zu ermöglichen und die Fähigkeit zu stärken, Beziehungen zu anderen Menschen eingehen und aufrechterhalten zu können." (Beratungsverständnis der Katholischen Bundesarbeitsgemeinschaft für Beratung e. V., S. 4)

Orientierung und Wegweisung für die Menschen ihrer Zeit gehörte schon immer zu den Grundvollzügen kirchlichen Lebens und somit zum Selbstverständnis der Verkündigung und der Seelsorge. Die Kirche beruft sich dabei auf den, der von sich wusste und gesagt hat: „Ich bin der Weg und die Wahrheit und das Leben."

Das Leben erscheint aus unserem Erfahrungshorizont heute immer komplexer, unübersichtlicher und schwieriger. Weil es verschiedene Möglichkeiten und Wege gibt, dem eigenen Leben und Menschsein eine Gestalt zu geben, bedient sich die kirchliche Beratung nicht nur theologischer und pastoraler, sondern auch anderer wissenschaftlicher Ansätze.

Kirchliche Beratung bedient sich der Erkenntnisse und Erfahrungen der Humanwissenschaften, insbesondere der Psychologie und Pädagogik. „Sie ist eine sinnvolle Ergänzung

Beim Tag des Ehrenamtes: Am Stand der Ehe-, Familien- und Lebensberatung erhielten die Besucher von Manfred Frigger und seinen Mitarbeiter/innen „für ein Lächeln" kleine Lebensweisheiten. Auch Erzbischof Degenhardt und Generalvikar Kresing erhielten „für ein Lächeln" einen weisen Spruch!

bewährter Formen der Seelsorge und stellt eine heute notwendige Antwort auf das Bestreben des Menschen dar, nicht Objekt fremder Entscheidungen, sondern Subjekt des eigenen Lebens zu sein. Sie versucht einzugehen auf Menschen, die sich in der Gestaltung ihres Lebens und ihrer Beziehungen einer Vielzahl von Möglichkeiten gegenübersehen und die zudem immer weniger von Traditionen und Konventionen gestützt und getragen werden.

Kirchliche Beratung achtet und respektiert die menschliche Freiheit und die Entscheidung eines jeden Einzelnen. In diesem Sinne können die kirchlichen Beratungsdienste auch Menschen begleiten, die sich für einen Lebensweg entscheiden, der nicht mit den Vorstellungen und Normen der kirchlichen Lehre übereinstimmt." (Beratungsverständnis der kath. Bundesarbeitsgemeinschaft, S. 3)

Qualifizierte Beraterinnen und Berater als personales Angebot

Die Beziehung zwischen Ratsuchenden und dem Berater und der Beraterin ist für die Beratung konstitutiv. Hierbei kommt neben der fachlichen Qualifikation der Persönlichkeit der Beratenden eine besondere Bedeutung zu. Regelmäßige Fortbildung und Supervision sind daher integraler Bestandteil der Beratungsarbeit, die vom Träger der Beratungsstellen gefördert werden, um die Qualität des Beratungsangebotes sicherzustellen.

Ein besonderes Merkmal institutioneller Beratung ist die Arbeit in einem multidisziplinären Team, d. h. die Zusammenarbeit von

Beraterinnen und Beratern mit unterschiedlichen Grundausbildungen. Die Beratung versteht sich als ein eigenständiger Ansatz, welcher klient- und problem-orientiert unterschiedliche Methoden zur Anwendung bringt. Je nach Problemstellung beinhaltet er beraterische, pädagogische, psychotherapeutische und seelsorgliche Hilfe.

Die Ehe-, Familien- und Lebensberatung richtet ihr Angebot an Erwachsene, und zwar an Einzelne, Paare und Familien mit Beziehungsstörungen in Partnerschaft, Ehe und Familie, mit persönlichen Problemen, mit sozialen Schwierigkeiten, in Lebens- und Glaubenskrisen sowie mit psychischen und psychosomatischen Störungen.

Zum Selbstverständnis der Ehe-, Familien- und Lebensberatung

Als „Seismographen für gesellschaftliche Umbrüche" können die Beraterinnen und Berater am Schnittpunkt zwischen Kirche und Gesellschaft auf gesellschaftlichen und kirchlichen Wandel, veränderte Lebensbedingungen, persönliche Entwicklungen, neue Wertsysteme schnell reagieren und Pastoral sowie Politik dafür sensibilisieren.

Die Ehe-, Familien- und Lebensberatung stellt für die Kirche ein unverzichtbares Fenster dar, durch das die Kirche „Augen und Ohren" direkt an den Problemen und Fragen der Menschen unserer Zeit hat.

Beratung lebt von der offenen und partnerschaftlichen Begegnung zwischen Ratsuchendem und Berater/in. Sie ist ein dialogisches, prozessorientiertes Geschehen. Zumeist werden in einer Reihe von Gesprächen die Meinungen und Wertungen, Einstellungen und Gefühle, Wünsche und Ängste, Probleme und Konflikte der Ratsuchenden thematisiert, um die Möglichkeit zu einer vertieften und reflektierten Erfahrung der eigenen Persönlichkeit zu eröffnen.

Es geht nicht um die moralische Be- oder gar Verurteilung der Ratsuchenden oder um die Vorgabe einer dem Berater und der Beraterin sinnvoll erscheinenden Lösung. Die zentrale Aufgabe von Beratung besteht darin, die Ratsuchenden bei der Lösung von Problemen ihrer individuellen Lebensführung so zu unterstützen und zu begleiten, dass sie zu einer eigenverantwortlichen, selbst bestimmten Lösung ihrer Probleme kommen können.

Dauer, Verläufe und auch konkret angewandte Methoden der Beratung sind sehr unterschiedlich. Beratung bedient sich der unterschiedlichsten Methoden, solange diese die Eigenverantwortlichkeit der Ratsuchenden stärken und der dynamische Prozess zwischen Ratsuchenden und Berater/in gefördert wird. In aller Regel sind die Beratungen zeitlich begrenzt.

Elemente unserer Beratung

- Einzel-, Paar-, Familien-, Gruppengespräche
- Handeln und Stützen bei akuten Krisen
- Vertrauen in das Leben stärken
- Lebensperspektiven entdecken bzw. erweitern
- Beziehungen entwirren, klären, stützen und vertiefen
- Neue Möglichkeiten der Lebensgestaltung in Familie und Gesellschaft suchen, offen legen und reflektieren
- Belastende Erfahrungen aus der Lebensgeschichte und den konkreten Lebensumständen aufarbeiten
- Fragen nach Sinn-, Lebens- und Glaubensorientierung thematisieren
- Ansätze der sozialen Integration fördern

Bedingungen unserer Beratung

- Freiwilligkeit der Inanspruchnahme durch die Ratsuchenden
- Schweigepflicht der Beraterinnen und Berater
- Kostenfreiheit für die Ratsuchenden
- Offenheit für Ratsuchende, unabhängig von Alter, Konfession, Weltanschauung und Lebenssituation
- Qualifizierte Ausbildung, kontinuierliche Weiterbildung und regelmäßige externe Supervision
- Interdisziplinäres Team der Beraterinnen und Berater und deren fachliche Unabhängigkeit
- Kooperation und Vernetzung mit anderen Einrichtungen der psychosozialen und pastoralen Dienste

Fachliche Qualifikationen der Berater/innen

Voraussetzung zur Mitarbeit in der Ehe-, Familien- und Lebensberatung ist aufbauend auf dem Grundberuf (z. B. als Arzt, Dipl. Psychologe, Dipl. Theologe, Dipl. Pädagoge, Lehrer, Dipl. Sozialpädagoge, Sozialarbeiter) eine Zusatzausbildung zum/zur Dipl. Ehe-, Familien- und Lebensberater/in.

Die Zusatzausbildung umfasst 800 Unterrichtsstunden und 250 Praktikumsstunden, die innerhalb von vier Jahren berufsbegleitend angeboten werden.

Der hohe Ausbildungsstand wird weiterhin durch die Zusammenarbeit mit einem Fachteam bestehend aus Arzt, Rechtsanwalt, Psychiater, Gynäkologin und Priester, das zu jeder Stelle gehört, gewährleistet. Durch die in der Regel monatlich stattfindende Supervision mit einem externen Supervisor und der Verpflichtung zu regelmäßiger Weiterbildung wird den Ratsuchenden fachlich eine qualitativ gute Beratung angeboten.

Kirchliche Beratung – Bedeutung für die Gesellschaft

Die kirchliche Beratung will frühzeitig Hilfen anbieten. Das verhindert vielfach schwerwiegende Störungen. Sie wirkt dadurch prophylaktisch und trägt dazu bei, weitere Kosten im Sozial- und Gesundheitswesen zu vermeiden oder zu verringern. Dem vielfach vorhandenen Menschenbild von „Gewinnern und Verlierern" widerstehen die Berater/innen durch die Überzeugung, dass menschliches Leben auch im Scheitern – über alle menschliche Beurteilung hinaus – einen Sinn behält.

Die kirchliche Beratung will auch für die Menschen da sein, die von den gesellschaftlichen Angeboten klinischer oder psychosozialer Versorgung nicht oder nicht mehr erreicht werden. Somit leistet die Kirche als Trägerin der Ehe-, Familien- und Lebensberatung einen wichtigen Beitrag für das Ganze.

Eine Rücknahme von Finanzmitteln gefährdet die Existenz der Beratungsstellen. Ratsuchende in akuten Krisen brauchen kurze Wartezeiten. Sie wollen als gesunde Menschen in einer Krise keine Abschiebung in die Wartezimmer von Ärzten oder auf den Markt der Esoterik, um mit Medikamenten, „Psychotricks" oder mit vordergründigen „Heils-Angeboten" abgespeist zu werden.

Die kirchliche Beratung hat deshalb auch einen Anspruch auf Förderung durch die öffentliche Hand. Trotz der Förderung der Personalkosten durch das Land und die Kommunen (48 Prozent im Jahr 1999) ist festzuhalten, dass der personelle Ausbau mit der Nachfrage nach Beratung nicht Schritt halten kann. Der stark wachsende Beratungsbedarf ist einerseits mit den sich rasch ändernden Lebensbedingungen zu begründen. Andererseits findet speziell die hohe Nachfrage nach der Ehe-, Familien- und Lebensberatung ihren Bedarf wegen der vielen Krisen und Zerreißproben, denen die Ehen und Partnerschaften heute ausgesetzt sind. Die Scheidungszahlen in den Städten (40 Scheidungen auf 100 neu geschlossene Ehen) sind dafür ein eindeutiger Beleg. „Guter Rat ist teuer!" Diese Redensart droht in der gegenwärtigen Diskussion der doppeldeutige Sinn verloren zu gehen. Dem wertvollen Rat, dem hilfreichen Beratungsprozess wird aufgrund knapper Finanzmittel unterstellt, er sei teuer und damit: zu teuer.

Die Kommunen greifen auf Strategien und Konzepte der freien Marktwirtschaft zurück und bieten diese auch im sozialen Sektor als Königsweg an. Doch die Sprache verrät: Controlling, Evaluation, Steuerung, Qualitätssicherung, Output-orientierte Jugendhilfe, Flexibilisierung, Effizienz, Produktbeschreibung ...!?

Die Beraterin, der Berater als Manager, die nach einem vorgegebenen Budgetierungsrahmen ihre Kriterien für Qualität beziehen? Der „Kunde Mensch" wird kalkuliert, vermessen, in Einzelteile zerlegt und so berechenbar gemacht. Damit wird man der Lebenswirklichkeit von Ratsuchenden nicht gerecht. Das Normierungs- und Effektivitätsbestreben fordert die Berater/innen heraus. Es besteht die Gefahr, die Ganzheit menschlicher Wirklichkeit zu verfehlen, geschweige denn ihr gerecht zu werden. Uns scheint die Komplexität der menschlichen Wirklichkeit nicht einholbar, weder mit geisteswissenschaftlicher noch mit empirischer Begrifflichkeit. Ein unverzichtbares Qualitätsmerkmal für Beraterinnen und Berater ist es, für die Einmaligkeit und Würde der einzelnen Person und der Paare und deren „Überraschungen" offen zu sein. Die Unplanbarkeit menschlichen Ausdrucks und die Bereitschaft, sich nicht nur auf die Wege, sondern auch auf die Umwege mit den Menschen einzulassen, ist dem christlichen Menschenbild ureigen.

Die katholische Ehe-, Familien- und Lebensberatung ist so organisiert, dass die Perspektive für die Begegnung der Ratsuchenden mit dem Berater möglich bleibt und nicht einem falsch verstandenen Optimierungs- und Effektivitätsdruck zum Opfer fällt. Dieser Ort der Humanität der menschlichen und christlichen Begegnung ist einmalig. Ihn gilt es zu schützen und zu erweitern; und dies stellt unter den aktuellen gesellschaftlichen Tendenzen vermutlich die eigentliche Leistung und die Effektivität von Beratung dar. (Jahresbericht 1998; Beratungsstelle Meschede)

Die kirchliche Beratung ist sich aber auch bewusst, dass individuelle, professionelle Beratung allein die Aufgaben nicht leisten kann. Sie stützt sich auf vielfältige Formen gegenseitiger Unterstützung in der Nachbarschaft, in Freundeskreisen, Familiengruppen, Bildungsstätten, Verbänden und Pfarrgemeinden.

Wir begegnen einer neuen Suche
- nach persönlicher Freiheit,
- nach einem selbst bestimmten Leben und
- vielfältigem individuellen Lebensraum.

Dennoch streben die meisten Menschen eine gelungene und auf Dauer angelegte Paarbeziehung innerhalb einer Familie an. Der Anstieg von Scheidungen ist keine grundsätzliche Absage an die Ehe und Familie. Sie ist ein Ausdruck der Schwierigkeit, das Ideal einer lebenslangen Partnerschaft im Alltag zu leben. Die Ratlosigkeit im Leben vieler Menschen im Hinblick auf gelingende Ehen und Partnerschaften ist ein unübersehbares Phänomen der modernen Gesellschaft. Drei Gründe seien kurz skizziert:

■ Wegfall traditioneller Stützfaktoren

Aufgrund ethisch-religiöser Normen wurden Ehen früher vielfach aus wirtschaftlichen Gründen zusammengehalten, auch wenn sie innerlich längst nicht mehr lebendig waren. Diese traditionellen Stützfaktoren garantieren heute keinen Fortbestand der Ehe mehr. Heute wird der Grad der Zufriedenheit und die Erlebnisqualität, die die Eheleute für sich erleben und bewerten, zum entscheidenden Kriterium für den Erhalt und die Fortsetzung der Ehe. Einerseits zeigt sich darin ein größeres Maß an Freiheit; andererseits eine größere Gefährdung der Ehe. Der Maßstab „subjektiver Zufriedenheit" unterliegt großen Schwankungen. Eine kurzzeitige Krise, die gefühlsmäßig sehr stark erlebt wird, kann heute leicht zum Anlass von Gesprächen oder einleitenden Schritten für eine Trennung werden. Die Paare werden unglücklich, weil sie um jeden Preis glücklich werden wollen. Viele Ehen sind nicht in der Lage, die weggefallenen Stützfaktoren durch neue Wertmaßstäbe und Orientierungen zu überprüfen oder zu ersetzen.

Die Aufgabe der Berater/innen liegt darin, die „ursprünglichen Visionen" des Paares aufzugreifen, selbstheilende Kräfte zu unterstützen und ein Gespür für das „Noch-nicht-Gelebte" zu entwickeln.

■ Überzogene Erwartungen an die Ehe

Die Lebensentwürfe jedes Einzelnen sind abhängig von seiner persönlichen Erfahrungswelt. Junge Paare können heute nicht von einem gemeinsamen Lebenskonsens von Anfang an ausgehen, sondern müssen mit unterschiedlich erfahrenen Wert- und Normvorstellungen und den damit verbundenen Zukunftserwartungen umgehen lernen. Verschiedene „Eheleit(d)bilder" prallen aufeinander, so dass eine gemeinsame Ebene gefunden werden muss. Dies geschieht niemals ohne Reibung, Konflikte und Krisen. Bilder der Konsumindustrie und Werbung, aber auch die alltäglichen Familienserien und Talkshows vermitteln oft „Leitbilder", die in einer Ehe nicht einzulösen sind. Erfolgreich sein im Leben und Beruf, eine perfekte Ehe führen, die Kinder erfolgreich erziehen und eine leidenschaftlich-sexuell befriedigende Partnerschaft auf Dauer zu leben, überfordert Mann und Frau.

Der Anspruch, stets liebevoll und freundlich zueinander zu sein, stellt eine große Belastung dar. Man kann sich nicht immer spontan und kreativ etwas Neues einfallen lassen für den gemeinsamen Abend, wenn man müde nach Hause kommt. Der Leistungsanspruch bringt die Menschen an ihre Grenzen. Krankheit, Versagen, schuldhaftes Handeln und „Mittelmäßigkeit" können nicht geduldet werden. Die Sehnsucht nach einer anderen Beziehung wächst und zerstört die bisherige, weil im Tiefsten verlangt wird, dass jeweils der andere das Glück und Heil bereits auf der Erde zu vermitteln hat. Von der Liebe des Partners erwartet man deshalb nicht nur Lebensqualität, sondern immer mehr geradezu das Heil. Die eheliche Liebe soll uns von unserer menschlichen Begrenztheit befreien und wird somit häufig zum Träger einer übermenschlichen Heilserwartung. Von daher scheitern menschliche Beziehungen weniger an zu viel Distanz, sondern eher am überhöhten Anspruch nach zu viel Nähe.

In der Beratung wird versucht, ein Klima zu schaffen, um sich von den gegenseitigen – oft unbewussten – überzogenen Erwartungen zu lösen. Wenn das „Ideal-Bild" sich zu einem „Real-Bild" wandelt, entdeckt man vielfach den Partner neu und gewinnt zunehmend Verständnis für seine Schwächen und seine „Liebens-Würdigkeit". Man lernt, statt gegen Unabänderliches anzukämpfen, auch das Unabwendbare anzunehmen. Indem die Ratsuchenden sich dieser Perspektive stellen, entdecken und eröffnen sie sich selbst gegenseitig eine neue Freiheit.

■ **Einflüsse durch die Arbeitsmarktsituation**

Gesellschaftliche Ansprüche an Mobilität und Flexibilität fordern den Einzelnen und das Paar immer mehr. Berufliche Entwicklung ist ohne die ständige Bereitschaft auch zu einer Ortsveränderung kaum noch möglich. Sorgen um den Arbeitsplatz erfordern einen immer höheren beruflichen Einsatz, dem sich manch einer kaum noch gewachsen fühlt. Länger werdende Anfahrtswege zur Arbeitsstelle, Schichtdienst, Konkurrenzkampf um den Erhalt des eigenen Arbeitsplatzes, Bedrohung des Arbeitsplatzes lassen persönliche Bindungen unter Arbeitskollegen/-kolleginnen immer seltener werden. Eine Funktionalisierung von Beziehungen ist die Folge. Diese Funktionalisierung findet ihre Fortsetzung auch im privaten Leben. Es gibt den Freizeitpartner, den Tennispartner, den Kegelbruder, die Schulfreundin, die Nachbarin, die in krisenhaften Beziehungen leicht zu einer Kette von Folgeproblemen führen. Gefühle von Orientierungslosigkeit und Ohnmacht berühren die Arbeitswelt und die alltägliche Lebensgestaltung, die schnell als sinnlos erscheinen kann. Auswege werden dann in neuen Beziehungen oder auch im Suchtverhalten gesucht.

Den Berater/innen ist es nicht möglich, Arbeitsplätze zu sichern oder zu schaffen. Dennoch müssen sie um das manchmal verlorene Selbstwertgefühl der Rat-

suchenden wissen und einfühlsam damit
umgehen. Aufgrund ihres eigenen christlichen Menschenbildes sehen sich die
Berater/innen als Mitarbeiter/innen
Gottes, die den Ratsuchenden helfen, die
in ihnen angelegte Fülle zu entfalten und
wirken zu lassen. Dabei achten sie den
Ratsuchenden als den von Gott ange-
sprochenen, der zu einer Antwort aus
freiem Entschluss herausgefordert ist.
Die Beratung ermöglicht einen
geschützten Raum. Mit ihrer
fachlichen Hilfe wollen die
Berater/innen die Rat-
suchenden stärken, indem sie
sich in der Beratung miteinander auseinander setzen. Die
Bearbeitung der aktuellen und
der zumeist noch nicht erle-
digten Konflikte aus der
Vergangenheit tragen dazu
bei, konkrete Lösungen zu
erproben, Begrenzungen anzunehmen und neue Ziel-
perspektiven zu entwickeln.

Manfred Frigger,
Leiter des Referates Ehe-, Familien- und Lebensberatung
im Erzbischöflichen Generalvikariat

Singen ist doppeltes Beten

„Anno Domini – Vorübergang des Herrn" von Petr Eben

Dr. Paul Thissen

Uraufführung im Hohen Dom

Am 1. August 1999 wurde unter der Leitung von Domchordirektor Theodor Holthoff vor rund 1.000 Zuhörern im Hohen Dom das vom Erzbistum Paderborn in Auftrag gegebene Oratorium „Anno Domini – Vorübergang des Herrn" des renommierten tschechischen Komponisten Petr Eben uraufgeführt (zwei weitere Aufführungen folgten am 2. und 3. August). Das Oratorium – es sei angemerkt, dass bei Zugrundelegung strenger Gattungsnormen aufgrund der eher betrachtenden Texte das Werk eigentlich als Kantate zu bezeichnen wäre – zeigt eine breitgefächerte Besetzung: Sprecher, zwei Vokalsolisten (Sopran und Bariton), Choralschola, Kinderchor, vier- bis achtstimmiger gemischter Chor, Orchester und Orgel. Für Erzbischof Dr. Johannes Joachim Degenhardt war es eine große Freude, den Komponisten und seine Gattin persönlich im Paderborner Dom begrüßen zu können. Der Erzbischof bezeichnete die Uraufführung als einen der Höhepunkte der Jubiläumsfeierlichkeiten und dankte Petr Eben für seine spontane Bereitschaft, den Kompositionsauftrag anzunehmen.

Innerhalb der Diskussion um die Frage, in welcher inhaltlichen Beziehung das nunmehr dritte oratorische Werk Petr Ebens zum Paderborner Jubiläumsjahr stehen könne, brachte der Komponist die Idee ein, den Jahr für Jahr gleichbleibenden Lebensspuren Jesu, dem „Vorübergang des Herrn" zu folgen. Damit war ein Anknüpfungspunkt gefunden, der in

besonderer Weise die geistliche Dimension des Jubiläumsjahrs eröffnet. Jedes Jubiläum ist auch Erinnerung und Gedächtnis. Dies gilt ebenso für das Kirchenjahr. Jedes Kirchenjahr ist ein Anno Domini, ein Jahr des Herrn, das dem Menschen die Gelegenheit gibt, sich des Lebensweges Jesu Christi zu erinnern. Eben schreibt hierzu: „Der Grundgedanke des gesamten Oratoriums ist das Kirchenjahr als Vergegenwärtigung des Weges Jesu Christi durch diese Welt und gleichzeitig unseres Weges in seinen Spuren. Dies drückt auch der Titel des Werkes aus: Vorübergang des Herrn." Diesen Weg betrachtet das Oratorium mit sechs Stationen. Ihnen vorangestellt ist eines der ältesten Christuslieder, das der Apostel Paulus in seinem Brief an die Philipper (Phil 2,6-11) überliefert, der sogenannte Christushymnus, der den Inhalt der sechs Stationen gleichsam paraphrasiert und insofern in idealer Weise die Funktion einer Ouvertüre übernehmen kann. Die erste Station nimmt die Blickrichtung des Menschen ein, der in Erwartung des Erlösers steht (Advent – Erwartung). Als nächste Stationen folgen die Ankunft des Gottessohnes in dieser Welt (Weihnachten – Ankunft in Ohnmacht) und sein Tod am Kreuz (Passion – Tod – Entmachtung), sodann Auferstehung (Ostern – Leben – Erhöhung) und Geistsendung (Pfingsten – Kirche der Pilgerschaft). Im letzten Teil wird die Heimkehr des Menschen in das Reich Gottes besungen (Christkönig – Erfüllung der Sehnsucht). Jede Station hat den gleichen Aufbau: Lesung, Meditation und die Musik Petr Ebens. Die von Prof. P. Michael Hermes OSB zusammengestellten Texte sind ausnahmslos der Heiligen Schrift entnommen. Gelesen werden Perikopen aus den Briefen des Apostels Paulus, die die Aufmerksamkeit des Hörers wecken sollen. Die Meditation bedient sich der Gesänge des Gregorianischen Chorals. Es sind Stücke verschiedener liturgischer Orte, Funktionen und Zeiten des Kirchenjahrs. Angemerkt sei, dass auch der Rückgriff auf die Gregorianik ein Bindeglied zwischen Komposition und Anlass des Jubiläums darstellt. Darüber hinaus ist, wie P. Michael Hermes im Programmheft formuliert, „die Anwesenheit der Gregorianik mehr als eine äußerliche historische Erinnerung an die Zeit vor 1200 Jahren. Wenn eine Schola aus Benediktinermönchen, die heute wie damals mit gregorianischen Gesängen ihre Gottesdienste gestalten, die Choralstücke im Oratorium singen, dann dürfen sie auch aus ihrer Liturgie symbolhaft-darstellende Elemente mitbringen, um die Botschaft des Oratoriums auf einer weiteren Ebene erlebbar zu machen."

In der demnächst im Schott-Verlag erscheinenden, Petr Eben gewidmeten Monographie, äußert der Komponist: „Je komplizierter die gegenwärtige Musiksprache ist, desto eindringlicher fühlen wir das Bedürfnis, zeitweilig zu den Wurzeln des musikalischen Ausdrucks zurückzukehren." Und als Wurzeln bzw. „reine Quellen" nennt er den Gregorianischen Choral und das Volkslied. Rückgriffe auf beide Quellen zeigt auch das neueste Werk Ebens: Ist der gregorianische Gesang

auf mannigfaltige Weise – vom Zitat bis zur bitonalen Schichtung – gleichsam omnipräsent, so ist dem Chorsatz „Ein Kind ist uns geboren" (Teil II) und dem „Heilig, Heilig" (Teil VI) unverkennbar der Volksliedton zu Eigen. Eben weist darauf hin, dass sein neues Werk, im Gegensatz zu seinem vorhergehenden Oratorium Heilige Zeichen, das eine einheitliche Musiksprache repräsentiere, mehrere historische Schichten seiner kompositorischen Sprache enthalte. „Auf diese Weise", so heißt es im Programmheft, „entstand ein Werk, das meine eigene kompositorische Entwicklung widerspiegelt, ein quasi polystilistisches Werk, das jedoch fest in der Gegenwart verankert ist." Tatsächlich beinhaltet das Oratorium Anno Domini die ganze Bandbreite des Personalstils Petr Ebens und der damit in Zusammenhang stehenden Ausdrucksmöglichkeiten: Archaische Klangprogressionen (Präludium) stehen neben bitonalen Passagen („Das Volk, das im Dunkel lebt", Teil II), spannungsvolle Dramatik („Doch es ist unsere Krankheit", Teil III) neben unmittelbar ansprechenden lyrischen Flächen („Ich bin es ja, der euch tröstet", Teil VI), sehnsuchtsvollschmerzlicher (Teil I) neben hymnisch-freudigem („Die vom Herrn Befreiten kehren heim", Teil VI) Affekt. Besondere Erwähnung verdient die differenzierte Rhythmik, die jedoch nie Selbstzweck ist, sondern streng reguliert wird durch Akzentstruktur und Syntax des Textes.

Theodor Holthoff, der trotz einer Erkrankung in allen drei Aufführungen zum Spiritus Rector avancierte, hatte die Knaben des Domchors sowie die Damen und Herren der Domkantorei bestens präpariert. Sie bewältigten die

Der Komponist im Anschluss an die Uraufführung des Oratoriums

wahrlich nicht leichte Partitur scheinbar mühelos und bestachen durch saubere Intonation, ein breites dynamisches Spektrum und klare sprachliche Diktion. Begeistern konnten ebenso die beiden Vokalsolisten Jutta Potthoff, Sopran, und Jochen Kupfer, Bariton. Sie überzeugten nicht nur in den teilweise sehr expressiven Solopassagen, sondern erwiesen sich auch als ideale Duettpartner. Der gregorianische Choral wurde von der Choralschola der Benediktinerabtei Königsmünster, Meschede, unter der Leitung von Prof. P. Michael Hermes, der an der Detmolder Hochschule für Musik Gregorianik lehrt, mit einem der Notation entsprechenden Nuancenreichtum und großer Intensität vorgetragen. Auch das Orchester steigerte sich von Aufführung zu Aufführung. Als Sprecher fungierten in der Uraufführung Bernd Müller und bei den weiteren Aufführungen Wolfgang Kühnold.

In seiner Laudatio anlässlich der Verleihung des Kunst- und Kulturpreises der deutschen Katholiken an Petr Eben sagte Thomas Daniel Schlee: „Petr Ebens musikalische Sprache ist wandlungsfähig. Sie vermag [...] das Dunkle ebenso zu evozieren wie das Helle, sie wirkt nach außen wie nach innen [...] Petr Ebens Musik ist stets ein Höchstmaß an Kommunikationsfähigkeit eigen. Sie ist dicht und vielschichtig." Diese Sätze gelten ohne Einschränkung auch für sein neuestes Werk, das in Paderborn insgesamt über 2.300 Hörer fand, für die die Aufführung, wie Generalvikar Bruno Kresing in seinem Dank an den Komponisten und die Ausführenden formulierte, sicherlich ein großes musikalisches

und spirituelles Ereignis war. Dem Anno Domini ist eine weite Verbreitung zu wünschen. Hierzu beitragen wird vielleicht zum einen, dass das Werk auf einen großen Orchesterapparat verzichtet (Holz- und Blechbläser sind nur einfach besetzt) und der Orgelpart auch mit einem Positiv zu bewältigen ist – damit wird die Komposition in nahezu jedem Kirchenraum aufführbar – und zum anderen, dass Petr Eben ausdrücklich die Möglichkeit erwähnt, Teile des Oratoriums auch einzeln aufzuführen. Anno Domini wird im Schott-Verlag erscheinen.

Eine CD mit einem Livemitschnitt der Aufführung vom 2. August ist zum Preis von DM 22,- durch das Erzbischöfliche Generalvikariat zu beziehen (Tel. 0 52 51/12 5-0).

Dr. Paul Thissen,
Leiter des Referates Kirchenmusik
im Erzbischöflichen Generalvikariat

Dr. Paul Thissen

Singen ist doppeltes Beten

„Propriumsgesänge für ein Heiligenfest"

Kompositionswettbewerb

Bei der Preisverleihung (v. l. n. r.):
Dr. Paul Thissen, Peter Wittrich,
Prof. Günter Berger,
Prof. Hans Gebhard,
Prälat Joseph Luhmann

Im Jubiläumsjahr hat das Erzbistum Paderborn nicht nur einen Kompositionsauftrag vergeben, sondern auch einen Kompositionswettbewerb ausgeschrieben. Der Ausschreibung lag die Idee zugrunde, einerseits allen Chören im Erzbistum eine bleibende Erinnerung an das Jubiläumsjahr, andererseits aber auch eine mehrfach verwendbare Komposition zur Verfügung zu stellen. So lag es nahe, an eine Vertonung von Messtexten zu denken. Angesichts einer Unmenge von Ordinariumsvertonungen setzte sich bei den Verantwortlichen die Überzeugung durch, dass es sinnvoll sei, Propriumstexte zu vertonen. Zunächst war geplant, das Formular vom Fest des Bistumspatrons, also die Texte vom Fest des Heiligen Liborius zu vertonen. Man hat sich dann aber doch entschlossen, die Textauswahl so zu gestalten, dass eine vielseitige Verwendbarkeit gewährleistet ist. Die von Prof. P. Michael Hermes OSB zusammengestellten Texte besitzen somit Commune-Charakter und sind z. B. für das Fest Allerheiligen oder die Feier des Patroziniums geeignet.

Die Resonanz auf die Ausschreibung war erstaunlich groß. Es gab 174 Anfragen. Von den Interessenten haben dann schließlich 43 eine Komposition eingesandt. Die Jury, der die Professoren Redel und Wagner von der Musikhochschule Detmold sowie Regionalkirchenmusiker Franz-Josef Breuer und

Dr. Paul Thissen angehörten, hat am 27. November 1998 getagt, und zwar mit folgendem Ergebnis:
- 1. Preis von DM 6.000,
  Peter Wittrich aus Freising
- 2. Preis von DM 2.000,
  Prof. Günter Berger aus Dötlingen
- 3. Preis von DM 1.000,
  Prof. Hans Gebhard aus Hamburg.

Nach dem von Paul Thissen gehaltenen Festvortrag zum Thema „Neue Musik in der Liturgie" nahm im Auftrag von Erzbischof Dr. Johannes Joachim Degenhardt Prälat Luhmann als stellvertretender Generalvikar am 27. Februar 1999 im Rahmen der Mitgliederversammlung des Diözesancäcilienverbands die Preisverleihung vor. Das musikalische Rahmenprogramm der Feierstunde bildeten Liedkompositionen der Preisträger, die durch Katharina Hohlfeld, Sopran, Britta Westerholt, Mezzosopran, und Enikö Bors, Klavier, eine kompetente und auch die Komponisten überzeugende Wiedergabe erfuhren.

Dr. Paul Thissen,
Leiter des Referates Kirchenmusik
im Erzbischöflichen Generalvikariat

Musik in der Kirche

Dr. Paul Thissen

Zur Situation der Kirchenmusik im Erzbistum Paderborn

Die kirchenmusikalischen Veranstaltungen im Jubiläumsjahr konnten einer breiten Öffentlichkeit zeigen, dass es im Erzbistum Paderborn ein reiches kirchenmusikalisches Leben gibt. Dies dokumentieren auch einige Zahlen: Es gibt rund 370 Kirchenchöre mit 14.600 Mitgliedern. Nimmt man alle kirchenmusikalischen Gruppen – also Kirchen-, Kinder- und Jugendchöre sowie Instrumentalkreise und Choralscholen – zusammen, dann existieren im Erzbistum Paderborn ca. 840 kirchenmusikalische Gruppen, in denen etwa 22.000 Personen mitwirken. Hinzu kommen – neben 43 hauptberuflichen Kirchenmusikern – rund 1.300 Personen, die – mit unterschiedlicher Qualifizierung – nebenberuflich und ehrenamtlich als Organisten und Chorleiter arbeiten. Insgesamt sind es also über 23.000 Personen, die in den Gemeinden als Organisten und Organistinnen, Chorleiter und Chorleiterinnen, Sänger und Sängerinnen in Chören, Kinder- und Jugendchören, Scholen und Instrumentalkreisen wirken. Das bedeutet, dass sich in jeder Gemeinde durchschnittlich 30 Personen kirchenmusikalisch engagieren. Nicht selten sind diese kirchenmusikalischen Gruppen der Aktivposten einer Gemeinde. Ohne die konsequente und kontinuierliche Arbeit all dieser ehrenamtlich, neben- und hauptberuflich tätigen Menschen wäre eine solch erfolgreiche Präsentation der Kirchenmusik, wie sie im Jubiläumsjahr geschehen ist, kaum denkbar. Bei allem Respekt vor ehrenamtlicher und nebenberuflicher Arbeit sind die hauptberuflichen Kirchenmusiker für die Kirchenmusik im Erzbistum Paderborn

natürlich von entscheidender Bedeutung. Neben dem Domorganisten, dem Domchordirektor und dem Leiter des Referates Kirchenmusik sind es sieben Regionalkirchenmusiker und z. Zt. elf Dekanatskirchenmusiker, die aufgrund ihrer Multiplikatorenfunktion gleichsam das Rückgrat der Kirchenmusik in unserer Erzdiözese bilden. Diese überpfarrlich tätigen Kirchenmusiker leisten einen wesentlichen Beitrag zur Aus- und Fortbildung der nebenberuflich tätigen Personen. Im Hinblick auf das Stichwort „Ausbildung" müssen die in allen Diözesen der Bundesrepublik angebotenen C-Kurse erwähnt werden, die sozusagen ein Kirchenmusikstudium „en miniature" darstellen. Die Interessenten erhalten nach einer bestandenen Aufnahmeprüfung Unterricht u. a. in den Fächern Orgel, Liturgisches Orgelspiel, Chorleitung, Singen, Liturgik, Tonsatz, Musikgeschichte. Dass wir alleine im Erzbistum Paderborn alle zwei Jahre ca. 50 bis 60 Personen zum C-Examen führen können, zeigt, dass das Angebot durchaus attraktiv ist.

Zur Bedeutung der Musik in der Kirche

Es ist unumstritten und durch die Geschichte der Menschheit belegt, dass der Mensch sein Sehnen und Fühlen gerade auch in der Musik zum Ausdruck bringt, d. h. die Musik vermag in besonderer Weise die Tiefenschichten des Menschen anzurühren. Deshalb weist die Kirche in Geschichte und Gegenwart der Musik eine herausragende Rolle unter den Künsten zu. Als Konsequenz formulieren die deutschen Bischöfe in dem Papier „Die kirchenmusikalischen Dienste. Leitlinien zur Erneuerung des Berufsbilds", der Kirchenmusiker habe teil an den drei Grundvollzügen (Liturgia, Martyria und Diakonia) des gemeindlichen Lebens. Was dies konkret bedeutet, soll nachfolgend kurz ausgeführt werden.

■ Liturgia:
Für eine lebendige Gestaltung der verschiedenen Gottesdienstformen ist die Musik unverzichtbar. Durch den entsprechenden Einsatz von Orgel, Chor, Instrumentalisten und Vokalisten können zum einen das Glaubensgeheimnis eines Fests und der unterschiedlichen Stationen des Kirchenjahrs, zum anderen die „gestufte Feierlichkeit" auf einzigartige Weise sinnlich erfahren werden.

■ Martyria:
Bereits Papst Pius XII. sprach vom „Apostolat der Kirchenmusik". Das Aufgabenfeld des Kirchenmusikers eröffnet ungeahnte Möglichkeiten der Verkündigung, insbesondere im Hinblick auf Menschen, die der Kirche fern stehen und sich dem Glauben entfremdet haben. Gesang und Musik sind besonders geeignet, religiöse Empfindungen zu wecken, Transzendenzerfahrungen zu schaffen und somit dem Glauben einen Weg zu bereiten. Kirchenmusiker sind nicht nur Träger der Glaubensverkündigung, sondern auch Repräsentanten christlicher Kultur in einer dem Glauben entfremdeten Umwelt.

■ Diakonia:
Kirchenmusik und Kirchenmusiker leisten einen Beitrag zur ganzheitlichen Entfaltung des Menschen durch die geistig-geistliche und künstlerische Dimension dieses Geschehens. Besonderes Gewicht gewinnt dieser Aspekt im Hinblick auf Kinder und ältere Menschen. Neuere Studien zeigen, in welchem Umfang Musizieren die intellektuelle Entwicklung und Persönlichkeitsbildung des Kindes fördert. Für ältere Menschen gilt, dass das Singen im Chor – abgesehen von der sozialen Anbindung – eine physio- und psychotherapeutische Funktion haben kann.

Die eingangs genannten Zahlen belegen, dass die Kirchenmusik nicht nur eine nicht zu vernachlässigende Größe, sondern ein integrierender Bestandteil des Gemeindelebens ist. Liturgie und Musik, Kirche und Musik gehören zwingend notwendig zusammen. Ja, die Liturgie der katholischen Kirche ist der Raum, der, beginnend mit der Gregorianik über die frühe Mehrstimmigkeit bis hin zu den Vertonungen des Ordinarium missae der Renaissance, die Entwicklung der europäischen Musikkultur überhaupt erst ermöglicht hat. Aus diesem Grund darf man behaupten: Solange es Kirche gibt, wird es auch Kirchenmusik geben. Aber angesichts des Phänomens, das man gerne mit den Worten „Verdunstung des Glaubens" beschreibt, wird mit Anbruch des neuen Jahrtausends die zentrale Funktion der Musik in der Kirche vielleicht eher ihre Teilhabe an der „Martyria", an der Verkündigung sein – im Unterschied zu vergangenen Jahrhunderten, in denen die Musik ganz in der „Liturgia" beheimatet war. Welche Wirksamkeit Musik auf dem Feld der Glaubensverkündigung entfalten kann, verdeutlicht die Tatsache, dass viele Menschen kirchenmusikalische Konzerte besuchen, die der Kirche an und für sich sehr fern stehen. Aber was treibt sie dann in den Kirchenraum? Der Wunsch nach einem kulturellen Erlebnis mag eine Rolle spielen, aber für viele dürfte der Hunger nach „religio", nach sinnstiftender Rückbindung an eine metaphysische Instanz der entscheidende Impuls sein. Einige Worte des rumänisch-französischen Schriftstellers und Philosophen E. M. Cioran, dessen Schriften durch einen radikalen Skeptizismus gekennzeichnet sind – sie tragen Titel wie „Gipfel der Verzweiflung", „Verfehlte Schöpfung", „Vom Nachteil

geboren" zu sein usw. – können dies in ergreifender Weise verdeutlichen. Erschüttert wird Ciorans Verweigerungsphilosophie einzig und allein durch die Musik. Er schreibt: „Als ich in der Kirche Saint Séverin die *Kunst der Fuge* auf der Orgel hörte, sagte ich mir immer wieder: Das ist die Widerlegung all meiner Verfluchungen." Wenn die Musik in der Lage ist, in einem eingefleischten Atheisten einen solchen Gedanken aufkeimen zu lassen, dann sollte die Kirche im Rahmen ihrer Evangelisierungsbemühungen dieser Kunst absolute Priorität einräumen.

Dr. Paul Thissen,
Leiter des Referates Kirchenmusik
im Erzbischöflichen Generalvikariat

Geistl. Rektor Msgr. Roman Kopetz

Behinderte – ein besonders wertvoller Stein am Gewand unserer Kirche

„Feste verdichten Ideen, vergegenwärtigen Erfahrungen, verwandeln Perspektiven".
In diesem Sinne hat die Behindertenseelsorge im Erzbistum Paderborn das große Jubiläumsjahr versucht zu nutzen, um den Dialog zwischen anders begabten und anders von Gott gewollten und geliebten Menschen mit den Einrichtungen, Gemeinden und Institutionen zu intensivieren. Es gibt ein gutes Wort von Hermann Hesse in seinem Gedicht „Stufen", dass jedem Anfang ein Zauber innewohne, „der uns beschützt und der uns hilft zu leben". Dieses Zitat beschreibt das, was wir uns im Jubiläumsjahr vorgenommen und zum größten Teil realisiert haben.

In früheren Zeiten hielt man viel von der vorgegebenen Ordnung, von einem Rahmen, an dem sich behinderte Menschen festhalten konnten und durch den sie gehalten wurden. Demnach galt der Grundsatz: „Durch äußere Ordnung zur inneren Ordentlichkeit". Man konnte sich dabei auf das lateinische Sprichwort berufen „Serva ordinem et ordo servabit te" (wörtlich: „Halte die Ordnung und die Ordnung hält dich"). Somit hat man ursprünglich eher an die Traditionen der Behindertenwallfahrten (die dankenswerter Weise seit Jahrzehnten durch den Malteser-Orden und den Malteser-Hilfsdienst unserer Diözese organisiert wurden) angeknüpft, als Möglichkeit der Teilnahme der behinderten Menschen am Jubiläumsjahr. Dank der Sorge und Offenheit unseres Erzbischofs und seiner Mit-

arbeiter wie auch der Organisatoren des Jubiläumsjahres ist es uns gelungen, innerhalb kurzer Zeit die Teilnahme von Menschen mit Behinderungen an den Feierlichkeiten des Jubiläumsjahres zu ermöglichen. Somit haben schon am 1. August, dem zweiten Libori-Sonntag, der als Caritas-Sonntag gestaltet war, etwa 100 Personen stellvertretend für alle Behinderten im Erzbistum Paderborn am Pontifikalamt im Hohen Dom zu Paderborn teilgenommen. Da der Personenkreis sehr begrenzt sein musste, und die Teilnahme vor allem von Rollstuhlfahrern zu diesem Termin fast unmöglich war, ist aufgrund der Initiative des Rehabilitationszentrums für Körperbehinderte in Bigge-Olsberg und des Diözesan-Caritasverbandes in Zusammenarbeit mit dem Behindertenseelsorger eine Wallfahrt der Behinderten nach Paderborn zu den Reliquien des Heiligen Liborius am 9. August 1999 entstanden. Im feierlichen Gottesdienst, der von Weihbischof Paul Consbruch zelebriert wurde, haben Behinderte und ihre Begleiter erfahren, wie wichtig die Weitergabe des Glaubens über all die Jahrhunderte bis zu unserer Zeit ist.

An unzähligen anderen Wallfahrten, Ausflügen und Feierlichkeiten, die von Regionen, Dekanaten, einzelnen Gemeinden, aber auch Einrichtungen organisiert wurden, haben immer wieder Menschen mit Behinderungen teilgenommen.

Auch die Angebote und Veranstaltungen von Jugendverbänden, Schulen und Erwachsenenverbänden haben durch die aktive Teilnahme Einzelner wie auch Gruppen von Behinderten die Kreativität und die besondere Art der Spiritualität von Menschen mit Behinderungen bereichert.

Erwähnenswert ist gewiss auch die Teilnahme am Gemeindetag in Soest am 29. Mai, wo die Bemühungen und Perspektiven der Seelsorger mit und für Menschen mit Behinderungen mit einem eigenen Informationsstand verdeutlicht wurden.

Zweimal im Jubiläumsjahr, nämlich im März und Juni, fanden in Zusammenarbeit mit der Caritas Exerzitien für behinderte Menschen in Bödexen statt. Deren Ziel war die Vertiefung des Glaubens, der seit 1200 Jahren auch von Menschen mit Behinderungen von Generation zu Generation weiter getragen wird.

Die schon erwähnte Wallfahrt nach Werl für kranke und behinderte Menschen rundete die Vielzahl der Aktivitäten im Jubiläumsjahr ab.

Alle diese Erfahrungen und Lernprozesse des Jubiläumsjahres sollten auf das Verhältnis und zugleich auf das Miteinander von behinderten Menschen, ihren Angehörigen und ihren Begleitern verweisen sowie auf die pastoralen Dienste in Gemeinden und Einrichtungen. Im Prinzip hat die Behindertenseelsorge versucht, ein „hilfreicher Beistand der Pfarrseelsorge" zu sein, denn der Ort der Seelsorge ist aus der Perspektive des gläubigen Menschen mit oder ohne Behinderung stets die Pfarrgemeinde. Ziel unseres Engagements war die Ermöglichung der Teilnahme an möglichst vielen Veranstaltungen verschiedener Couleur. Die Behindertenseelsorge versteht sich wie jede Seelsorge als eine heilende und helfende Beziehung mit den Zielen:

- Akzeptanz der menschlichen Schwachheit in der besonderen Lebenserschwernis für die betroffenen Menschen, ihre Familien und ihre Gemeinden durch einen gemeinsamen Weg zum Sinn des Lebens im Alltag.

- Überwindung von nicht notwendigen, aber gesellschaftlich und kirchlich immer noch bestehenden Ausgrenzungen im Zusammenleben.

Seelsorge hat hier die „Spur des Anderen" (Emmanuel Lévinas) aufzunehmen. Die Kirche kann diesen Auftrag realisieren, indem sie die Spannung von Gesundheit und Krankheit, Normalität und Anormalität aufhebt. Wichtig ist uns die völlig normale Teilnahme der behinderten Menschen am Leben der Gemeinde. Der behinderte Mensch soll sich nicht als Person mit Einschränkungen vorkommen, sondern als Mensch mit besonderen lebensbedeutsamen Erfahrungen.

Geistl. Rektor Msgr. Roman Kopetz,
Diözesansbeauftragter für Behindertenseelsorge
im Erzbischöflichen Generalvikariat

Solidarität weltweit

Weltweit – nah dran

Messfeier in der Pfarrkirche St. Martinus zu Olpe am
18. September 1999 um 18.00 Uhr

Messtext vom 25. Sonntag im Jahreskreis
Lesejahr A

- Lesung: Jes 55, 6-9
  Meine Gedanken sind nicht eure Gedanken

- Evangelium: Mt 20, 1-16a
  Bist du neidisch, weil ich zu anderen
  gütig bin?

- Predigt: Weihbischof em. Paul Consbruch
  Es ist ein ganz verrücktes Evangelium,
  dieses Gleichnis von den Arbeitern im
  Weinberg. Unterschwellig fordert es unseren Widerspruch heraus. Schon gar nicht
  kann es dienen als Vorlage für Tarifver-
  handlungen zwischen Gewerkschaften und
  Arbeitgebern. Hier gilt doch knochenhart
  der Grundsatz: Gleicher Lohn für gleiche
  Arbeit.

Der Gutsbesitzer im Gleichnis gibt auch
denen einen Denar, die als Letzte gekommen sind und nur eine Stunde in seinem
Weinberg gearbeitet haben. Warum gibt
er auch diesen einen Denar? Weil er weiß,
dass sonst die Frau und die Kinder dieses
Mannes am nächsten Tag nicht wüssten,
wovon sie leben sollten.

Ein Denar war zur Zeit Jesu der niedrigste
Lohn für die Arbeit eines Tages, damit eine
Familie einigermaßen über die Runden
kommen konnte. Der Gutsbesitzer hat also

nicht in erster Linie die geleistete Arbeit
und den Tarif im Auge, sondern bei ihm
steht im Vordergrund, ob da Menschen
überleben können.

Es wird heute viel geredet von der Gerechtigkeit gegenüber den Armen in unserem
Lande und in der Dritten Welt. Wenn es
nur um Gerechtigkeit ginge, dann wären
diese Menschen, die so arm dran sind,
schon längst verhungert. Nur Gerechtigkeit ist eiskalt und knallhart. Gerechtigkeit
wäre grausam, wenn nicht die Barmherzigkeit dazu käme. In dem Wort Barmherzigkeit stecken die Worte „warm" und „Herz".
Barmherzig ist der Mensch, der ein warmes,
mitfühlendes Herz hat für die Menschen,
die es schwer haben im Leben: in der
Schule, am Arbeitsplatz, in der Familie, in
der Öffentlichkeit, hier bei uns in Olpe,
aber auch und vor allem in der sogenannten Dritten Welt. Gerechtigkeit allein
macht es nicht. Gerechtigkeit muss immer
zusammengehen mit Barmherzigkeit. Am
Ende des Evangeliums fragt der Gutsbesitzer: Bist du neidisch, weil ich gütig
(griechisch: agathos = gut) bin? Jesus sagt
bei einer Gelegenheit: Was nennst du
mich „gut"? Niemand ist „gut" außer Gott.
(Mk 10,18)

Können wir das: „Gut"-sein zu den Menschen, wie Gott „gut" ist zu den Menschen?
Auch zu denen, die wenig „leisten" – wie

jene Arbeiter im Weinberg, die erst in der „elften" Stunde kommen?

Der Philosoph Leibniz sagt in einer seiner Schriften: „Recht verstandene Gerechtigkeit ist nichts anderes als die Nächstenliebe der Weisen." Das ist keine Einladung zum Faulenzen und zu billigem Nichtstun! Das ist Ermutigung für die, die es schwer haben im Leben und auf Gott ihre Hoffnung setzen. Wir stolpern in den vier Evangelien fast darüber: Unser Gott ist ein „guter" Gott für die Armen, nicht für die Selbstgerechten.

An der Wende zum nächsten Jahrhundert, an der Wende zum nächsten Jahrtausend belastet Sie und mich die drückende Schuldenlast in den meisten Ländern der südlichen Erdhälfte. Wie der Philosoph Leibniz es vorschlägt, müssen wir „weise" nach den Ursachen für diese Schuldenlast suchen. Ursachen liegen in diesen sogenannten unterentwickelten Ländern zum Teil in einer Korruption und Bereicherung der einheimischen Mächtigen, wie sie sich unsere Phantasie kaum vorstellen kann. Ursachen liegen aber auch bei uns in der westlichen Welt: Im Weltwirtschaftssystem, das diktiert wird von der Europäischen Union und den USA. Ursachen liegen in der Gier des westlichen Menschen nach einem gelungenen Leben. Wenn es um das sogenannte Wohlbefinden geht, dann kennen wir keine Hemmungen. Unser unverantwortlicher Verbrauch von Rohstoffen von der südlichen Halbkugel geht völlig zu Lasten der Menschen dort.

Wenn wir gerecht, barmherzig, „gut-sein" wollen gegenüber dem Menschen auf der südlichen Erdkugel, dann hilft kein einseitiger, oft gut gemeinter Fanatismus. Diesem einseitigen Fanatismus gelingt es nicht, Menschen zu gewinnen für dieses so wichtige Anliegen. Es geht um Barmherzigkeit. Bist du neidisch, weil ich „gut" bin? Nur nachdenkliches „Gut-sein" bringt uns auf die Seite der Armen und lässt uns Wege finden, diese Armen aus ihrer Schuldenlast herauszuholen.

Weihbischof em. Paul Consbruch,
Bischofsvikar für Weltmission

Anette Steffens
Odilia Wagener

Solidarität weltweit

Der Spagat zwischen Globalisierung und lokaler Agenda

Treffen der Eine-Welt-Gruppen in Olpe am 8. und 19. September 1999

[1] Zufriedene Gesichter beim Eine-Welt-Treffen: Pfarrer Karl-W. Müller, Generalvikar Bruno Kresing, Weihbischof em. Paul Consbruch und Wolfgang Hesse (v. r. n. l.)

[2] Auf vielfältige Weise setzten sich auch junge Teilnehmerinnen und Teilnehmer in verschiedenen Workshops mit der Thematik auseinander

Ein Titel, der gefüllt werden will. Ein Jahr setzte sich die Arbeitsgruppe „Eine-Welt-Treffen", bestehend aus Vertretern der Jugendarbeit, der Seelsorgeregionen, dem Eine-Welt-Promotor von Paderborn und Mitarbeiterinnen des Referates Mission-Entwicklung-Frieden mit den Schwerpunkten „Globalisierung" und „Lokale Agenda" auseinander. Ziel der Treffen war das Herunterbuchstabieren dieser Schlagworte, nicht durch großartige Vorträge, sondern im Miteinander der Teilnehmer und der Referenten. Es sollte ein Wochenende der Begegnungen und neu geweckter Motivationen werden, und das ist auch gelungen. Aussagen wie „Ich bin wieder richtig für unsere Eine-Welt-Arbeit motiviert", „Hat echt Spaß gemacht" und „Ich wusste gar nicht, für was ich mich entscheiden sollte, es war alles so interessant", bestätigen, dass sich die lange Auseinandersetzung mit diesen Begriffen im Vorfeld gelohnt hat.

Fünf große Themenblöcke sollten die Schlagworte „Globalisierung" und „Lokale Agenda" füllen: Kirche, Kultur, Verschuldung, Wirtschaft/„Lokale Agenda" und Flüchtlinge. Jeder Teilnehmer hatte die Möglichkeit, diese Themen aus lokaler und globaler, d. h. weltweiter Sicht zu betrachten. Die Referenten kamen aus den unterschiedlichsten nationalen und internationalen Organisationen und viele nutzten die Möglichkeit, Pater Dr. Schalück, den Präsidenten von Missio persönlich im Forum „Weltkirche" kennen zu

lernen. Teilnehmern des Verschuldungsforums war es wichtig, die Erlassjahrkampagne, an der sich viele Gruppen aus unserem Erzbistum beteiligt haben, inhaltlich zu vertiefen und sich über weiteres Vorgehen zu informieren. Während der Samstagnachmittag eher theoretisch ausgerichtet war, gab es am Sonntagmorgen in Workshops wie z. B. „Von der Gewinnung neuer Mitarbeiter und Mitarbeiterinnen" bis hin zu „Wege geistlicher Deutung der Eine-Welt-Arbeit" praktische Anregungen für die Arbeit zu Hause.

Wer aber dachte, dieses Treffen sei nur etwas für Insider, der lag falsch. Theater spielen, trommeln und singen standen genauso auf dem Programm wie spezielle Angebote für Kinder und Jugendliche. Sechs ehemalige „Missionarinnen auf Zeit" und die Cäcilia-Singgruppe aus Altenhundem gestalteten eine Reise durch Brasilien, Indien und Ghana, die sich sehen und hören lassen konnte. Als Krönung wurde das Singspiel „Rucky Reiselustig" auf der Muggelkirmes am Sonntag in Olpe aufgeführt.

Ergänzt wurde dieses Treffen durch die Teilnahme am Gemeindegottesdienst, einem Konzert mit drei internationalen Gruppen und dem Weltmarkt bei der Muggelkirmes in Olpe.

Gefreut hat die Gäste und den Veranstalter die Beteiligung von Weihbischof Consbruch, der am gesamten Treffen teilgenommen hat und viel Zeit für Gespräche mit den Teilnehmern hatte.

Fazit und Fragen

Der Wermutstropfen bei allen positiven Rückmeldungen bleibt die Teilnehmerzahl, die deutlich hinter den Erwartungen zurückblieb. Offen ist, ob die Nichtgekommenen sich nicht von den Themen angesprochen fühlten, ob Olpe wirklich zu weit weg war oder ob die vielen Veranstaltungen zum Jubiläumsjahr das Interesse sinken ließen? Setzen die Gruppen in den Gemeinden andere Schwerpunkte oder ist nach vielen Jahren des Engagements die Luft raus? Gibt es gar nicht mehr so viele Gruppen, sondern eher einzelne Interessierte? Was heißt das dann für die zukünftige Arbeit im Referat Mission-Entwicklung-Frieden?

Eine erste Konsequenz ist Anfang 2000 eine neue Umfrage an alle Gruppen und Gemeinden zur Evaluierung ihrer Mitglieder und ihrer inhaltlichen Arbeit.

Das Referat bleibt Servicestelle für alle, die Fragen haben, Referenten suchen, Material benötigen oder eine Partnerschaft aufbauen möchten. Es bietet Bildungsveranstaltungen an, die selten im normalen Programm der Gemeinde zu finden sind und unterstützt die Kampagnen der Hilfswerke. Vielleicht wird sich die Eine-Welt-Arbeit in Zukunft von vielen Gruppen, die regelmäßig zu Eine-Welt-Themen arbeiten, verabschieden müssen und mehr auf Kampagnen und Einzelveranstaltungen setzen. Das Interesse an diesen Themen ist nicht verschwunden, es steht aber neben vielen anderen Dingen, die die Menschen mehr denn je bei uns beschäftigen. Die Erlassjahrkampagne hat im Jahr 1999 viele Menschen, auch außerhalb der Eine-Welt-Gruppen z. B. in Pfarrgemeinderäten, angesprochen, denn sonst wäre sie nicht zur größten Unterschriftensammlung der Welt geworden.

Das Fazit von „Weltweit – nah dran", dem Eine-Welt-Treffen in Olpe, heißt: Bleiben wir dran an den kleinen und großen Themen unserer Zeit, denn: „Viele kleine Leute, an vielen kleinen Orten, die viele kleine Schritte tun, können das Gesicht der Welt verändern."

[1] Für viele Besucher waren die vielen Tipps und Hilfen wertvoll für die Arbeit zu Hause

[2] Das Eine-Welt-Treffen führte Menschen zusammen:
Pater Dr. Schalück (2. v. l.) machte Mut für die Arbeit

Anette Steffens, Odilia Wagener,
Mitarbeiterinnen im Referat Mission-Entwicklung-Frieden im Erzbischöflichen Generalvikariat

Bistumsjubiläum und Schule

In das „Bild" des Bistumsjubiläums gehört auch – „mehr als man glaubt" – der Bereich der Bildung, zumal der Schulbildung. Philipp Melanchthon schrieb schon 1536: „Da keine andere Lebensform für die Menschheit nützlicher oder nötiger ist – es gibt auch keine, die Gott gefälliger wäre – als das schulische Leben, ist es unbestreitbar die höchste Lebensstufe." Und der Bundespräsident wollte „Bildung" zum Mega-Thema gemacht wissen.

Die Hauptabteilung Schule und Erziehung im Erzbischöflichen Generalvikariat Paderborn hat deshalb unter den leitenden Stichworten „Die Quellen bedenken", „Die Gegenwart prüfen" und „In die Zukunft aufbrechen" eine Vielfalt von Veranstaltungen und Arbeitshilfen für Lehrer und Schüler angeboten, die ein großes Echo gefunden haben:

■ Arbeitshilfen und dazu entsprechende Veranstaltungen sollten über das Jahr des Bistumsjubiläums hinaus helfen, am

Beispiel der Christentumsgeschichte und ihrer Ausdrucksformen im Erzbistum Paderborn die Gegenwart zu verstehen und Zukunftsfäden zu knüpfen.

■ Die Pädagogische Woche hatte das Ziel, vor allem Adressaten zu erreichen, die durch andere Fortbildungsveranstaltungen weniger angesprochen werden. Durch den Wechsel von Plenarveranstaltungen und Gruppenarbeit hat sich die Planung gut bewährt. Die Teilnehmer sind dabei in einen fruchtbaren Dialog getreten.

■ Kirchliche Schulen brachten sich mit einer Fülle von Regional- und Zentralveranstaltungen zur Darstellung. Die folgenden Berichte zeigen ein wenig davon.

Ausgrabungen – Zukunftsfäden

Pädagogische Woche der Hauptabteilung Schule und Erziehung

Roland Gottwald

1200 Jahre Bistum Paderborn – dieses Jubiläum sollte gemäß dem Wunsch unseres Erzbischofs den Institutionen, Verbänden und Gruppen in unserer Erdiözese vielfältige Räume und Gelegenheiten geben, sich der Quellen und Fundamente des eigenen (Glaubens-) Lebens zu vergewissern, den Blick zu schärfen für die Fragen und Herausforderungen der Gegenwart, und Perspektiven für den gemeinsamen Aufbruch in das neue Jahrtausend zu bedenken.

Im Rahmen ihres spezifischen Auftrags veranstaltete die Hauptabteilung Schule und Erziehung vom 20. bis 23. September eine Pädagogische Woche unter dem Motto „Ausgrabungen – Zukunftsfäden" für interessierte Personen im Handlungsfeld „Elternhaus-Schule-Gemeinde". Dabei war uns wichtig, nicht nur Lehrerinnen und Lehrer in den Blick zu nehmen, sondern insbesondere auch interessante Angebote für Eltern und Schüler, Geistliche und Gemeindereferenten zu konzipieren.

In unserer Einladung hieß es: „Das Thema mag verwundern, doch das Jubiläum des Bistums gibt Anlass, sich auch der Ursprünge, aus denen pädagogische Zielvorstellungen gewachsen sind, zu erinnern, sie gleichsam auszugraben. Sie prägen bis heute die Erziehungs- und Bildungsarbeit. Auch die Jahrtausendwende ist nur ein Datum, das nicht alles „wendet". Mit vielen Fäden sind wir an die Vergangenheit gebunden, an eine

Erinnerung, die auch Orientierung für erzieherisches Handeln geben kann. Die Pädagogische Woche will eine Auseinandersetzung mit Strömungen der Gegenwart ermöglichen und für zukünftige Aufgaben der Erziehung und Bildung in einer sich stark verändernden Gesellschaft und Kirche „die Fäden spinnen".

Die Organisationsform war daher bestimmt von großen Plenarveranstaltungen mit namhaften Referenten am Vormittag und einer Vielzahl praxisbezogener Arbeitskreise am Nachmittag, eingerahmt von spirituellen Zeiten der Besinnung in Form von Morgenlob und Nachmittagsvesper.

An den drei Tagen der Pädagogischen Woche haben insgesamt fast 600 Personen teilgenommen. Besonders erfreulich war das Interesse von mehr als 80 Schülerinnen und Schülern, die lebhaft und engagiert nachfragten und mitdiskutierten und damit die Veranstaltungen sehr bereicherten.

[1] Prälat Theo Ahrens eröffnet die Pädagogische Woche

[2] Die gefüllte Aula

[1]

[2]

In Erinnerung bleiben werden vor allem die gelungenen, weil in aller Unterschiedlichkeit gleichermaßen zum Nach- und Weiterdenken anregenden Plenarvorträge. In unserem Periodikum „Schulinformationen" (4/99) haben wir eine vollständige Dokumentation vorgelegt. Daher an dieser Stelle nur einige kurze Zusammenfassungen und Auszüge:

Prof. Dr. Arnold Angenendt, Universität Münster
Thema: „Das Christentum – was hat es gebracht und was bringt es?"

Zusammenfassung

Ausgehend von Ungerechtigkeit, Inhumanität und menschenverachtender Gewalt in Geschichte und Gegenwart stellte der Referent die christlich geprägte Ethik als (vor)moderne Ressource vergangener, gegenwärtiger und künftiger Humanität heraus. Diese wirke nach wie vor, wenn auch häufig säkularisiert, in vielen Bereichen grundlegend nach. Ohne die christliche Herausarbeitung des Gewissens, vor allem im Mittelalter, sei kein Zusammenleben in dieser Welt möglich. Die Propagierung und der Einsatz von Christen für das Menschenrecht unterschiedslos für alle als Konsequenz christlicher Sozialsorge und des Gebots der Nächstenliebe bedeute eine permanente Sensibilisierung und grundsätzliche Option für die Armen und Unterprivilegierten. Der immer wieder von Christen eingeforderte Verzicht auf Gewalt als Normalfall der Konfliktregelung sei aktueller denn je.

Christliche Ethik bleibe damit ein unverzichtbarer, historisch immer aktuell gebliebener Maßstab von Humanität. Um ihr auch in Zukunft Geltung zu sichern, sei ein „vitales Kernchristentum" nötig. Dies wäre, so Angenendt, eine „historische Apologie des Christentums".

Exzerpte

(…) „Der Mensch ist ein Abgrund, nicht ausrechenbar, und darum die Zukunft nicht hochrechenbar. Ich riskiere einen Vorschlag zur Güte und propagiere eine Prophetie des Normalen. Der vernehmliche Widerspruch ist nur scheinbar. In Wirklichkeit packen wir hier einen ganzen Strang christlicher Tradition, die besagt: Täten wir das Normale, das Vernünftige und Gute, es könnte das Paradies auf Erden sein. Weil wir aber gewalttätig sind, so Augustinus, Gregor der Große, Marsilius von Padua und viele andere, bedürfe es der Herrschaft, und wo immer Herrschaft sei, da gebe es auch Sklaven. Unsere Habgier zu zügeln, sei die Notlösung des Privateigentums zugestanden worden – eine Quelle ewigen Streits. Selbst die Sexualität wandle sich, sofern ohne Gier, in Sanftheit. Bekanntlich gibt es die These, dass die Mitteltafel des Altarretabels ‚Garten der Lüste' von Hieronymus Bosch, eine schon auf Erden verwirklichte Paradiesehe darstelle.

Die Prophetie des Normalen scheint mir um so aktueller, als das Neue im Tempo der Sekundenabfolge auf uns einstürmt. Dass wir blindlings ins Dasein geworfen werden, bedeutet heute: blind in die Zukunft geworfen zu sein. Obendrein beschleunigen wir noch selbst. ‚Nichts los' ist das Anathem der Moderne. Wir möchten was bewegen und bewirken, und haben nun die ‚beschleunigte Geschichte', so die Formel von Reinhard Kosellek. Die Zukunft lacht verlockend und grinst zugleich tödlich, etwa in der Gen-Technologie. Was vermögen wir wirklich abzusehen? Immer noch überwiegt Kirkegaards Einsicht: ‚Das Leben wird vorwärts gelebt und rückwärts verstanden'. Darum die Unabdinglichkeit, unsere Ausgangsbasis zu sichern, eben das Normale. Um das Gewordene zu erhalten, bedarf es bereits eines enormen ethischen Fundamentes; wer weitergehen will, muss diese Basis ständig vergrößern.

Genügt es, unseren heutigen Theoremen jeweils eine historisch-genetische Vorerklärung zu geben? Müssen wir die älteren Horizonte nicht deswegen aufarbeiten, damit heutige Gefährdungen überwunden werden können? Vor allem: Müssen wir nicht viel mehr als genetische Begriffserklärung eine Einübung in die bewährten Lebensformen betreiben? Bewährtes ist zu überprüfen und Neues ist zu realisieren, in jeder Generation. Wie sollten und könnten wir heute im global village leben, wenn Gewaltbereitschaft, Selbstjustiz, Rassismus nicht ständig überwunden würden?! Also: Geschichte nicht zur besseren Erklärung, sondern Geschichte als Paradigma eigener täglich notwendiger Umerziehung. So wäre denn die Geschichte doch wieder die Lehrmeisterin, die uns sogar abverlangt, Jahrhunderte während Langzeitprozesse in der so kurzen individuellen Lebensgeschichte zu repetieren. Man kann die Jugendrevolten verstehen, die gegen den immensen Druck der Aufarbeitung alle nur möglichen Ent-

lastungen sucht. Aber mit jedem technischen Fortschritt wird die Herausforderung größer. Darum ist das Bewährte auszuweiten und im Tempo neuer Erfindungen im Neuland voranzutreiben.

In dieser Welt rasanter Entwicklungen ist endlich auch zu fragen, ob und wie das Christentum heute auf einer begrifflichen Wertungsebene plausibilisiert werden kann. Wenn ja, ist das gut. Dem Historiker indes stellt sich die Frage, ob nicht das Christentum, wenn auch vielfach säkularisiert, in unserer Welt so grundlegend nachwirkt, dass es für vieles Basis ist. Um unseres säkularen Fortbestandes willen müsste es dann ein vitales Kernchristentum geben, damit die notwendigen säkularen Früchte nicht verdorren. Gerne würde ich das bezeichnen als ‚historische Apologie des Christentums'."

Prof. Dr. Ronald Hitzler, Universität Dortmund
Thema: „Ich möchte frei sein – und doch nicht allein sein ...“

Das Dilemma der Bastelexistenz am Übergang zu einer anderen Moderne

Zusammenfassung
Ausgehend von der Diagnose, dass die gesellschaftlichen Pluralisierungs- und Individualisierungsprozesse seit der Aufklärung für den dadurch immer „freier" werdenden Menschen permanent Anlass wären, die entstehenden Chancen der freien Entfaltung zu maximieren und die Risiken der Vereinsamung zu

Prof. Dr. Ronald Hitzler

minimieren, analysiert Hitzler die Probleme einer solchen „individuellen Modernisierungs-(bewältigungs)kompetenz"; es geht ihm um „die Kunst des Überlebens" in der absehbaren, nachmodernen Gesellschaft. Diese Kunst ist nach seinen Worten vor allem eine „Bastelaufgabe". Das Individuum stehe vor einer Vielzahl von Handlungsmöglichkeiten, Entscheidungsnotwendigkeiten und Orientierungsalternativen; dabei sind immer weniger allgemeinverbindliche, übergeordnete „Normen und Werte" entscheidungsrelevant, sondern ein subjektives Kosten-Nutzen-Kalkül. Diese Dauerdilemmata verstärken eine ohnehin vorhandene „Sehnsucht nach Gemeinschaft", aber wiederum sehr spezifisch: Der Existenzbastler will eben nicht zurück in Traditionsmilieus (Familie, Religionsgemeinschaften u.a.), vielmehr sucht er „Verbündete für seine Interessen, Kumpane seiner Neigungen, Partner für seine Projekte, Komplementäre seiner Leidenschaften. Kurz: Er sucht Gesinnungsfreunde". Er findet sie in einer Vielzahl sogenannter Szenen, die Hitzler ausführlich beschreibt. Sollten die Szenen wirklich die Gemeinschaftsformen der Zukunft sein, wie der Referent konstatiert, sind die Konsequenzen für u. a. „traditionelle" Religionsgemeinschaften mehr als „bedenklich".

Exzerpte

(...) „Von Traditionsmilieus (wie Familien, Nachbarschaften, überkommenen Religionsgemeinschaften usw.) lässt sich diese ‚Sehnsucht nach Gemeinschaft' allerdings offenkundig immer weniger befriedigen – jedenfalls wenn und solange deren Verlässlichkeits- und Geborgenheitsversprechen mit den ihnen tradi-

tionell ebenfalls eigenen Verpflichtungen und Zwängen einhergehen. Denn die Vergemeinschaftungssehnsucht des Existenzbastlers ist eben eine (sehr) spezifische: Er sucht Anschluss lediglich im Sinne der je von ihm gewünschten Sozialverortung. Er sucht Verbündete für seine Interessen, Kumpane seiner Neigungen, Partner für seine Projekte, Komplementäre seiner Leidenschaften. Kurz: Er sucht Gesinnungsfreunde. Diese findet er aber typischerweise nicht in schicksalhaft auferlegten Traditionsmilieus, sondern eher in single-issue- und lifestyle-Gruppierungen." (...)

„Vermutlich insbesondere nun in solchen Vergemeinschaftungsformen, die man als ‚Szenen' bezeichnen kann, finden die Existenzbastler jene Art von Teilzeit-Gesinnungsfreunden, von denen ich bereits gesprochen habe: Szenen sind thematisch fokussierte, ästhetisch orientierte soziale Netzwerke; jede Szene hat ein zentrales ‚Thema'; ein Thema, auf das hin die Aktivitäten der Szenegänger ausgerichtet sind. Szenegänger teilen das Interesse am jeweiligen Szene-Thema. Sie teilen auch typische Einstellungen und entsprechende Handlungs- und Umgangsweisen miteinander. D. h. im gemeinsamen Wissen von den ‚richtigen' Verhaltensweisen, Attributierungen, Codes, Signalen, Emblemen, Zeremonien, Attitüden, Wissensbeständen, Relevanzen, Kompetenzen usw., in diesem Wissen verdichtet sich die Kultur einer Szene. Zugehörigkeit wird folglich im wesentlichen durch Aneignung und die kompetente Anwendung von szenetypischem ‚Kultur Know How' hergestellt und praktiziert (sowie, um dies nicht außer Acht zu lassen, durch eine bedingt

‚originelle' Stilisierung des eigenen Handelns im Rahmen ‚szenegerechter' Verhaltensweisen). In Szenen gibt es kaum noch (einklagbare) Verpflichtungen. Gerade zur Teilhabe an Szenen müssen Menschen vielmehr immer wieder aufs Neue verführt werden. Diese szenenspezifische Form der Verführung ist typischerweise nicht in- oder exkludierend. D. h. diese Form der Verführung schließt nicht grundsätzlich bestimmte Menschen ein oder aus. Solcherlei Verführung kann z. B. auf einem Musikstil basieren, auf einer Sportart, einer bestimmten Weltanschauung, auf speziellen Konsumgegenständen oder auch auf Konsum-Stil-Paketen (d. h. auf dem, was man wo, wie und warum auch immer als die ‚angesagten' Dingen ansieht) usw." (...)

„Nicht nur, aber auch nicht zuletzt aus diesem Grund könnten sich eben Szenen – unbeschadet der sozusagen immerwährenden Aufstiege und Niedergänge bestimmter Szenen – als diejenigen Gesellungsgebilde erweisen, die am Übergang zu einer ‚anderen' Moderne konstituiert, unterhalten, belebt – und zeitweilig wohl auch ‚bewahrt' werden von Überlebenskünstlern im hier skizzierten Sinne. Die Konsequenzen dieser Bindungslabilität für den sozusagen strukturell von ‚Sehnsucht nach Gemeinschaft' erfüllten Existenzbastler allerdings bleiben dabei notwendig ambivalent: Zum einen bestätigt sich dergestalt (gewollt oder ungewollt) seine relative Unabhängigkeit gegenüber je sozial approbierten sittlich-moralischen Imperativen. Zum anderen verstetigt er so aber auch seine relative Unsicherheit im Hinblick auf normativ-verlässliche – und damit existentiell entlastende –

Gewissheiten und Routinen. Kurz: Er möchte eben frei sein und doch nicht allein sein. Jedenfalls möchte er in seiner Freiheit dann nicht allein sein, wenn, und auf die Art und Weise, wie ihm gerade danach ist."

Prof. Dr. R. Bleistein

Prof. Dr. Roman Bleistein SJ
Thema: „Jugend und Kirche – auch ein Thema jenseits der Jahrtausendwende?"

Zusammenfassung

Die im Thema gestellte Frage beantwortete Professor Bleistein in seinem engagierten Vortrag gleich zu Beginn: „Wenn wir keine Hoffnung mehr haben, auch gerade was die konkrete Gestalt der Kirche betrifft, wird die Jugend achtlos an uns vorübergehen; denn wir sind die Kirche. Wenn wir noch an die Zukunft der Kirche glauben, also an jene Zukunft, die ihr zugesagt ist, dann werden wir uns gerade um jene jungen Menschen tagtäglich mühen, die eines mit dieser Kirche gemeinsam haben: die Zukunft." Bleistein wies zunächst auf die Aktualität des Synodenbeschlusses 1975 „Ziele und Aufgaben kirchlicher Jugendarbeit" hin: „Ihr Dienst gilt der Jugend der Gesellschaft – im Hinblick auf Mündigkeit und Selbstverantwortung." In dieser Diakonie könnten neue Beziehungen zwischen Jugend und Kirche entstehen.

In einem zweiten Schritt untersuchte der Referent die Rolle der Jugend in der Kirche, die er als „Kundschafter des Volkes Gottes" kennzeichnete. Als solche würde sie sein: eine unbequeme Generation, die durch Wort und Verhalten viele Fragen stelle und damit für heilsame Unruhe in der Kirche sorge, eine widerständige Generation, die vor allem neokonservative Tendenzen und Ansprüche abwehre, insbesondere Versuche, die Ergebnisse des II. Vatikanums in den Hintergrund zu drängen, eine Generation der inneren Einheit von Mystik und Politik, die versuche, tief im Glauben verwurzelt und zugleich verantwortlich und solidarisch in der Welt zu leben. Solche Herausforderungen der Kirche dienten beidem: der Selbstwerdung junger Menschen und der Kirchewerdung der heutigen deutschen Kirche. Eine solche Kirche sei nach wie vor Ort und Gegenstand der Träume der Jugend von Kirche, die im folgenden zitiert sind:

Exzerpt

(...) „Welche Träume junger Menschen wären nun zu nennen? Ich möchte mich dabei an einem Text von P. General Pedro Arrupe SJ orientieren, mit dem er seinen Vortrag zum Thema: ‚Jugend und Evangelisierung' vor dem Deutschen Missionsrat am 28. Juni 1979 in Würzburg schloss. Er sagte: ‚Was ist das für eine Kirche, von der die Jugend träumt?' Es ist eine Kirche, die offener ist für die Anliegen Christi, das heißt, die sich mehr interessiert für das konkrete Leben des Menschen und seine Erneuerung durch Christus als für dogmatische Definitionen, disziplinäre Maßnahmen und die Festigung von Riten. Es ist eine Kirche, die mehr zuhört, die bereit ist, auch die Jugend zu hören; die ihr einen Freiraum für eigene Initiativen einräumt; die sie mitentscheiden lässt. Es ist eine Kirche, die eine Sprache spricht, die auch die Jugendlichen verstehen und in der die Jugend sich spontaner und lebendiger ausdrücken kann. Es ist eine kreative Kirche, die sich auf dem Weg weiß; die neue Wege zu den Menschen sucht und erprobt mit schöpferischer Phantasie; die veränderte Verhältnisse nutzt, um sich zu erneuern und die Frohbotschaft frisch und lebendig zu halten. Es ist eine verständnisvolle Kirche, die akzeptieren kann, dass es verschiedene Weisen gibt, die Dinge zu sehen und zu handeln, dass vor allem auch die Jugend, Kinder unserer Zeit, andere Formen, andere Zielsetzungen und andere Symbole schätzt. Dann eine prophetische Kirche; das heißt eine Kirche, die unerschrocken die ganze Wahrheit der Welt – auch den Mächtigen – verkündet, im Bewußtsein: ‚Die Wahrheit wird uns frei machen' (vgl. Joh 8,32). Verfolgungen erscheinen als eine normale Form des Verhältnisses zwischen der Kirche und den Mächtigen der Welt. Und schließlich ist es eine Kirche, die Hoffnung hat und Hoffnung gibt. Eine Kirche, die an das Gute im Menschen glaubt, die auf Gottes Vorsehung und Führung baut; die gerade in der Hoffnungslosigkeit hofft und die in Treue und voll Freude auf die Wiederkunft des Herrn wartet, inmitten einer Welt voll Furcht und Verzweif-lung. Das ist der Traum. Er wird nie ganz Wirklichkeit werden. Aber ich meine, dass darin auch Wahrheit steckt und: ‚wer Ohren hat zu hören, der höre, was der Geist den Gemeinden sagt'." (Pedro Arrupe, Unser Zeugnis muß glaubhaft sein. Ostfildern 1981, S. 120 ff.)

Der Realitätsbezug dieser Träume verdeutlicht noch einmal eines: Solange die Kirche sich von der jungen Generation herausgefordert sieht und solange sie weiß, dass ihre Frohe

Botschaft eine Botschaft für alle Menschen zu allen Zeiten ist, solange wird sie unruhig sein, wenn sie auf die konkrete Situation der Jugend in Gesellschaft und Kirche blickt. Und auch hier kann man nur Alfred Delp das Wort geben, das er vor seinem Tod am 2. Februar 1945 notierte: ‚Alle die direkten religiösen Bemühungen halte ich in der gegenwärtigen geschichtlichen Stunde für ohne dauerhafte Fruchtbarkeit. Solange der Mensch an der Straße liegt, blutig geschlagen und ausgeplündert, wird ihm der der Nächste und damit der Zuständigste sein, der sich seiner annimmt und ihn beherbergt, nicht aber einer der zum ‚heiligen Dienst' vorbeigeht, weil er hier nicht zuständig ist.' (Alfred Delp, Gesammelte Schriften IV., hrsg. von Roman Bleistein, Frankfurt 1984, S. 316)

Die Kirche ist für die heutige Jugend zuständig. Wir alle sind herausgefordert."

Prof. Dr. Michael N. Ebertz, Freiburg
Thema: „Gegenwind oder Aufwind? Die Schule als Herausforderung der Kirche"

Zusammenfassung
Professor Ebertz konstatierte zu Beginn, dass die Kirchen spätestens Ende der 60er Jahre erkennen mussten, „dass sie mit der Annahme, der Glaube lasse sich nicht zuletzt durch schulische Institutionen, auch gegen die tatsächliche Entwicklung beim Einzelnen und bei der Gesellschaft als ganzer aufrechterhalten und sichern, (...) einem fundamentalen Irrtum unterlagen". (K. Erlinghagen, Die Säkularisierung der deutschen Schule, 1972).

Damit stünden insbesondere Religionsunterricht und freie katholische Schule als Hauptträger aktueller kirchlicher Präsenz in Schulen heute vor gewaltigen Herausforderungen.

Der Referent skizzierte zunächst Trends der gesellschaftlichen Entwicklung und des damit verbundenen Wandels der religiösen Landschaft der letzten Jahrzehnte und stellte anschließend heraus, dass nicht gegen diese Säkularisierungstrends, sondern nur mit und „in" ihnen Glaubensweitergabe im Religionsunterricht und an katholischen Schulen möglich bleiben wird. Im Folgenden wurden diese Herausforderungen „entlang der Trends" stichpunktartig benannt und, exemplarisch für katholische Schulen, einige realistische Chancen der dortigen Möglichkeiten der Glaubensweitergabe angedeutet. Mit einem abschließenden Lehrerportrait wurden diese Chancen lebensnah konkretisiert (vgl. Exzerpt).

Exzerpt
(...) Lassen Sie mich abschließend einiges von dem, was ich nur abstrakt andeuten konnte, am Zitat einer Charakterisierung bzw. ‚Laudatio' eines leibhaftigen Lehrers einer katholischen Schule zusammenfassen: „Hinter dem Namen ‚J.' (Kosename) steckt ... ein großes Stück liebevollen Respekts für einen engagierten Lehrer. Er hat viel für die Schüler ... getan. Das schwierige Geschäft als Vertrauenslehrer, wo er sich immer als Anwalt der Schülerinteressen verstanden hat. Überhaupt hat er überall stets die Situation und die Anliegen der Schüler ... im Blick gehabt. Er ist Pädagoge aus Leidenschaft. Es geht ihm nie nur um den Unterrichtsstoff,

Prof. Dr. Michael N. Ebertz und Ägidius Engel (v. r.)

sondern immer auch um die Menschen, die er bei sich hat. Alle sind ihm wichtig, alle haben seine Aufmerksamkeit; die Schwachen genauso wie die Leistungsstarken. Gerade darin erweist sich seine christliche Perspektive, die den Menschen zunächst nicht von der Leistung her betrachtet, sondern als einzigartige, von Gott gewollte Person. – Er hat Ernst gemacht mit den unbequemen Zumutungen des Glaubens. Dafür hat er gekämpft und gestritten. In den Diskussionen um die Obdachlosen vor der Schule beispielsweise hat er immer wieder den Finger in die Wunde gelegt, dass nach dem Evangelium Christus im Bedürftigen begegnet und wir als Schule in kirchlicher Trägerschaft uns an diesem Evangelium ausrichten müssten. Davon waren nicht alle im Kollegium begeistert, es gab viel Streit darum. Und trotzdem wünsche ich mir, dass dieser kämpferische Geist bei uns bleibt und uns beunruhigt, wo wir es uns zu gemütlich in der Welt einrichten. – Ich selbst habe ‚J.‘ als zuverlässigen Freund und Kollegen erlebt. Wieviel Hilfe und gute Ratschläge habe ich im Verlauf der letzten Jahre von ihm bekommen! – Bei ‚meinem‘ ersten Abitur hat er Protokoll geführt. Ökumene ist für ihn keine Nebensache, sondern gehört zum Zentrum seiner Bemühungen. Über enge Grenzen und ängstlichen Konfessionalismus haben wir uns gemeinsam geärgert. Zugleich haben wir immer wieder einen Grad der Übereinstimmung und gewissermaßen der Kommunion erlebt, die mir Hoffnung und Mut macht. – Es wäre noch viel zu erzählen und zu erwähnen: ‚J.‘, der Mann aus der Schulbuchsammlung mit Eselsgeduld, der Theaterspieler mit Rap-Rhythmus im Blut, der Ab-

schiedsredner zum Abi ’98 mit vielen klugen Gedanken. Schon seine Fächerkombination ist faszinierend: Chemie und katholische Theologie. Für eine solche Fächerkombination braucht man einen weiten Horizont und den hat er gewiss. Er weiß, was Formkritik und Formaldehyd sind, er kann synoptische Evangelien von synthetischen Eiweißen unterscheiden. Dabei ist er keineswegs ein trockener Fachgelehrter. Ein Herz voller Visionen begleitet ihn: Die Vision einer menschenfreundlichen Schule, die Vision einer gerechten Welt, die Vision einer offenen Kirche und nicht zuletzt die Vision einer konstruktiven Streitkultur.“

Oberstudienrat i. K. Roland Gottwald,
Leiter der Abteilung Lehrer-, Eltern-, Schülerarbeit
im Erzbischöflichen Generalvikariat

Schule – mehr als man glaubt

Dr. Peter Kleine

Idee und Intention des Tages der Katholischen Schulen

Nicht nur ein Tag der Schulen

Guter Rat war teuer in der Arbeitsgemeinschaft freier katholischer Schulen des Erzbistums Paderborn, als man im September 1996 darüber nachdachte, welchen Beitrag die katholischen Schulen in freier Trägerschaft zum 1200-jährigen Bestehen des Bistums Paderborn leisten könnten. Zur Disposition standen die sogenannte große oder kleine Lösung. Die kleine Lösung hätte eine Zusammenkunft von Abordnungen verschiedener katholischer Schulen im Erzbistum Paderborn bedeutet. Hinter der großen Lösung verbarg sich das Bestreben, möglichst viele Schüler aller katholischer Schulen in Paderborn zu versammeln. Anfangs hatte die kleine Lösung viel Sympathie in der Arbeitsgemeinschaft, doch spätestens nach dem Entschluss der Bistumskommission für das Jubiläum, das Anliegen des Tages der Katholischen Schulen am 22. September 1999 intensiv zu fördern, war allen Beteiligten klar, dass es auf eine große Lösung hinauslaufen würde. Das sich ändernde Verhältnis zwischen kleiner und großer Lösung macht deutlich, wie sehr das Bewusstsein der Schulen wuchs, selbst einen wesentlichen Auftrag in der Gestaltung des Jubiläumsjahres wahrnehmen zu müssen und dabei Schule als einen wichtigen Bestandteil der kirchlichen Pastoral zu verstehen. Ein aus der Arbeitsgemeinschaft gebildeter Ausschuss betrieb neben der Vorbereitung des Tages der Katholischen Schulen insbesondere auch die Initiierung und Begleitung der Aktivitäten auf schulischer sowie regionaler Ebene. Dem Ausschuss lag daran, das Jubiläum nicht nur als einen einmaligen Tag der Schulen zu betrachten, sondern auch eine Dialektik von Regional- und Zentralveranstaltungen zu entwickeln und in den Gebieten, die der Stadt Paderborn räumlich ferner liegen, die Idee des Bistumsjubiläums wirkungsvoll und anschaulich zu verbreiten.

So entwickelte sich auf regionaler Ebene rege Aktivität, die von Sportfesten über Wallfahrten bis hin zu einer liturgischen Nacht reichte und sowohl in den jeweiligen Schulgemeinden als auch in der Öffentlichkeit eine breite Resonanz fand. Obwohl diese Veranstaltungen eigenständig waren und ausschließlich in der Planung der beteiligten Schulen lagen, wiesen sie doch alle den Weg zu der ausstehenden größten Veranstaltung, dem Tag der Schulen am 22. September 1999. Hier sollte in großem Stil und mit beachtlichem Aufwand eine Demonstration der Bedeutung der allgemeinbildenden Schulen, der Berufs- und Sonderschulen in katholischer Trägerschaft, der Ideen und der Arbeit, ihrer Lehrer und Schüler erbracht werden. Es war das erklärte Ziel der Veranstalter, möglichst viele Schulen zur Teilnahme zu ermuntern. So lag zum Tag der Katholischen Schulen letztlich eine Anmeldezahl von 32 Schulen mit nahezu 16.000 teilnehmenden Personen aus dem ganzen Erzbistum vor.

Die am Vorabend im Hohen Dom von Paderborn erfolgte Aufführung des Weihespiels „Mord im Dom" von T. S. Eliot bildete den Auftakt zu den nachfolgenden Ereignissen. Das vom Theaterensemble des Gymnasiums Brede eindrucksvoll inszenierte Schauspiel unter Beteiligung eines grandiosen Chores stellte die Situation eines dem Tode geweihten Menschen dar, der sich standhaft weigerte, irdischen Versuchen zur Rettung seines Lebens nachzugeben, sich stattdessen aber gottergeben in sein Martyrium fügte. Der alte Dom war ein wenig verwundert über das Spiel in seinen Mauern, doch man hatte den Eindruck, die Aufführungen hätten nur hier den richtigen Ort gefunden. Beide Aufführungen waren hervorragend besucht und stimmten die Anwesenden auf die Geschehnisse des nachfolgenden Tages ein.

Das inhaltliche Programm des Tages der Katholischen Schulen war so konzipiert, dass durch den von Weihbischof Algermissen zelebrierten Gottesdienst der „geistliche Auftakt" zu einer Vielzahl unterschiedlicher Veranstaltungen gegeben wurde, die von professionellen Künstlern oder von Schulen selbst durchgeführt wurden. Ein wichtiger Gesichtspunkt war daher das Angebot an alle teilnehmenden Schulen, sich selbst und ihr eigenes Programm der Öffentlichkeit zu Gesicht bringen zu können. Vom Kleinkunsttheater über Kabarett und Zauberei reichte das Spektrum, von Spielstraßen über Hüpfburgen bis zu Dichterlesungen und zahlreichen Musical-Angeboten. Jede Altersgruppe von zehn bis zwanzig Jahren sollte mit dem Programm in irgendeiner Weise erreicht werden. Der Top act am Schluss der

Veranstaltung fand sich schließlich mit dem Gospel-Chor „Voices of Praise." Das Ensemble hatte sich bereits am Tag des Ehrenamtes in Paderborn empfohlen und dabei einen so nachhaltigen Eindruck hinterlassen, dass es als Sammel- und Schlusspunkt für den Tag der Schulen die Teilnehmer begeisterte. Den Abschluss des Tages bildete die Preisverleihung an die Schülerinnen und Schüler, die sich in den Wettbewerben „Schuldokumentation", „Plakat zum Tag der Schulen" und „Zeitung zur Bistumsgeschichte" besondere Verdienste erworben hatten. (Wettbewerbe: Beiträge de Schulen zum Bistumsjubiläum 1999, Nr .4)

Stellvertretend für viele Besucherinnen und Besucher sei hier das Urteil einer Schülerin der Klasse 9 c der Hildegardis-Schule aus Hagen angeführt: „Ich möchte mich für diesen Tag recht herzlich bedanken und Ihnen ein Lob aussprechen, weil er bis auf wenige Ausnahmen gut verlaufen ist. Dass die Organisation des Festes bei ungefähr 16.000 Schüler/innen fast reibungslos geklappt hat, ist bemerkenswert." Eine andere Schülerin dazu: „Die Organisation des Festes ist Ihnen außerordentlich gelungen. Ich war sehr von dem vielfältigen Programm begeistert, das geboten worden ist. Aber auch sonst haben mir viele Dinge gut gefallen, wie z. B. der Gottesdienst mit seinen fröhlichen Liedern oder die Tatsache, dass man genügend Freiraum hatte und nicht zum Zuschauen verschiedener Veranstaltungen gezwungen wurde."

Auch die überörtliche Presse berichtete positiv über den Tag der Katholischen Schulen:

„Zusammen mit 15.000 weiteren Schülerinnen und Schülern, die aus dem ganzen Bistum den Weg in die Bistumshauptstadt fanden, stand der Tag auf dem Paderborner Schützenplatz ganz im Zeichen des 1200-jährigen Bistumsjubiläums, das in diesem Jahr Paderborn mit verschiedenen Veranstaltungen in Atem hält. Ein tolles Programm, das auf 8 verschiedenen Bühnen den Jugendlichen die Möglichkeit gab, sich den ganzen Tag mit interessanten Dingen zu beschäftigen, umrahmte die Veranstaltung, an der knapp 30 Schulen aus nah und fern teilnahmen" (Westfalen Post, 25. September 1999, Ausgabe Werl).

Die mündlichen Reaktionen waren fast ausnahmslos positiv und deutliches Indiz dafür, dass sich Vorbereitung, Aufwand und Einsatz im Interesse des Mottos des Tages gelohnt haben: Katholische Schule – Unsere Schule. So kann dieser Tag als wichtige Chance in dem Bemühen der Schulen verstanden werden, „über viele Jahre hinweg Kinder und Jugendliche begleiten zu können, um ein geistiges Fundament zu legen" (Weihbischof Algermissen in der Wochenzeitschrift Rheinischer Merkur am 22.10.1999).

Studiendirektor i. K. Dr. Peter Kleine,
Abteilung Katholische Schulen in freier Trägerschaft
im Erzbischöflichen Generalvikariat

Prälat Theo Ahrens

Katholische Schulen in freier Trägerschaft im Erzbistum Paderborn

„Ich bin überzeugt, dass eure braven Erzieherinnen selbst geglaubt haben, was sie euch predigten. Aber der Glaube darf keine Stunde alt sein! Das ist es."

So schrieb Robert Musil zwischen 1930 und 1952 in „Der Mann ohne Eigenschaften". Keine Stunde alt – das bedeutet wohl, immer geistesgegenwärtig und lebendig zu sein. Genau darum geht es in der Unterrichts- und Erziehungsarbeit der katholischen Schulen. Sie wollen in „kritischer Zeitgenossenschaft" die Herausforderung einer pluralen Gesellschaft produktiv aufgreifen und durch ihre Arbeit eine auch intellektuell und praktisch verantwortete Entscheidung für den christlichen Glauben möglich machen.

Eine lohnende und wichtige Aufgabe.

Es ist ein Phänomen: Auf der einen Seite wird die zunehmende Distanz der Gesellschaft zur Kirche beklagt. Auf der anderen Seite erfahren die katholischen Schulen in freier Trägerschaft eine so große Nachfrage von Eltern, die um Aufnahme ihrer Kinder bitten, dass leider nicht alle Aufnahmewünsche erfüllt werden können. Tendenz steigend. Offenbar wird der Dienst der Kirche im Bildungsbereich angesichts einer immer komplexer und „unübersichtlicher" werdenden gesellschaftlichen Entwicklung sehr geschätzt.

Die gestiegene Nachfrage nach Aufnahme in eine katholische Schule resultiert oft aus dem Bedürfnis von Eltern, Erziehung und Bildung in besonderem pädagogischen Milieu zu erleben und ist vielfach ein Reflex auf Mängel im öffentlichen Schulwesen. Dies wird von der Bildungskommission Nordrhein-Westfalen in der Denkschrift „Zukunft der Bildung – Schule der Zukunft" selbst so formuliert: „Das System Schule weist einen fundamentalen Verbesserungsbedarf auf. Es muss vor allem flexibler werden in der Gestaltung von Lernprozessen" (s. S. 69). Es werden die Fragen gestellt, „welche Ziele schulisches Lernen verfolgen soll, welche Qualifikationen und Kompetenzen auf ein verantwortungsbewusstes Leben in einer offenen und dynamischen Gesellschaft am besten vorbereiten".

Diesen Fragen stellen sich die katholischen Schulen in freier Trägerschaft bereits seit langem. Schließlich haben sich die Anforderungen an die Institution Schule nicht nur gewandelt, sie sind sogar erheblich gestiegen. Die Schule muss vielfach Aufgaben übernehmen, die zuvor von Elternhaus und anderen gesellschaftlichen Einrichtungen erfüllt wurden. Dieser Herausforderung haben sich die katholischen Schulen angenommen – und oft mit außerordentlichem Engagement als lebendige pädagogische Einheit sensibel und flexibel auf die Veränderungen der Eltern- und Schülerschaft und ihres sozialen Umfeldes reagiert, denn „der Glaube darf keine Stunde alt" sein.

Das II. Vatikanische Konzil formuliert die Aufgabe der katholischen Schule so: „Die Gegenwart der Kirche im Bereich der Schule zeigt sich in besonderer Weise durch die katholische Schule. Diese verfolgt nicht weniger intensiv als andere Anstalten die der Schule eigenen Ziele und die menschliche Bildung der Jugend. Ihre besondere Aufgabe aber ist es, eine Schulgemeinschaft zu schaffen, in der der Geist des Evangeliums in Freiheit und Liebe lebendig ist."

Die Synode der Bistümer in der Bundesrepublik Deutschland erklärte 1975: „ ... Katholische Schulen in freier Trägerschaft sind Stätten, an denen die Kirche in einer spezifischen Weise in unserer Gesellschaft gegenwärtig und sichtbar wird ... Ihre Eigenprägung und ihren Anteil an der Sendung der Kirche in der Welt gewinnen die katholischen Schulen in freier Trägerschaft dadurch, dass sie aus einem umfassenden Verständnis von Mensch und Welt heraus erziehen."

Auf diese Weise erweist die Kirche nicht nur sich selbst einen Dienst, sondern auch der gesamten Gesellschaft, denn „der freiheitliche, säkularisierte Staat lebt von Voraussetzungen, die er selbst nicht garantieren kann" (E. W. Böckenförde, 1967).

Zahlen und Fakten

Insgesamt gibt es 43 katholische Schulen in freier Trägerschaft in der Erzdiözese: 18 Gymnasien, sechs Realschulen, neun berufsbildende Schulen und zehn Sonderschulen. Vier Schulen werden von kirchlichen Stiftungen privaten Rechts getragen; alle anderen von weiblichen wie männlichen Ordensgemeinschaften oder caritativen Einrichtungen. Die Zahl der von Orden getragenen Schulen ist, bedingt durch den Mangel an Ordenslehrkräften, rückläufig. Seit 1976 wurden zehn Schulen – vier Gymnasien, vier Realschulen und zwei berufsbildende Schulen – in die Trägerschaft des Erzbistums übernommen, zwei weitere wurden in eine vom Erzbischöflichen Generalvikariat verwaltete Stiftung überführt. Vor allem personalrechtliche Bestimmungen machten es kleinen Trägern oft unmöglich, ihre Arbeit fortzusetzen. Rund 22.000 Schüler besuchten im Schuljahr 1997/98 die 43 Schulen.

Motive und Motivationen

Die Motive der Eltern für die Wahl der Schule sind in einer bundesweiten Untersuchung ausgewertet worden und haben ergeben, dass sich ein Spitzenfeld von vier Motiven zunächst an der Person der Lehrerin beziehungsweise des Lehrers und ihrem erzieherischen wie unterrichtlichen Wirken orientiert. Als weitere Motive folgen: Ansehen der Schule, ihr Ordnungsstreben und ihre Ausstattung. Darauf folgt der Wunsch nach christlicher beziehungsweise katholischer Erziehung und die Wertschätzung der sozialen Zusammensetzung der Schülerschaft. Diese Einschätzung wird durch eine Äußerung von Schülerinnen (16) eines katholischen Gymnasiums bestätigt: „Uns gefällt besonders der persönliche Charakter unserer Schule und das gute Verhältnis zwischen Lehrern und Schülern."

Profil und Programm

Vielfach wird der Verlust bestimmter Werte beklagt und gefordert, dass die Schule in Erziehung und Unterricht Sinn und Werte sowie „Schlüsselqualifikationen" vermitteln solle. Diese Aufgabe kann aber nur unter ganz bestimmten Voraussetzungen erfüllt werden. Eltern und Schüler haben mit ihren geäußerten Motiven für die Schulwahl schon Recht: Entscheidend sind die Personen und ihre gelebten Überzeugungen im Kommunikationsfeld Schule. Je profilierter und zugleich offener eine Schule für Fragen ist, umso überzeugender kann sie ihren Bildungs- und Erziehungsauftrag wahrnehmen.

Eine der katholischen Schulen des Erzbistums setzt beispielsweise folgende Akzente. In einer Informationsschrift für Eltern werden Kriterien genannt, die exemplarisch für katholische Schulen die christliche Zielsetzung verdeutlichen:

- Das tägliche Morgengebet vor der ersten Stunde.
- Das Feiern von wöchentlichen (5. und 6. Klasse) beziehungsweise monatlichen Jahrgangsgottesdiensten (7. und 10. Klasse), die von den Schülern mit vorbereitet und gestaltet werden.
- Religionsunterricht als unverzichtbarer Bestandteil des Bildungs- und Erziehungsangebots bis zur Jahrgangsstufe 13.
- Die Erteilung von katholischem und evangelischem Religionsunterricht und die Aufnahme von nicht konfessionell gebundenen Schülern, sofern sie ernsthafte Orientierung suchen und die Erziehungsziele teilen.

- Aktive Beteiligung und Fortführung der an christlichen und demokratischen Werten orientierten Erziehung. Sie hat ihre Wurzeln im Elternhaus; daher ist eine enge Einbindung der Eltern in das Schulleben ausdrücklich erwünscht.

Auch die Einbindung in die Pastoral der Kirchengemeinden ist eine ständige Aufgabe.

Katholische Schulen sind von nicht zu unterschätzender Bedeutung. Sie stärken das Erziehungsrecht der Eltern, indem sie ihnen Gelegenheiten bieten, ihre Kinder nach bestimmten Bildungszielen erziehen zu lassen. Sie erlauben Schulträgern und Lehrern, selbstgewählte Bildungsinhalte (z. B. im fächerverbindenden Unterricht) nach eigenen pädagogischen und didaktischen Gesichtspunkten zu vermitteln.

Durch die Wahrnehmung des vom Grundgesetz garantierten Freiheitsrechts zur Errichtung privater Schulen leisten die katholischen Schulen einen Beitrag zur Gestaltung des Bildungswesens in Deutschland. Zudem trägt ein Bildungswesen in freier Trägerschaft dazu bei, die freiheitlich-demokratische Verfassungsordnung auszufüllen. Katholische Schulen machen deutlich, dass sich Freiheit nicht in Beliebigkeit verwirklicht, sondern in der Bindung an den Geist des Evangeliums.

Domkapitular Prälat Theo Ahrens,
Leiter der Hauptabteilung Schule und Erziehung
im Erzbischöflichen Generalvikariat

Das „Jubiläumsjahr 1999" in unserer religionspädagogischen Arbeit

Gerhard Krombusch

Weit im Vorfeld des 1200-jährigen Jubiläums haben sich die Mitarbeiterinnen und Mitarbeiter der Abteilung Religionspädagogik mit Experten verschiedener Schulformen an einen Tisch gesetzt, um Schwerpunktsetzungen möglicher religionspädagogischer Beiträge zum Bistumsjubiläum abzuklären. Von Anfang an stand fest, dass die „normale Fortbildungsarbeit" nicht zugunsten eines Sonderprojektes unterbrochen werden sollte ... – vielmehr musste ein Weg gefunden werden, in den kontinuierlichen Fortbildungsbetrieb für Religionslehrerinnen und Religionslehrer das Thema zu integrieren. Und dabei sollten bewusst die spezifischen Weisen des Lernens in den verschiedenen Schulformen berücksichtigt werden.

Ende 1998 legte die Abteilung Religionspädagogik drei „Unterrichtshilfen zum Bistumsjubiläum" vor:

a) „Kirche erleben – Kirche erkunden" – Eine Arbeitshilfe für Religionsunterricht an Grund- und Sonderschulen und für die Seelsorgestunde mit Kindern
Im ersten Teil der Arbeitshilfe geht es Gerhard Krombusch darum, auf elementare Weise die Kirche als „Gemeinde vor Ort" und von da aus die „Kirche als Bistum" mit Schülerinnen und Schülern zu erfahren. Alle im Religionsunterricht und in der Katechese Tätigen finden vielfältige Anregungen und Materialien, die Kindern helfen, den Kirchbau

als „Gehäuse des Glaubens" zu erleben und zu erkunden. So vorbereitet lernen die Kinder nach der Geschichte ihrer Kirche(n) zu fragen, ihre Bedeutung im heimatlichen Raum zu entdecken und neugierig auf die „Kirche des Anfangs" in Paderborn zu werden. Durch zum Teil spielerische Elemente begegnen die Kinder wichtigen Ereignissen in der Geschichte unseres Bistums, sie lernen den Bischof und die lange Geschichte seiner Bischofskirche, den Hohen Dom zu Paderborn, kennen. Es versteht sich fast von selbst, dass in den Kindern der Wunsch wach wird, eventuell einmal nach Paderborn zu fahren. Gebete und Lieder helfen, eine solche Fahrt als „Wallfahrt" zu gestalten. Viele Klassen und komplette Schulen haben sich durch die Arbeitshilfe anregen lassen, das Thema in ihrem Unterricht aufzugreifen und einen „Lernortwechsel" durchzuführen: Mehrere 1.000 Kinder haben so den Dom als „Abbild des Glaubens über die Jahrhunderte" kennengelernt.

Bei diesem Kennenlernen spielte der 2. Teil der Arbeitshilfe eine besondere Rolle. Die dort von Ursula Schräer-Drewer beschriebene „Kirchenpädagogik" wird auch weit über das Bistumsjubiläum hinaus noch die konkreten Erkundungen der eigenen Kirche und die des Doms zu Paderborn prägen.

Bei zwölf Veranstaltungen wurde die didaktisch kommentierte Arbeitshilfe mit vielen Erzähl- und Kopiervorlagen, mit Bildern und

Lerntexten interessierten Lehrerinnen und Lehrern vorgestellt. Am Ende des Jubiläumsjahres waren nahezu 2.000 Arbeitshilfen verkauft.

b) „begehen und begegnen" – Arbeitshilfe für die Sekundarstufe I

In einer 160-seitigen Sammelmappe hat Alexander Schmidt mit Kolleginnen und Kollegen aus den verschiedenen Schulformen der Sekundarstufe I eine Fülle von Bausteinen für den katholischen Religionsunterricht im Rahmen des Bistumsjubiläums zusammengetragen. Dabei kam es dem Team darauf an, neben dem Rückblick in die Geschichte vor allem die Wirkungsgeschichte des Glaubens im Paderborner Bistum für Schülerinnen und Schüler aufzubereiten. Beim Vorstellen der Arbeitshilfe in den verschiedenen Regionen des Bistums spielten somit auch mit unterschiedlicher Gewichtung die in der Arbeitshilfe dargestellten „Vorbilder des Glaubens" eine Rolle. So war in Arnsberg und Neheim selbstverständlich „Abbé Franz Stock" ein zentrales Thema – und in Paderborn die selige Pauline von Mallinckrodt. Die Schüler lernen Weltkirche kennen: Drei Hilfsprojekte in Brasilien zeigen auf, wie von Paderborn aus der Blick für den Nächsten geweitet wird.

In den begleitenden Veranstaltungen zur Arbeit mit der Sammelmappe hat sich gezeigt, dass über den Unterricht hinaus auch in der Firmvorbereitung oder in Aktionen kirchlicher Jugendarbeit die Bausteine hilfreich sein können.

c) „Sehnsucht nach Unsterblichkeit – Wie Grabmäler Identitäten ins Bild setzen"

Für die Sekundarstufe II hat Siegfried Meier eine Arbeitshilfe konzipiert, in der in besonderer Weise gefragt wird, wie die eigene Glaubensüberzeugung zur Identitätsfindung beitragen kann. Im Zentrum steht das gewaltige Grabmal des Dietrich von Fürstenberg im Dom zu Paderborn. Seine sorgfältig erschlossene Bilddidaktik wird in Spannung gesetzt zur Grabanlage des Popidols Elvis Presley und zu heute zunehmend häufigeren anonymen Bestattungsformen. Bei dieser Auseinandersetzung mit Menschenbildern unterschiedlicher Zeiten werden geschichtliche, philosophische, theologische sowie soziologische Dimensionen von Identitätsfindungsprozessen vorgestellt und aufgearbeitet.

Inzwischen hat sich der Wert dieser Arbeitshilfe bei regionalisierten Lehrplaneinführungsveranstaltungen (vgl. Lehrplan für den katholischen Religionsunterricht in der Oberstufe des Gymnasiums) gezeigt: Die Lehrplananregung, in Grabmälern Identitäten zu entdecken, erfährt in der Arbeitshilfe eine – bezogen auf bedeutende Bistumstraditionen – interessante Konkretisierung. Der Lehrplan fordert die Schülerinnen und Schüler der Sekundarstufe II in der Oberstufe des Gymnasiums auf, über ihr eigenes Ringen um ihre Identität nachzudenken und im Quellenstudium historische Versuche von Lebensentwürfen kennen zu lernen.

Alle drei Arbeitshilfen wurden auf Jahrestagungen mit Lehrerinnen und Lehrern der verschiedenen Schulformen vorgestellt und diskutiert. Kirchengeschichtliche Fortbildungen – selbst in den neuen Bundesländern – (vgl. Studienwoche der Religionslehrerinnen und Religionslehrer der Diözese Magdeburg) haben sich vielfältig mit den Anregungen auseinandergesetzt. Deutlich wurde, dass mit solchen „Anregungen für den Religionsunterricht" Lehrerinnen und Lehrer erreicht werden, die sonst nicht unbedingt regelmäßige Teilnehmer/innen der kirchlichen Lehrerfortbildung sind ...

Alle drei Arbeitshilfen sind so angelegt, dass sie auch über das Jahr des Bistumsjubiläums hinaus Kirche und ihre Geschichte im Erzbistum Paderborn beispielhaft thematisieren können.

Im Hintergrund der religionspädagogischen Arbeitshilfen standen die sechs Broschüren „Die Kirche von Paderborn". In diesen je 50-seitigen Heften hat das Autorenteam Rudolf Becker, Karl Hengst, Roman Mensing und Ulrich Wagner eine chronologisch angelegte Bistumsgeschichte erarbeitet. Das Aufspüren des Glaubenslebens und der Zeitprobleme der einzelnen Epochen in unserem Bistum ist wegen der didaktischen Anlage der Hefte grundlegend für einen bistumsbezogenen Kirchengeschichtsunterricht aller Schulformen zu empfehlen. Die Hefte bilden insgesamt kein „Lehrbuch für den Geschichtsunterricht", da der Adressatenkreis weit über den Bereich Schule hinausreicht. Dennoch dürften sich immer wieder einzelne Hefte im Klassensatz oder auch als schulisches Anschauungsmaterial eignen, um Universalgeschichte mit Lokalgeschichte des Bistums Paderborn zu verbinden.

Gerhard Krombusch,
Leiter der Abteilung Religionspädagogik im
Erzbischöflichen Generalvikariat

Europa – eine Vision wird lebendig

Paderborn und Europa

Die Anfänge des Bistums Paderborn lassen sich zurückführen auf die Begegnung von Papst Leo III. und dem Frankenkönig Karl im Jahr 799. In den Annalen heißt es, sie kamen zusammen und sprachen über mancherlei Dinge. Wenn Karl ein Jahr später, am Weihnachtsfest des Jahres 800 in Rom durch Papst Leo III. zum Kaiser gekrönt wird und damit eine karolingische Blütezeit einsetzt, dann dürften die Gespräche in Paderborn sicherlich hierzu beigetragen haben.

Im Rahmen der Begegnung von 799 wird das Sachsenland auch kirchlich neu geordnet. Neue Bistümer entstehen: Münster, Osnabrück, Paderborn ... Die Geschichte des Bistums wird auf das Engste verflochten mit der Geschichte Europas. Deutlicher Ausdruck dafür ist auch der „Liebesbund ewiger Bruderschaft", der 836 anlässlich der Übertragung der Reliquien des heiligen Liborius nach Paderborn zwischen den Bistümern Le Mans und Paderborn geschlossen wurde und bis zum heutigen Tag Bestand hat. Selbst während der Kriege zwischen Frankreich und Deutschland blieb dieser Bund intakt. Die Verbundenheit im Glauben und die gemeinsame Verehrung des heiligen Liborius hat die Menschen zusammengeführt und auf der Grundlage des Glaubens Verständnis, gegenseitige Annahme und Solidarität wachsen lassen. So verwundert es nicht, dass in dem „Liebesbund ewiger Bruderschaft" ein Modell für das friedliche Miteinander in Europa gesehen wurde. Am Ende des dreißigjährigen Krieges hat der belgische Jesuit Johannes Bollandus an die Friedensunterhändler in Münster geschrieben: „Um den Frieden der Völker zu sichern, bedarf es jener Eintracht und Gemeinschaft, welche uns die Libori-Verehrung immerfort ins Gedächtnis ruft."

Schon früh setzte sich Erzbischof Dr. Johannes Joachim Degenhardt für ein gemeinsames Europa ein. Er baute gegen manche Widerstände Kontakte zu Schwesterdiözesen vor allem auch im Osten auf. Im Vorfeld der ersten direkten Wahlen zum Europäischen Parlament stiftete er die „St.-Liborius-Medaille für Einheit und Frieden". Damit zeichnet er alle fünf Jahre eine Persönlichkeit aus, die – so heißt es in der Stiftungsurkunde – im öffentlichen Leben Verantwortung trägt und „sich um die Einigung Europas auf der Grundlage christlicher Prinzipien verdient gemacht hat".

Die St.-Liborius-Medaille für Einheit und Frieden

Die Medaille, die einen Durchmesser von 120 mm hat, besteht aus Silber. Die Vorderseite ist emailliert, die Rückseite graviert. Der Entwurf stammt von Wilhelm Schneider, Menden im Sauerland.

Die Vorderseite zeigt den heiligen Liborius, in Pontifikalgewändern auf einem Bischofsstuhl sitzend. In der linken Hand hält er die Heilige Schrift. Die Pfosten des Bischofsstuhles sind mit den Wappen des Bistums Le Mans, dessen Bischof Liborius im 4. Jahrhundert war, und des Erzbistums Paderborn, dessen Patron er ist, geschmückt. Sie symbolisieren die enge Gemeinschaft der beiden Kirchen. Auch die Umschrift weist auf diese Verbindung hin: „CONCATENATA FRATERNITATE CARITATIS" – Zusammengekettet in der Bruderschaft der Liebe –, stammt aus einem Translationsbericht und charakterisiert den „Liebesbund ewiger Bruderschaft", der bei der Übergabe der Reliquien im Jahre 836 von Bischof Aldrich von Le Mans und den Gesandten des Paderborner Bischofs Badurad zwischen beiden geschlossen wurde. Dieser Liebesbund gründet in Christus, der der Welt den Frieden gebracht hat. Dies drückt das Wort aus der Heiligen Schrift aus: „Christus ist unser Friede" (Eph 2,14).

Die Rückseite der Medaille ist beherrscht von einem Pfau. Nach der Legende soll bei der Übertragung der Reliquien von Le Mans nach Paderborn ein Pfau dem Zug vorausgeflogen und tot zu Boden gefallen sein, als die Reliquien im Paderborner Dom niedergestellt wurden. Bei Prozessionen mit dem Libori-Schrein wird diesem noch heute ein Pfauenwedel vorangetragen. Der Pfau gilt als Symbol königlicher Würde und lichtvoller Unsterblichkeit. In diesem Zusammenhang weist er auf die Beständigkeit des Bundes zwischen beiden Kirchen hin, der sich über elf Jahrhunderte bewährt und alle Auseinandersetzungen zwischen Deutschland und Frankreich überstanden hat. Die Umschrift „COADUNARE ET PACIFICARE" – Einheit und Frieden schaffen – nimmt den Gedanken aus dem Tagesgebet vom Fest des heiligen Liborius auf, in dem die Kirche von Paderborn darum bittet, dass Gott helfen möge, „auf seine (heiliger Liborius) Fürsprache die Einheit der Kirche zu wahren und alle Uneinigkeit zwischen den Völkern zu überwinden". Dieser Gedanke soll Ermunterung und gleichsam Losung für den sein, der mit der Medaille ausgezeichnet wird. Sein Name sowie das Datum der Verleihung sind in dem unteren Feld eingraviert.

Namen, die Europa prägen

Als erster wurde 1977 der damalige Premierminister des Königreichs Belgien, Leo Tindemanns, mit der Medaille ausgezeichnet. Fünf Jahre später folgte der damalige Präsident des Vatikanischen Sekretariates für die Einheit der Christen und Erzbischof von Utrecht, Jan Kardinal Willebrands.

Abweichend vom Fünf-Jahres-Rhythmus erhielt die Medaille 1986 – im Jahr der 1150-Jahr-Feier der Übertragung der Reliquien des heiligen Liborius nach Paderborn – der damalige Präsident des Europäischen Parlamentes, Dr. Pierre Pflimlin. Mit Csilla Freifrau von Boeselager erhielt 1992 die erste Frau und die erste Persönlichkeit aus dem Erzbistum Paderborn die „St.-Liborius-Medaille für Einheit und Frieden". Freifrau von Boeselager, Gründerin und erste Vorsitzende des Unga-

rischen Malteser-Caritas-
Dienstes verstarb viel zu früh
am 23. Februar 1994. Professor
Dr. Wladyslaw Bartoszewski
war 1997 die erste Persönlich-
keit aus Osteuropa, der die „St.-
Liborius-Medaille für Einheit und
Frieden" zugesprochen wurde.

Im Jahr des Bistumsjubiläums „1200 Jahre
Bistum Paderborn" verleiht Erzbischof
Dr. Degenhardt die Medaille erneut abwei-
chend vom Fünf-Jahres-Rhythmus. Er ehrt
damit die Verdienste von Bundeskanzler a. D.
Dr. Helmut Kohl um die Einigung Europas.

Paderborn und Europa – die Geschichte hat
dem Erzbistum, wie auch die Stadt selbst –
einen bedeutenden Platz in Europa zugewie-
sen. Die Verbindungen durch die Verehrung
des heiligen Liborius haben ein dichtes
„Netz" über Europa gespannt. Sie ist auch

Ausdruck eines gemeinsamen Glaubens und
einer gemeinsamen Wertebasis. Die Verehrung
des heiligen Liborius hat in der Vergangenheit einen wichtigen Beitrag zu Verständi-
gung und Frieden in Europa geleistet. Möge
dies auch in Zukunft so sein, gerade im Blick
auf die anstehende Erweiterung der Europäischen Union.

Thomas Schäfers,
Leiter der Presse- und Informationsstelle
im Erzbischöflichen Generalvikariat

Verbände verbinden

Präses Josef Holtkotte

„Komm doch mal mit zu Kolping, zur kfd – da ist immer was los!" Die persönliche Aufforderung, die persönliche Ansprache ist in vielen Fällen der beste Einstieg für das Kennenlernen eines Verbandes, für die verbandliche Mitwirkung und ein verbandliches Engagement. Erst das Wissen um die Arbeit eines Verbandes vor Ort durch die konkreten Personen und die damit verbundene Begeisterung ermöglicht einen eigenen Zugang zum Verband. Es ist oft ein emotionales Erlebnis, eine gemeinschaftliche Begegnung oder Erfahrung, die in einen Verband hineinführt.

Die Motivation zur Mitgliedschaft mag vor vielen Jahren noch eine berufsbezogene Motivation gewesen sein, wie beispielsweise bei den Handwerkern, die sich dem Kolpingwerk, dem ehemaligen Katholischen Gesellenverein, verbunden fühlten. Heutzutage hat sich die Landschaft der Mitglieder in den Verbänden völlig verändert. Berufliche Hintergründe sind eher selten ein Motiv. Vielmehr setzen alle Verbände auf die persönliche Begegnung und insbesondere auf gemeinsame Erfahrungen und Erlebnisse.

In unserer Zeit gibt es strukturelle und mentalitätsmäßige Veränderungen. Menschen schließen sich eher zu Kleingruppen zusammen und engagieren sich eher in Projekten mit begrenzter Zielsetzung und begrenzter zeitlicher Dauer. Verbände haben aber die

Möglichkeit, längerfristige Verbindungen zu schaffen. Sie haben die Möglichkeit, deutlich zu machen, wie lohnend es ist, seine Ziele in einer großen Gemeinschaft zu verwirklichen. Dies wird aber nur gelingen, wenn die Verbände ihre „anziehende Kraft" entfalten. Damit ist gemeint, dass die Programme der Verbände und die Menschen, die diese Programme mit Leben erfüllen, überzeugend sind.

Die Teilnahme an Vorträgen, an Veranstaltungen oder Seminaren ist oft ein Schlüsselerlebnis, sich für die weitere Arbeit des jeweiligen Verbandes zu interessieren. Durch dieses „Dabeisein" werden Menschen für

Zahlreiche Informationsstände informierten die Besucher über Verbände und ihre Arbeit

Zu den vielfältigen Angeboten
gehörte diese Volkstanzgruppe
sowie diverse Jugendgruppen

einen Verband begeistert. Auf die Frage „Was habe ich denn davon?" kann keine materielle Antwort gegeben werden. Denn die verbandliche Arbeit, auch die Übernahme von weiteren Aufgaben, geschieht in der Regel ehrenamtlich. Dennoch erleben viele Menschen – und die Zahl von 380.000 Mitgliedern im Erzbistum Paderborn bestätigt dies –, dass persönliche Bedürfnisse im Verband erfüllt werden. Solche Erfüllung geschieht in der Begegnung mit anderen Menschen, in gemeinsamen Unternehmungen oder auch durch die Übernahme sozialer Aufgaben.

Vom Seligen Adolph Kolping, dem bedeutenden Priester, Sozialreformer und Publizisten des 19. Jahrhunderts stammt das Wort „Wer Mut zeigt, macht Mut". Dieses Wort ist eine kurze Zusammenfassung dessen, was Verbände in unserer Zeit sein können. Denn dieses Wort macht deutlich, dass die eigene gelebte Überzeugung für andere Menschen Mut und Orientierung bedeutet. Solcher Mut verdeutlicht, dass eben nicht nur Geld die Welt regiert, dass eben nicht nur der schöne Schein zählt, sondern dass wir gerade in unserer Zeit das brauchen, was unter der Oberfläche ist, was unser Leben lebenswert macht, was uns aufeinander zugehen lässt, was uns Vertrauen schaffen lässt. Zu all dem tragen Verbände bei.

Schulungs- und Bildungsarbeit zur Erweiterung persönlicher Kompetenzen

Durch gezielte Schulungsangebote sind schon viele Mitglieder motiviert worden, auch weitere Aufgaben zu übernehmen. Mehr als 25.000 Menschen tragen in unserem Bistum

in ihren jeweiligen Vorständen ein Mandat. Die Bildungs- und Schulungsarbeit bezieht sich auf die Gestaltung von Vorstandsarbeit und nimmt ausgewählte Themen in den Blick. Diese Schulungs- und Bildungsarbeit vermittelt Kompetenzen, die über die verbandliche Arbeit hinaus von hoher Bedeutung sind. Beispielsweise können Fähigkeiten in der Teamarbeit oder der Kommunikation in der Weise gefördert werden, dass sie auch bei einem beruflichen Wiedereinstieg hilfreich und bei der Berücksichtigung von Bewerberinnen und Bewerbern förderlich sind. So gibt es viele gute Beispiele dafür, dass die langjährige Erfahrung ehrenamtlicher Arbeit in den Verbänden und die damit verbundenen Schulungsmaßnahmen sowie die Teilnahme an unterschiedlichsten Veranstaltungen den Weg in die Berufs- und Arbeitswelt erleichtern und die Erfahrungen erfolgreich umgesetzt werden können.

Chancen der Verbände heute

Die Freude an verbandlicher Arbeit ist damit verknüpft, persönliche Bedürfnisse und Interessen einzubringen und Erfahrungen von Gemeinschaft zu machen. Verbände arbeiten in der Regel dann erfolgreich, wenn sie sich glaubwürdig ihren selbst gestellten Aufgaben widmen und immer wieder aktuelle Fragestellungen aufnehmen. Die Verbände, die sich innovativ neuen Aufgaben und Herausforderungen stellen, haben in der Regel auch nicht über mangelnde oder gar zurückgehende Mitgliedszahlen zu klagen.

Im Gegenteil, sie begeistern durchgängig durch alle Generationen immer wieder neue Menschen für sinnvolle Tätigkeiten und sinnvolle Aufgaben. Die persönliche Bereicherung und die Unabhängigkeit und Freiheit, Aufgaben zu übernehmen sowie die Flexibilität und die Spontaneität, hier sehr schnell anzupacken, wenn Not erkennbar ist, ist eine große Chance der Verbände heute.

Verbände handeln also „christlich motiviert – sozial engagiert". Sie setzen an der gegebenen Lebenssituation des Einzelnen an. Sie helfen mit, Isolation und Anonymität zu überwinden. Sie sind „Lernorte des Glaubens", wo Menschen ihren Glauben erfahren, erproben, vertiefen können. Diese Umsetzung der eigenen Glaubensüberzeugung in konkretes Handeln wird im Kolpingwerk deutlich durch die Bereitschaft der Mitglieder, sich durch Projektarbeit für den Nächsten einzusetzen. Diese Umsetzung in konkretes Handeln geht bis in die berufliche Qualifikation hinein. Menschen werden ausgebildet und in den Beruf moderiert. So wird in der Gemeinschaft des Verbandes ein „Christsein mit Kopf, Herz und Hand" gelebt.

Die Verbände sind in der Kirche zu Hause und offen für die Welt. Sie gestalten die Arbeitswelt mit und bauen mit an der „Einen Welt". Verbände stellen an sich den Anspruch, Leben aus dem Glauben zu gestalten. Für den Einzelnen ist dies schwierig, in einer Gruppe wird dies lebbar. Menschen spornen sich gegenseitig an. Solidarität führt dabei zur Verantwortung.

Als Mitwirkungsmöglichkeit in den Verbänden besteht immer die Möglichkeit, mit zu beraten und auch Inhalte mit zu entscheiden. Darüber hinaus werden die Vorstände über die satzungsgemäßen Ebenen gewählt, so dass die Verbände Strukturen haben, die die Möglichkeit der Mitbestimmung und Mitwirkung eröffnen.

Professionalität in den Verbänden

Aufgrund neuer Entwicklungen und auch innovativer Ideen haben viele Verbände in den letzten Jahren weitere Rechtsträger gegründet, um hier die Arbeit zu professionalisieren. So kann man davon ausgehen, dass insgesamt mehr als 700 hauptberuflich Angestellte als Arbeitnehmer und Arbeitnehmerinnen in den katholischen Verbänden im Erzbistum Paderborn zur Zeit einen Arbeitsplatz haben. Hier besteht die zusätzliche große Chance, Menschen zu erreichen, die nicht über die Mitgliedschaft in einem Verband begeistert werden, sondern die durch ihre Mitarbeit und Mitwirkung den Verband und damit Kirche für sich positiv und lebensbegleitend erleben.

In Paderborn geht es beispielsweise derzeit um ein Projekt in Verbindung mit dem Arbeitsamt, dem Generalvikariat und einigen Verbänden mit dem Ziel, arbeitslose Menschen in den Gemeinden anzusprechen und diese zu begleiten, um so für sie einen Arbeitsplatz zu finden. Die Spontaneität und die gute Idee, die hier von den Verbänden unterstützt wird, ist ein Zeichen für die Bereitschaft, sich auf Neues schnell einzulassen, die guten Ideen ohne große Diskussion zu tragen und umzusetzen.

Ein anderes Beispiel zeigt der Kolping-Kindergarten in Verl. Als hier in der Gemeinde der Bedarf weiterer Kindergartenplätze signalisiert wurde, war die Kolpingsfamilie vor Ort schnell bereit, sich als „Trägerverein" mit ehrenamtlichen Verantwortlichen einzubringen. Die Verantwortlichen haben hier viel Zeit, Kraft und Energie eingebracht, um einen wirklich ansprechenden und schönen neuen Kindergarten in der Bauphase zu begleiten und nun auch als Arbeitgeber für die Mitarbeiter/innen zu wirken.

4. Zukunft der Verbände

Verbände haben für unterschiedlichste Menschen Wirkungsmöglichkeiten und die Chance, für sich und andere etwas zu tun. Die zeitliche Fülle, die inhaltliche Anforderung oder auch der damit verbundene Aufwand können persönlich immer wieder neu überlegt und entschieden werden. Die Bereitschaft, sich für eine verbandliche Mitwirkung zu entscheiden und etwas für sich und andere zu tun, wird auch in Zukunft – so die Einschätzung der Verantwortlichen der Verbände – nicht sinken, wenn die Arbeit glaubwürdig und transparent bleibt. Mit Mut und Zuversicht Aufgaben zu übernehmen, ist die große Chance der Verbände und damit der Mitglieder in diesen Verbänden.

Die in den Verbänden erfahrene Gemeinschaft stärkt den Alltag der Menschen in allen Lebensbereichen, in der Familie, in der Arbeitswelt. Die Gemeinschaft eines Verbandes bietet Gelegenheit, bei der Lösung erkannter Probleme mitzuarbeiten. Verbände bieten ihrer Gemeinschaft persönliche

Orientierung und sind Kraftquelle für das eigene Leben. In der Arbeit eines Verbandes und dem Miteinander der Menschen wird auch in Zukunft in besonderer Weise deutlich bleiben, was Bildungsarbeit bedeutet; was es heißt, Zielgruppen in den Blick zu nehmen und das eigene Glaubensprofil zu stärken; was es bedeutet, sozialpolitische Akzente zu setzen und so an der Nahtstelle von Kirche und Gesellschaft zu wirken.

Zupacken und handeln – aus dem Glauben – für Kirche und Welt – darin liegt die große Chance der Verbände heute. Oder, wie der Verbandsgründer Adolph Kolping schon zitiert wurde: „Wer Mut zeigt, macht Mut".

Josef Holtkotte,
Diözesanpräses des Kolpingwerkes
Diözesanverband Paderborn

Viele kleine Räder ...

... das Jubiläumsjahr als organisatorische Herausforderung

Wolfgang Hesse

Die Trägheit der Masse ist physikalisches Gesetz und nur mit zugeführter Kraft zu überwinden. Bis große Schwungräder ihre Energie auf kleinere übertragen, bis viele kleine Räder ineinandergreifen, bis ein großes, komplexes Gebilde in Bewegung kommt und die Geschwindigkeit langsam steigert, bedarf es einer Zufuhr von hochwertigem Kraftstoff. Noch wichtiger aber ist die Konzeption des Modells, die Räder müssen die selbe Richtung und das gleiche Ziel haben. Dem Schwung muss die Unwucht genommen und die Achsen gut geschmiert werden, schließlich sind die Bremsen zu lösen und auch festsitzende Bremsbacken gängig zu machen.

Zunächst war das Jubiläumsjahr nur eine vage Vorstellung. Das Programm hatte bestenfalls eine virtuelle Existenz, mit einer auch noch von Person zu Person ganz unterschiedlichen Ausprägung.

Seit Beginn der neunziger Jahre gab es eine Kommission, die sich mit Ideen und Planungen beschäftigte. Sehr früh war klar, dass eine Ausstellung im Mittelpunkt aller Aktivitäten stehen sollte. Auch der Leitgedanke, die Quellen zu bedenken, das Heute zu prüfen und voll Zuversicht in die Zukunft aufzubrechen, war geprägt worden. So gab es gedankliche Eckpfeiler und kurze Konzepte für ein Bistumsprogramm. Ein erstes großes Schwungrad war entstanden.

Einradfahrer sind spektakulär anzuschauen, kämpfen aber als Akrobaten immer noch gegen die ungebührliche Anziehungskraft der Erde. Es bedarf einer Plattform und Achsen mit jeweils mehreren Rädern.

Die Ausstellungsmacher arbeiteten schon lange an der konkreten Umsetzung ihrer Ideen, als 1997 auch eine Arbeitsebene für das Jahresprogramm geschaffen wurde. Die Konferenz der Hauptabteilungsleiter im Erzbischöflichen Generalvikariat erhielt zusätzlich die Funktion einer „Kommission für das Bistumsjubiläum" unter Vorsitz von Generalvikar Bruno Kresing.

Unter dem Titel „AG 99" formierte sich eine fünfköpfige Geschäftsführung mit dem Verwaltungsfachmann und Organisator Willi Thiele, mit dem Pressereferenten und Kommunikator Thomas Schäfers, mit dem für menschlichen Ausgleich und pastorale Koordination prädestinierten Karl Josef Tielke, mit dem Ausstellungsinspirator und Berufsoptimisten Dr. Christoph Stiegemann und mit Wolfgang Hesse als Geschäftsführer und Macher.

Ein erstes kleines Gefährt war entstanden, unscheinbar und immer noch im Status einer eher planerischen Existenz. Modellbau nennt man dies wohl in der Fachsprache. Bis zur Erstellung eines „Erlkönigs" – dem bei den Autobauern so beliebten Probewagen, der noch mit mancherlei Verkleidung der staunenden Öffentlichkeit verborgen bleiben soll, aber dennoch voll funktionstüchtig ist, bleibt noch ein weiter Weg. Die fünfzehn Monate vor dem gleichsam magischen Datum 1. Januar 1999 erscheinen wie ein unerschöpfliches Zeitreservoir. Jedes sich entwickelnde kleine Rädchen hatte sogleich mindestens eine fest sitzende Bremse, meist als Marken „Bedenken" oder „grundsätzliche Erwägung" gekennzeichnet.

Aber es entstanden auch an vielen Orten erste kleine Rädchen, die die Bewegung des ersten großen Schwungrades aufgriffen und zum eigenen Antrieb nutzten. Schnell kamen Ideen auf, die zu einem Jubiläumsjahr beitragen sollten. Ein „Eine-Welt-Treffen" sollte es geben und einen Tag, der sich irgendwie um die „Gemeindeentwicklung" kümmern sollte. Die katholischen Schulen in freier Trägerschaft sollten ebenso vorkommen wie die geistlichen Gemeinschaften und die Kirchenmusik.

Doch es waren nicht die programmatischen Ideen, die im Vordergrund standen. Vielmehr bewahrheitete sich wieder einmal die Binsenweisheit aus der kirchlichen Jugendarbeit, dass Personen für Programme stehen. Immer da, wo engagierte Menschen eine Idee aufgriffen oder entwickelten, setzte sich ein neues Rad in Bewegung, kam Schwung in die ganze Sache. Und spätestens hier muss man das Bild von den vielen kleinen

Rädern verlassen. Denn Menschen sollen und wollen keine Rädchen in einem anonymen Großsystem sein. Sie bringen sich selbst ein mit ihren Idealen und Fähigkeiten, meist ohne die sich daraus ergebenden und langsam heraufziehenden persönlichen Belastungen zu bedenken oder das gesamte Ausmaß auch nur zu erahnen.

So wuchs ganz langsam eine Veranstaltungsübersicht an, erst bescheidene zwei Seiten lang, später zu einem ansehnlichen Papierstapel entwickelt. Das Programm des Jahres entstand nicht als Ergebnis aus einem zentralen Komitee von einem hierarchischen Oben zu einem empfangenden Unten. Vielmehr meldeten sich immer mehr Gruppen und Initiativen, die ihren Beitrag einbringen wollten. Die Bistumskommission bemühte sich, den notwendigen Rahmen zu schaffen, wichtige Daten in Erinnerung zu rufen und Anfang und Ende zu gestalten.

Im Erzbischöflichen Generalvikariat, beim Diözesan-Caritasverband und in weiterer kirchlichen Dienststellen meldeten sich die ersten Mitarbeiterinnen und Mitarbeiter, die bei Veranstaltungen in Vorbereitung und Durchführung mitwirken wollten. Das InfoCenter entstand als zentraler Kommunikationsort und Sammelpunkt.

Die Bremsen lösten sich eine nach der anderen und in immer kürzeren Intervallen. Aus bedenklichen Erwägungen wurden dankbare Aktivitäten. Das Motto vom „Mehr als man glaubt" war spürbar.

Ein erster noch verbesserungsfähiger Werbeprospekt erschien und wurde sogar als Zeitungsbeilage direkt in viele Haushalte getragen. Aus der virtuellen Welt wurde eine Jubiläumswirklichkeit. Als schließlich der einhundertseitige Katalog vorlag, der später sogar nochmals ergänzt werden musste, geriet das Jubiläumsjahr in Fahrt. Bei der festlichen Eröffnung mit Joseph Kardinal Ratzinger kam es zur ersten Nagelprobe für die Organisatoren. Die Performance „Wandel durch Licht und Zeit" machte die „Behörde Generalvikariat" zur Projektzentrale. Hunderte kamen freiwillig in die Zentrale kirchlicher Verwaltung, um hier Karten zu kaufen und Information über „1200 Jahre Bistum Paderborn" und die anstehenden Feiern mitzunehmen.

Kundenorientierte Freundlichkeit und schneller Service sollten zu Handlungsmaximen der sich ständig vergrößernden Projektgruppe Jubiläum werden. Manch langjähriger Kenner des Generalvikariates kam ins Staunen und die Beschäftigten versuchten mit einem erheblichen Maß an Eigeninitiative und Verantwortungsbewusstsein, anstehende Probleme zu lösen.

Das diözesane Pfarrfest „rund um den Dom" am 25. April als Tag des Ehrenamtes und Feier des 25-jährigen Jubiläums unseres Erzbischofs und des Generalvikars war nicht nur die Eröffnung der Freiluftsaison, sondern öffnete sprichwörtlich die Türen für viele aktiv Mitwirkende. Verbände und kirchliche Einrichtungen waren dabei und blieben es bis zum ersten Advent. Der sonnige Frühlingstag vermittelte eine Beschwingtheit, die sich auch auf den Arbeitsstil des ganzen Jahres auswirkte.

Gelungene Veranstaltungen, geglückte Projekte und Teamgeist halfen über die erheblichen Belastungen hinweg. Der Arbeitstakt stieg an und wurde im September zum Stakkato.

Die Stichworte wie Verwaltung – Finanzen – Spenden/Sponsoring – Presse & Medien – Plakatwerbung – Mailing – Mitarbeiter-Einteilung & -Betreuung – Mitarbeiterwerbung – Materialbeschaffung – Lagerung – Bühnen/ Zelte/Logistik – Ver- und Entsorgung – Verkehr – Parkplätze – Übernachtungen – Veranstaltungszentrale – Platzmeisterei – Programmverlauf – Dekoration – Gottesdienste – Speisen & Getränke – Show- und Bühnenprogramm sind Oberbegriffe für ein Bündel von Aufgaben und Tätigkeiten, die in immer schnelleren Abständen erledigt werden mussten. Dahinter stehen Menschen, die Ziele erreichen und Aufgaben erledigen wollen und müssen. Diese Mitarbeiter und Mitarbeiterinnen werden in der Zufriedenheit des Erfolges schnell übersehen. Das weiß schon der Volksmund: Der Erfolg hat viele Väter, nur der Misserfolg ist ein Waisenkind. Die wahren Helden des Jahres sind diejenigen, die hinter der Aufgabenliste stehen, aber in keinem Programm und keiner Dokumentation namentlich erwähnt werden. Die Kunst der Geschäftsführung war und ist die geschickte Personenauswahl, die Sortierung der Aufgaben, der motivierende Anschub und die zielgerechte Strukturierung neben der mitunter massiven Interessenvertretung in einem

Bei den Eröffnungsfeierlichkeiten

Dschungel deutscher Zuständigkeitsordnungen und gesetzter Rahmenbedingungen.

Die zeitliche Dichte des Programms und besonders der zentralen Großveranstaltungen in den Monaten Mai bis September führte alle Beteiligten an die Grenzen der Belastung und des Möglichen. Selbst die eingeschworene Organisatorentruppe des Papstbesuches 1996 konnte nur noch erschöpft feststellen, dass aus dem Organisationssprint von damals ein Logistikmarathon geworden war. Kaum war ein Programmhöhepunkt vorüber, waren die nächsten Herausforderungen zu bewältigen. Es gab keine Zeit des Verschnaufens.

Alle Mitarbeiterinnen und Mitarbeiter der ungezählten Programmteile wollten von der Veranstaltungszentrale gleichermaßen prompt wie kompetent behandelt werden. Es bedurfte bei den Vielen, die die Jubiläumsaufgaben zusätzlich zu ihren normalen dienstlichen Verpflichtungen übernommen hatten, auch der Nachsicht und Gelassenheit, des menschlichen Umgangs miteinander.

Aus dem Rückblick ist das wahre Geschenk des Jahres die ungeheure Einsatzbereitschaft. Viele neue Talente wurden entdeckt, viele stille, unauffällige Dienste verrichtet. So waren z. B. Briefversand und Telefonzentrale Schlüsselstellen, die nie auch nur ansatzweise ihrer wahren Bedeutung entsprechend gewürdigt werden können.

Es gilt, Dank zu sagen für alle motivierende Bereitschaft, doch der Dank ist nie ausreichend formuliert und erreicht leider nie alle, die ihn wirklich verdienen. So bleibt die Hoffnung, dass im Rückblick auf 1999 für möglichst jeden und jede Einzelne die Erkenntnis bleibt: Ich habe auch für mich persönlich eine bereichernde Erfahrung gemacht. Mein Dienst und mein Engagement waren nicht nur hilfreich für andere, sondern auch für mich persönlich Gewinn bringend. So lässt sich zuversichtlich in die Zukunft aufbrechen mit Zufriedenheit im Heute und dankbarer Erinnerung.

„1200 Jahre Bistum Paderborn" war eine Bewegung, die noch immer nachklingt. Denn, auch das gehört wohl zu den Gesetzen der Physik, was einmal in Bewegung ist, kann auch so leicht nicht wieder gestoppt werden. Abrupte Bremsungen führen zu unkontrolliertem Schleudern und Schlingern – und mancher fragte schon in den letzten Wochen, wann es wieder eine Veranstaltungszentrale gibt, die Mitwirkende sucht.

Wolfgang Hesse,
Geschäftsführer der Bistumskommission
für das Jubiläumsjahr

Mehr als man glaubt...

Gemeinsam in die Zukunft aufbrechen

Stephan Winzek

Auf dem Weg zu Pastoralverbünden

Gemeinde – mehr als man glaubt

Der Ideentag für eine zukunftsfähige Kirche

Auf dem „Markt der Möglichkeiten" darf Musik nicht fehlen: die Gruppe „Horizont"

„ ... mehr als man glaubt" – für kaum einen anderen Bereich trifft das Leitwort des Bistumsjubiläums so sehr zu wie für die Pfarrgemeinden: Grund genug, sie in einer eigenen Jubiläumsveranstaltung ausdrücklich in den Mittelpunkt des Interesses zu stellen. Zumal das Bistumsjubiläum helfen sollte, die Gegenwart zu prüfen und hoffnungsvoll in die Zukunft aufzubrechen. So entstand der Plan, am 29. Mai 1999 in Soest einen „Ideentag für eine zukunftsfähige Kirche" zu veranstalten.
Das Anliegen beschrieb Prälat Winfried Schwingenheuer in der Einladung zu diesem Tag so:

„Wir erleben zur Zeit die ganze Bandbreite gemeindlicher Realität: von Erstarrung bis zu hoffnungsvollen Aufbrüchen, von dem Begnügen mit einem ‚Pflichtprogramm' bis zu lebendigen Weggemeinschaften. Mit dem Such- und Entwicklungsprozess zu pastoralen Perspektiven haben wir im Erzbistum Paderborn eine eindeutige Entscheidung getroffen. Wir haben einen Prozess in Bewegung gesetzt, an dessen Ende nicht mehr die ‚versorgte', sondern die ‚mitsorgende' Gemeinde stehen soll. Dies bedeutet auch, Veränderungen zuzulassen, Neues zu wagen und Dinge auszuprobieren, denen man bisher vielleicht skeptisch gegenüberstand."

Genau hier sollte der „Ideentag für eine zukunftsfähige Kirche" ansetzen: an den Veränderungen und Aufbrüchen, die oft auch

mit dem Stichwort „Gemeindeentwicklung" bezeichnet werden. „Wir möchten allen, denen die Entwicklung ihrer Gemeinde am Herzen liegt, ein ‚unbekanntes Land' voller guter Ideen, tragfähiger Konzepte und gegenseitiger Ermutigung zeigen."

Wer aber hat so viele gute Ideen, dass damit ein ganzer Tag gefüllt werden kann? Von Anfang an war bei der Vorbereitung klar, dass der „Ideentag" ein großer Marktplatz werden müsse, auf dem möglichst viele Gemeinden, Verbände und Initiativen ihre Ideen und Projekte vorstellen und austauschen könnten – also: ein möglichst vielfältiges Geben und Nehmen. Frühzeitig waren daher die Gemeinden und viele andere eingeladen worden, sich aktiv in den „Ideentag" einzubringen.

Die „Markplatz-Idee" sollte in Soest nicht nur bildlich aufgegriffen, sondern ganz real umgesetzt werden: Als Ort, an dem die Ideen und Erfahrungen vorgestellt werden sollten, wurden freie Plätze in der Innenstadt rund um die evangelische Petri-Kirche und den katholischen Patrokli-Dom gewählt. So sollte der „Markt der Möglichkeiten" parallel zum samstäglichen Wochenmarkt und in der Öffentlichkeit stattfinden. Außerdem sollte das enge Beieinander der beiden Kirchen an diesem Tag nicht allein auf die Gebäude beschränkt sein: In verschiedenen Formen sollte Ökumene nicht nur zum Thema gemacht, sondern vor allem praktiziert werden.

Wie wurde die Einladung zur aktiven Beteiligung angenommen? Rund 110 Gemeinden, Gremien, Verbände und Einrichtungen (darunter auch einige aus unserer Schwester-Diözese Magdeburg) haben sich schließlich mit einem Stand am „Markt der Möglichkeiten" beteiligt. Das Interesse war jedoch noch größer: Es waren noch weitere Gemeinden an einer Mitwirkung interessiert, konnten dann aber – aus unterschiedlichen Gründen – nicht teilnehmen. Ebenso vielfältig war die Bandbreite der Themen für die sogenannten „Werkstatt-Gespräche" am Nachmittag des „Ideentages"; rund 50 verschiedene Angebote waren zustande gekommen (wobei dann letztlich nicht alle auch tatsächlich stattgefunden haben).

„Gemeinde – mehr als man glaubt" – ein eingängiges Wort, das das Motto des Bistumsjubiläums variiert. Aber noch kein Leit-Wort, das zur Mitte führt. Daher wählte die Vorbereitungsgruppe einen Satz aus der 1. Lesung des Dreifaltigkeitssonntags, an dessen Vorabend der „Ideentag" seinen Abschluss fand, zum geistlichen „roten Faden": **„... dann ziehe doch mein Herr mit uns."** Mit diesen Worten bat Moses Gott um seine (erneute) Zuwendung und Begleitung auf dem Weg ins gelobte Land.

> **„... dann ziehe doch mein Herr mit uns"**
> Am Morgen stand Mose zeitig auf und ging auf den Sinai hinauf, wie es ihm der Herr aufgetragen hatte. Die beiden steinernen Tafeln nahm er mit. Der Herr aber stieg in der Wolke herab und stellte sich dort neben ihn hin. Er rief den Namen Jahwe aus. Der Herr ging an ihm vorüber und rief: Jahwe ist ein barmherziger und gnädiger Gott, langmütig, reich an Huld und Treue. Sofort verneigte sich Mose bis zur Erde und warf sich zu Boden. Er sagte: Wenn ich deine Gnade gefunden habe, mein Herr, dann ziehe doch mein Herr mit uns. Es ist zwar ein störrisches Volk, doch vergib uns unsere Schuld und Sünde, und lass uns dein Eigentum sein!
>
> Exodus 34, 4b–6.8–9
> (1. Lesung des Dreifaltigkeitssonntags im Lesejahr A)

Der „Ideentag" war ein buntes, vielseitiges, abwechslungsreiches Treffen, ein kleiner „Katholiken-" oder besser „Kirchentag" in Soest: Neben dem „Markt der Möglichkeiten" und den Werkstatt-Gesprächen bestimmten ihn die unterschiedlichen Gottesdienste und verschiedenste musikalische und kulturelle Angebote.

Soest, 29. Mai 1999,
Tag der Gemeindeentwicklung

Was aber bleibt? Welche Impulse werden weiterwirken? Sicher wird jede Teilnehmerin, jeder Teilnehmer für sich eine andere Antwort gefunden haben. Aus der Sicht der Vorbereitungsgruppe sind folgende Aspekte besonders hervorzuheben:

■ die enge „Verzahnung von Caritas und Pastoral", von Dienst am Nächsten, Gottesdienst und Verkündigung;

■ der immer neue Versuch, das Evangelium in die Kultur(en) unserer Tage hineinzutragen, Evangelium und Kultur miteinander in Verbindung zu bringen;

■ die wachsende Zusammenarbeit zwischen den Gemeinden (gerade auch in den sich bildenden „Pastoralverbünden").

Einzelne Mitglieder der Vorbereitungsgruppe für den „Ideentag" haben dazu formuliert, was aus ihrer Sicht über den 29. Mai 1999 hinaus von Bedeutung bleibt.

Der „Ideentag" in Soest bot das Bild einer lebendigen Kirche und machte viele engagierte Christinnen und Christen sichtbar. Er zeigte das ehrliche Bemühen so vieler, auch in der heutigen Zeit glaubwürdig Zeugnis für die Frohe Botschaft zu geben und den Menschen in ihren Freuden und Hoffnungen, ihren Sorgen und Nöten nahe zu sein. Damit bot der „Ideentag für eine zukunftsfähige Kirche" viele, zwar nicht spektakuläre, dafür aber motivierende und realistische Perspektiven für die Zukunft an.

In einer Podiumsveranstaltung im Patrokli-Dom stellte die „Perspektivgruppe", eine besondere diözesane Arbeitsgruppe, **„Fünf Thesen zur Gemeindeentwicklung"** vor. Sie können bestellt werden beim:

Erzbischöflichen Generalvikariat
Hauptabteilung Pastorale Dienste
Postfach 1480, 33044 Paderborn
Tel. (0 52 51) 12 5-6 49.

■ Den Impuls, den Professor Dr. Erich Garhammer anschließend in einem Vortrag gab, finden Sie auf den Seiten 142 bis 146.

■ Ein ausführliches Begleitheft zum „Ideentag" mit den Porträts vieler Projekte können Sie ebenfalls über die o. g. Anschrift erhalten.

Annette Rieger und Jürgen Sauer
Ernstfall Gemeinde

„Es wird also in Soest um das Sichtbarmachen dieser engen Verzahnung der Caritas mit ‚ihren Wurzeln' gehen. Dabei sollen exemplarische Aktivitäten vermittelt werden, die zum Nachahmen anregen (also nicht unerreichbar sind), um so die Kommunikation zwischen Caritas und Pastoral anzuregen." Mit diesen Worten war im Vorfeld des „Ideentages" um eine Beteiligung caritativer Dienste und Einrichtungen sowie ehrenamtlicher Gruppen geworben worden. Nicht vergebens, wie sich herausstellen sollte. Mehr als die Hälfte aller Projekte und Werkstätten stammte aus dem Caritas- und Eine-Welt-Bereich. Für die verbandliche Caritas im Erzbistum Paderborn bildete der „Ideentag" den Schwerpunkt der Aktivitäten im Veranstaltungskalender des Bistumsjubiläums.

Gemeinde als Basis und Chance des caritativen Handelns zu begreifen, trifft zur Zeit offensichtlich den „Nerv" innerhalb der Caritas. Denn Gemeinden bieten Lebens- und Sozialräume, deren „Solidaritäts-Potentiale" bei weitem noch nicht geweckt bzw. ausgeschöpft sind. In Soest wurde deutlich, wie beispielsweise das Engagement für das gemeindeeigene Altenheim, für Menschen mit Behinderungen, für Asylbewerber oder Spätaussiedler Gemeinden prägen und verändern können. Umgekehrt entdecken Verbände und Einrichtungen, dass Gemeinden ernst zu nehmende Partner – und keine „Lückenbüßer" – innerhalb eines ganzheitlichen Hilfesystems sind: zum Beispiel in der gemeindenahen ambulanten Krankenpflege oder in der Hospizarbeit eines Krankenhauses. Ganz praktisch demonstrierte ein Aktionskreis aus einer Soester Pfarrgemeinde, wie man die Lebensqualität des Stadtteils in kleinen Schritten verbessern kann: mit der Idee beispielsweise, „Starenkasten"-Attrappen gegen rasende Verkehrsrowdys aufzustellen.

Projektarbeit an konkreten Herausforderungen, ob vor Ort oder weltweit, ist attraktiver denn je und wird auch von den Verbänden des „klassischen Ehrenamtes" aufgegriffen. In Soest wurde deutlich, dass Gemeinden zum „Ernstfall" werden, wenn es gelingt, neue, an den Bedürfnissen und Notlagen orientierte Engagementfelder zu erschließen.

Edgar Schrot

Kirche auf dem Markt – Das Evangelium in die heutige Kultur hinein verkünden

Was bleibt vom Soester „Ideentag"? Zunächst das neue Bild: Neben dem Dom entstehen Baugerüste. Nichts Fertiges, eher Gewagtes. Dies löst schon beim Aufbau Fragen der Passanten aus: Schon wieder eine neue Domrenovierung? Nein, eher eine Gemeinde-Renovierung. Sie versteckt sich nicht mehr im Geviert von Pfarrhaus – Pfarrbüro – Pfarrheim – Kirche. Sie wagt den Schritt vor die Tür, in die Öffentlichkeit. Hier ist der Markt! Das Angebot kann geprüft werden von denen, die hinter Kirchenmauern nur noch Abwegigkeiten vermuten, aber auch von anderen „Anbietern" oder gar „Konkurrenten". Die katholischen Gemeinden haben Mut, sich im öffentlichen Raum zu zeigen. Sie legen vor und stellen aus, was sie sind und wer sie sind. Nicht mehr die Verzagtheit einer geschlossenen Gesellschaft, die mit der Innenrevision und der Innenrenovierung bis zum Jüngsten Tag voll ausgelastet zu sein schien.

Mut, sich zu zeigen, wie man ist. Keine Unternehmensberater oder Marketingfirmen haben die Aktivitäten und Darstellungsformen geschaffen. Und dennoch geht das, was und wie es gezeigt wird, weit über das „Flohmarkt-Niveau" hinaus. Hier sind kompetente, vor allem kreative Menschen ans Werk gegangen mit neuen Ideen: einladende Spiele, Symbolhandlungen, Erlebnisse („Events"), die zum Gespräch einladen, das sich meist von selbst ergibt. Das Image hat sich gewandelt, ist Zeugnis von kreativer Lebendigkeit. Der katholische Kopf hat Hand und Fuß und Herz bekommen. Menschen an den Ständen, die für etwas stehen: ihre Initiative, ihre Gemeinde, ihren Verband oder ihre Institution. Priester, Gemeindereferent(inn)en, Ehrenamtliche: kompetente und qualifizierte Frauen und Männer. Was sie ausweist, ist ihr Engagement. Dahinter verschwindet die unterschiedliche Rolle.

All dies auf einem Fleck – Stand an Stand, Seite an Seite, Rücken an Rücken. So steht es sich leichter. Das gibt Rückhalt im Schulterschluss. Und es gibt die Chance zu vielen Gesprächen über die eigene kleine Welt, den Stand-Punkt hinaus, auf die bzw. den man zu Recht so stolz ist. Das könnte eigentlich öfter passieren: wenn Nachbargemeinden gemeinsam in ihrer Unterschiedlichkeit auf den offenen Markt gingen. Pastoralverbünde, Stadtkirchen und Dekanate wären geeignete Ebenen, Dekanatstage interessante Veranstaltungsformen.

Und das Angebot? Welche Themen stechen ins Auge? Zunächst das Wichtigste: Menschen in den Gemeinden des Erzbistums Paderborn wollen heute und morgen glauben, das Evangelium leben – und verkünden: es „einfädeln" in den Alltag der Menschen. Zuallererst und extrem glaubwürdig: das Zeugnis ohne Worte, das praktische Tun, der Dienst am Nächsten. Dann aber auch die ausdrückliche Verkündigung in großer Bandbreite: Bibeltage, unterschiedlichste Formen der Sakramentenvorbereitung, Glaubenswochen, Exerzitien im Alltag, Hausbesuche und Öffentlichkeitsarbeit (um nur einige Beispiele zu nennen).

Ins Auge fällt die überraschend breite und vielfarbige Liturgie, die Feier des Handelns Gottes an uns. Neben der Eucharistiefeier, der „Quelle und dem Gipfel", entfalten sich Gottesdienste aller Art: zum Beispiel Novenen und Wallfahrten, Interreligiöses Gebet, unterschiedliche Familien- und Kindergottesdienste bis hin zu „Krabbelgottesdiensten", Liturgischer Tanz, Stadtgebet, Frauenliturgie, kirchenmusikalische Andachten wie die Soester „Hörzeit".

Noch klein und zaghaft, aber auf dem Weg in die „Postmoderne": die Kultur als neue Ausdrucks- und (Er-)Lebensform im Kirchenjahr einer Gemeinde. Genannt seien hier moderne Kreuzweggestaltungen, eine Krippendarstellung in bewegenden Bildern, „Kunst in der Kirche", Musical, Nacht der Lieder, Varieté und Konzerte, Graffiti und Improvisationstheater.

Aus all dem lässt sich das Bild einer zukunftsfähigen Gemeinde entwickeln – nicht als Pflichtkatalog (daran würden Haupt- wie Ehrenamtliche zerbrechen), sondern als Markt von Ideen für das je eigene Profil.

Kleine, aber nicht zu überhörende Zwischentöne machen darauf aufmerksam, dass die Gemeinden der Zukunft auch mit sehr mobilen Menschen rechnen müssen, die auch ihren Glauben nicht unbedingt in einer ortsgebundenen Gemeinde leben werden, sondern dort, wo sie ihrer Situation entsprechend auf Menschen und Räume stoßen, die ihnen Rat und Hilfe, Nähe und Gemeinschaft – auch für begrenzte Zeit oder im Vorübergehen – anbieten: Telefonseelsorge und Beratungs-

dienste, Erwachsenenbildung und Jugendfreizeitstätten ...

Zukunftsfähig sind unsere Gemeinden. Ihre
Dynamik und ihre Energie sind wahrlich un-
erschöpflich, weil göttlich: Gottes Geist, in die
Welt gehaucht, ist kreativ und mutmachend.

Georg Kersting und Wolfgang Möser
Pastoral verbinden in Pastoral-
verbünden

Der rasche gesellschaftliche Wandel, den gegenwärtig viele Menschen erleben, macht auch
vor der Kirche nicht Halt. Mit der Suche nach
pastoralen Perspektiven und der Errichtung
von Pastoralverbünden versuchen wir in der
Erzdiözese Paderborn eine Antwort auf die
Herausforderungen unserer Zeit zu geben. Veränderungen lösen aber auch Ängste aus. Häufig wird zuerst der befürchtete Verlust wahrgenommen. Die Äußerungen der Gemeindemitglieder sind ernst zu nehmen. Sie sind eine
wichtige Quelle, um zu erfahren, was Menschen
von ihrer Gemeinde vor Ort erwarten:

■ Zuerst einmal: Sie leben vor Ort und wollen
dort auch ihren Glauben leben. Nicht alle
sind in der Lage, weite Wege zu fahren; dies
trifft besonders zu auf alte Menschen, Kinder, sozial am Rand Stehende. Liturgie, Katechese, caritative Unterstützung müssen
deshalb auch künftig ortsnah angeboten
werden. Nicht zu jeder Zeit und nicht so,
wie es bisher üblich war, aber in verläss-
lichen, wiederkehrenden und überschaubaren Zeiten und Räumen.
■ Zum Zweiten: Gemeindemitglieder suchen

die Begegnung untereinander und mit
Vertretern ihrer Gemeinde. Da, wo bisher
ein Pfarrer war, werden dies zukünftig neben den hauptberuflichen Mitarbeiterinnen
und Mitarbeitern stärker ehrenamtliche
Mitarbeiterinnen und Mitarbeiter sein, z. B.
Pfarrgemeinderatsmitglieder, Kirchenvor-
standsmitglieder, Beauftragte für verschiedene Aufgaben. Das verlangt Umlernen
und eröffnet Chancen: Kirche, Gemeinde,
das sind wir alle. Auch hier ist verläss-
licher, kontinuierlicher Kontakt wichtig.

■ Zum Dritten: Längst nicht alles ist in kleinen oder kleiner werdenden Gemeinden erlebbar (von der Erstkommunionvorbereitung
bis zum Bildungsabend) oder machbar
(von der Kleiderkammer bis zum Pfarrfest).
Deshalb ist es notwendig, dass Gemeinden
zusammenarbeiten oder sich spezialisieren.
Dann wird möglich, was Jahre lang an der
Begrenzung der eigenen Gemeinde (perso-
nell oder materiell) scheiterte. Dann wird
aus dem Mangel ein Gewinn; der Blick
(und der Weg) über den eigenen gemeindlichen Gartenzaun eröffnet neue Horizonte.

Die Reihenfolge der drei Schritte ist bewusst
gewählt: Die Chancen der Pastoralverbünde
werden entdeckt, wenn ihnen verlässliche
Beziehungen und ortsnahe Erfahrungen zu
Grunde liegen.

Stephan Winzek,
Leiter des Referates Sakramentalpastoral im
Erzbischöflichen Generalvikariat

Prof. Dr. Erich Garhammer

Auf dem Weg zu Pastoralverbünden

Für eine Gemeinde der Zukunft

Ich möchte im Folgenden nachdenken über die Gemeinde der Zukunft. Ich will dies in drei Schritten tun.

■ **Der erste Schritt:** Was nehmen wir wahr, wenn wir heute in die Gesellschaft hineinschauen? Wie nehmen wir uns als Christen wahr?

■ **Der zweite Schritt:** Es ist heute oft von der Bedeutung des Katechismus die Rede, auch des Weltkatechismus. Ich möchte so etwas wie einen kleinen Existential-Katechismus buchstabieren. Was ist der Glaube ganz persönlich für mich? Wie könnte er mit diesen Buchstabierübungen wieder ganz neu eine Qualität und eine Kraft bekommen?

■ **Der dritte Schritt:** Wie geht das vor Ort, wie geht das in der Gemeinde und wie geht das in der Kirche insgesamt?

Zum ersten Schritt: Was nehmen wir wahr heute in der Gesellschaft? Zwei Entwicklungen möchte ich ansprechen: Soziologen bezeichnen den einen Trend als „Entsäulung" der Gesellschaft. Früher haben wir in ganz festen Säulen gelebt, das katholische Milieu war so eine Säule. Man wusste nicht nur genau, was man zu tun hat als Katholik, man wusste dadurch auch, welche Partei man wählt oder nicht wählt, bei wem man einkauft und nicht einkauft, zu welchem Zahn-

arzt man geht und zu welchem man nicht geht. Also das alles war vordefiniert dadurch, dass man katholisch war. Das alles, sagen uns die Soziologen, ist weggebrochen, diese Säule ist abgeschmolzen. Es gibt diese feste Säule in dieser Form nicht mehr. Das nennt man in der soziologischen Sprache das „Phänomen der Individualisierung", nämlich, dass ich selber entscheiden kann, aber auch entscheiden muss, weil mir meine Biographie nicht mehr von der Stange geliefert wird, sondern ich selber „mitstricken" muss. Und das ist eine Entwicklung, die durchaus ambivalent ist, doppelgesichtig: Wir nehmen wahr, dass wir mehr Freiheit haben, aber wir nehmen auch wahr, dass diese Freiheit scheiternsanfällig ist. Das hat natürlich auch eine wichtige Konsequenz für die Kirche insgesamt: Wir können die Freiheit, die gesamtgesellschaftlich da ist, innerkirchlich nicht stornieren, sondern es ist wichtig, dass die Menschen freiheitsfähig werden. Freiheitsfähigkeit wäre ein wichtiger Punkt in unserer Pastoral, darauf zu achten, diese Freiheitsfähigkeit zu kultivieren.

Ein zweiter Trend – also neben der Entsäulung der Gesellschaft – ist ein Begriff, der uns häufig begegnet, die „Erlebnisgesellschaft". Fast alles wird heute mit dem Begriff „Erlebnis" kombiniert: Erlebnis-Kino, Erlebnis-Bahnhöfe gibt es jetzt, Erlebnis-Kaufhäuser. Gibt es auch einen Erlebnis-Glauben? Ich glaube schon, dass es im Glauben auch eine

Dimension des Erlebens geben muss und auch geben kann. Freilich, und da kommen wir zu einer Schattenseite dieser Erlebnisgesellschaft: Erlebnisgesellschaft kann oft wenig anfangen mit dem, was wir „Kontrastphänomene" nennen. Was ist mit Krankheit, was ist mit Tod? Was ist mit diesen letzten Fragen? Kann man das auch zu einem Erlebnis machen? Und genau da hat diese Erlebnisgesellschaft ihre Grenzen.

Der heimliche Imperativ dieser Erlebnisgesellschaft heißt ja: Erlebe dein Leben! Du musst etwas erleben! Erlebnisquanten horten, Erlebnisquantum auf Erlebnisquantum! Und das kann auch zu Stress werden. Das kann zum Stress auch für den Einzelnen werden. Und von daher ist es wichtig, gerade in einer solchen Erlebnisgesellschaft noch einmal deutlich zu machen, was darin Glauben heißt. Der Soziologe Gerhard Schulze, von dem dieses Paradigma, dieser Begriff der Erlebnisgesellschaft stammt, hat einmal auf die Fragen „Was würden Sie uns Katholiken als dieser Analytiker der Erlebnisgesellschaft raten, was wir tun sollen? Wie können wir unseren Glauben in dieser Gesellschaft auch heute noch lebendig halten?" drei Antworten gegeben:

■ Erstens: „Ich halte für wichtig in einer solchen Erlebnisgesellschaft: Übe Rituale ein! Lerne Wiederholungen!" Ob das in den Abläufen des Tages ist, der Gebetszeiten, ob das im Umgang auch miteinander ist – da sind Rituale überlebenswichtig. Es gibt so etwas wie eine gefährliche Unentbehrlichkeit von Ritualen. Sie sind unentbehrlich,

weil wir sie brauchen als Menschen, aber sie sind auch gefährlich, weil sie absterben können, nekrophil werden können, uns eher fesseln, als dass sie uns frei machen. Also, das erste: Übe Rituale ein.

■ Das Zweite, was er gesagt hat: „Lerne die Einfachheit ganz neu entdecken!" Die Einfachheit kann bedeuten: Du musst nicht alles haben. Es gibt auch so etwas wie eine Melancholie der Erfüllung: Wer alles hat, wird gerade dadurch, weil er alles hat, melancholisch. Er sagt dann: Was ist das nächste Ziel? Wir können das z. B. sehr gut beobachten, wie unser Urlaubsverhalten aussieht: Wenn Sie mal ein bisschen auf Urlaubsgespräche hören, werden Sie merken, dass die Leute sich im Urlaub erzählen, wo sie im letzten Urlaub waren und wo es im nächsten Urlaub hingeht, aber wo sie gerade sind, wird oft nicht wahrgenommen. Das ist die Melancholie der Erfüllung. Das Gegenteil wäre: Lerne, den Reichtum dessen zu entdecken, was du hast, und da genügt oft weniges. Und hier entdecken wir das alte Askese-Postulat. Askese ist nicht etwas, was verschwitzt schmecken muss, sondern was im Grunde genommen unser Menschsein bereichert.

■ Und das Dritte, was er gesagt hat: „Definiere für dich Ziele, die über dich hinausgehen!" Also weg von der persönlichen permanenten Nabelschau, und vielmehr Hinwendung zum Anderen und zum ganz Anderen: zu Gott. Das alte Transzendenz-Postulat.

Im Grunde könnten wir jetzt sagen: Schön, dass wir katholisch sind. Wir haben es schon immer gewusst, und ein Soziologe bestätigt uns. Aber jetzt sage ich als Theologe: „Nein. Das wäre viel zu einfach." Mir geht es darum, und das ist die Grundthese meiner Gedanken, dass wir neu lernen müssen, nicht traditionalistisch von unseren Traditionen zu reden. Wir selber müssen unsere Traditionen ganz neu entdecken, aber nicht in der Form: „Wir haben es ja schon immer gesagt. Wir haben es schon immer gewusst." Es gibt ganz neue Zugänge zu diesen Traditionen; nämlich über die heutige Wirklichkeit und über die Sehnsucht der Menschen von heute.

Und das ist jetzt mein zweiter Schritt: Wie könnten wir, wenn wir nicht traditionalistisch von den Traditionen reden, das Glauben buchstabieren? Es folgt ein kleiner Existential-Katechismus, den ich bereits angekündigt habe. Das Erste: Glaube ist zunächst kein „Was-Glaube". Da muss man das und das und auch das noch glauben, also immer nur Sätze glauben, sondern Glaube, und das hat Martin Buber wundervoll ausgedrückt, Glaube ist zunächst ein Du-Glaube. Ich glaube an jemanden. Es ist ein Vertrauen, aus dem heraus ich lebe und leben kann. Und dieser Glaube als Vertrauen ist etwas eminent Wichtiges. Oft fragen wir heute: „Was bringt mir denn dieser Glaube? Was habe ich denn von diesem Glauben?" Das sind die Fragen gerade auch der jungen Menschen heute. „Was bringt mir das?"

Nur zwei kleine Andeutungen: Glaube bringt mir selber eine Transzendenz-Spannweite. Eine Weite des Lebens, wo ich nicht in die Begrenztheit meines irdischen Lebens alles hineinpressen muss: Dieses Phänomen nennt man die „angestrengte Diesseitigkeit". Es muss alles passieren, aber in diesem Leben. Es muss alles passieren, aber heute. Dadurch entsteht Stress und dadurch geht Gelassenheit verloren. Glaube ist also zunächst einmal ein Geschenk der Gelassenheit.

Und die zweite kleine Andeutung: Was Glaube bewirkt, ist eine Erfahrung, die sich sehr stark in der Liebeserfahrung deutlich macht. Das Interessante ist ja: In einer Gesellschaft, wo Gott schwindet, werden oft andere Bereiche vergöttlicht, wird anderes für mich zum Gott. Etwa der Besitz oder vielleicht auch der Partner/die Partnerin. Der Beziehungstherapeut Jürg Willi in Zürich betont: „Das Problem in den heutigen Beziehungen ist nicht das, dass man sie nicht mehr ernst nehmen würde oder dass man so einfach in sie hineinschlittert. Das Problem", so sagt er, „ist eher, dass man den Partner vergöttlicht. Dass man zuviel voneinander will." Und das muss scheitern. „Der erste Satz in der Liebe heißt daher: ‚Du kannst mein Gott nicht sein, und du brauchst es auch nicht zu sein, obwohl ich dich abgöttisch liebe!'" Da merken wir, wie Glaube uns selbst bis in unsere Beziehungen hinein, wo wir es vielleicht gar nicht vermuten würden, Kraft und Gelassenheit geben kann. Also: Glaube ist ein Vertrauen, ein Reservoir des Vertrauens, aus dem wir leben können.

Der zweite Satz meines Existential-Katechismus stammt vom Theologen Hans Urs von Balthasar, der einmal gesagt hat: „Das Kreuz ist das Wasserzeichen der Schöpfung." Das heißt, das Kreuz steckt in der Schöpfung drin. Es ist nicht etwas, was durch das Christentum an Negativem in diese Welt hineingekommen ist. Nein, ganz im Gegenteil. Wir sind als Menschen immer auch Wesen, Existenzen, deren Pläne durchkreuzt werden, wo etwas schief geht. Wo vielleicht das, was wir uns vorgenommen haben, scheitert. Da ist es gut zu wissen, dass es das Kreuz gibt, nicht als etwas Letztes, sondern als etwas Verletztes, was durchschritten werden kann. Das Kreuz als das große Krisensymbol der Schöpfung. Und letztlich sind wir alle Emmaus-Jünger, die unterwegs sind, sich Scheiterns-Erfahrungen erzählen und die hoffentlich in diesem Unterwegssein immer wieder auch wahrnehmen, dass es Einen gibt, der mitgeht und uns neu hineinführt in die Tiefe dieses Glaubens.

Und daraus entsteht dann eine dritte Form von Glauben, ich möchte ihn den „biographienahen Glauben" nennen. Es ist mein Glaube, von mir eingespeichelt. Natürlich nicht von mir selber erfunden, aber es ist mein Glaube; gerade weil ich durch Krisen hindurch gegangen bin, habe ich darin diesen Glauben ganz neu entdeckt und erfahren.

Der dritte Schritt: Entdecken wir etwas von diesem Glauben in unseren Gemeinden? Sind unsere Gemeinden Biotope solchen Glaubens oder sind sie Tümpel der Konvention? Manchmal beides. Wir wollen ja ehrlich sein und uns nichts vormachen. Aber ich glaube: Gemeinden sind ganz wichtige Orte, nämlich die Schnittstelle von Kirche mit ganz konkreten Menschen vor Ort, wo sich Glaube immer

wieder neu ereignen kann und ereignen muss. Und wenn wir danach fragen, was überhaupt Gemeinde ist, dann geht natürlich zunächst einmal unser Blick nach hinten, dass wir fragen: Was sagt uns denn da die Heilige Schrift? Was ist Gemeinde? Wenn wir in die Schrift hineinschauen, entdecken wir zwei „Gemeindebilder", sage ich immer ganz gern. Es gibt eine Fülle an Bildern. Aber wir entdecken zwei Gemeindebilder, die am Anfang und am Schluss des Neuen Testaments stehen, nämlich „Gemeinde als Baustelle" („Oikodomä"), wie es Paulus ausdrückt. Gemeinde ist etwas, was man immer wieder neu aufbauen und auferbauen muss. Und in den Pastoralbriefen heißt es: Gemeinde ist Hausverwaltung („Oikonomia"). Aber ich glaube, beides ist wichtig: fertiges Haus und Baustelle. Auf einer Baustelle kann man nicht ständig leben, da ist es zugig, da friert es einen. Aber wo nur noch verwaltet wird, da friert's einen auch. Beide Erfahrungen gehören zusammen: Etwas machen können, machen dürfen, machen müssen, aber auch: ein Haus haben, das wohnlich ist. Das ist Erfahrung von Gemeinde – auch heute noch.

Unser Thema heißt ja: „Zukunftsfähige Gemeinde – zukunftsfähige Kirche". Ich glaube, die Gemeinde ist zukunftsfähig, wenn sie diese Kraft von hinten, von der Tradition her sieht, für sich wahrnimmt, realisiert, aber auch sich Kraft von vorne holt. Und das sind die Visionen, die wir entwickeln. Das ist Kraft von vorne. Sie entsteht dann, wenn wir sehen, es geht weiter. Es geht mit dem Glauben weiter. Wir haben schon Ideen davon, und nicht nur Ideen, sondern wir schmecken es schon. „Seht, wie es schon grünt und blüht."

Aber Zukunft ist nicht nur das, was wir machen. Zukunft ist immer auch der Advent Gottes. Nicht nur unser soziologisches Futurum, wie wir prognostisch Zukunft hochrechnen. Zukunft ist theologisch immer der Advent Gottes. Wie er uns entgegenkommt und uns gerade heute auch in dieser von uns als Krise wahrgenommenen Situation ganz neu entgegenkommt.

Und zukunftsfähig sind wir dann, wenn wir uns alle miteinander, als Laien, als Amtsträger, als Kirche insgesamt, zu diesem Gott bekehren, der uns gerade auch in der Krise entgegenkommt.

Anmerkungen:
Erich Garhammer, Dem Neuen trauen. Perspektiven künftiger Gemeindearbeit, Graz u. a. 1996.

Prof. Dr. Erich Garhammer,
Lehrstuhl für Pastoraltheologie und Homiletik an der Theologischen Fakultät Paderborn

Pastoralverbund

Prälat Winfried Schwingenheuer

– eine (nach inzwischen 400 Jahren) notwendig gewordene, gründliche und zukunftsträchtige Neuordnung der Seelsorge im Erzbistum Paderborn

Unsere derzeitige Pfarreienstruktur im (ursprünglichen) Bistum Paderborn stammt aus dem Jahre 1600. Neu geordnet wurde, veranlasst durch die Umbrüche der Reformation, nur Waldeck und Lippe. Die späteren Gebiete der Paderborner Diözese, ursprünglich zu Köln oder Osnabrück gehörend, waren wohl ähnlich strukturiert. 400 Jahre haben diese Strukturen das kirchliche Leben geprägt und getragen. Welche Umbrüche haben sich inzwischen **in Kirche und Gesellschaft** vollzogen! Ist es da verwunderlich, dass eine Neuordnung ansteht?

Als weiteres Faktum ist neben den Umbrüchen und Wandlungen der letzten 400 Jahre die **Bevölkerungsentwicklung** zu nennen. In ganz Deutschland gehen die Christenzahlen zurück. Unser Erzbistum Paderborn ist in den drei Jahren von 1995 bis 1998 um 57.557 Katholiken kleiner geworden. Diese Entwicklung hält an. Für das Rheinland wird bis zum Jahre 2020 ein Rückgang der (katholischen sowie evangelischen) Christenzahlen um ein Drittel hochgerechnet. Das erfordert eine Neuordnung der seelsorglichen Strukturen. In unserer Erzdiözese zählen momentan 144 Kirchengemeinden weniger als 1.000 Mitglieder und 197 weitere zwischen 1.000 und 2.000 (von insgesamt 773 Kirchengemeinden).

Dieser Rückgang der Bevölkerungszahlen und der Christenzahlen in ganz Deutschland hat natürlich auch einen **Rückgang** der Priester- und Ordensberufe sowie **der Bewerberzahlen** für Gemeindereferent(inn)en und andere **seelsorgliche Dienste** wie auch des Ehrenamtes zur Folge.

Eine stärkere Orientierung an den Bedürfnissen der Menschen erfordert, dass wir unser bewährtes **Pfarrprinzip** (Territorialprinzip) ergänzen durch **Kristallisations-Orte**, Zielgruppen- und Schwerpunktpastoral. Nicht jede Gemeinde kann in Zukunft all die Erwartungen erfüllen, auf die Gemeindemitglieder Anspruch erheben, z. B. auf dem Gebiet der Kirchenmusik, der Bildungsarbeit, des spirituellen und meditativen Lebens, der Jugendarbeit ...

Herausgestellt hat sich ferner ein Bedürfnis der Gemeindemitglieder nach unterschiedlichen **Bezugspersonen**: ältere und jüngere Priester, Gemeindereferent(in) usw. Deshalb möchten wir die Pastoralverbünde entsprechender Größe mit einem Seelsorge-Team (von Priestern und Gemeindereferent(inn)en) ausstatten. Die Anforderungen an die Gemeindeleitungen werden steigen.

Solche kurz skizzierten Umbrüche, Erwartungen und Entwicklungen machen eine flächendeckende Errichtung von Pastoralverbünden in unserer Erzdiözese notwendig. Damit wird eine der Voraussetzungen geschaffen für den gerechten und zukunftsträchtigen Einsatz unserer Priester und Gemeindereferent(inn)en. Diese **Neuordnung** erfolgt **nicht am „grünen**

Tisch", sondern unter Mitwirkung aller Dekanate und Gemeinden. In einem Brief an die Dechanten und Regionaldekane habe ich am 21. Oktober 1997 um diese Mitarbeit gebeten und die Verfahrensweise dargelegt.

Am 2. August 1999 habe ich dem gleichen Personenkreis gedankt für das teils sehr engagierte Mitsorgen und Mitsuchen und sie informiert über den vielfachen Wunsch nach **Abschluss der Planungsphase** und nach offizieller Errichtung der Pastoralverbünde. Diese offizielle Errichtung und genaue Umschreibung ist für das zweite Halbjahr 2000 vorgesehen. Deshalb habe ich die Dekanate gebeten, einen verbindlichen Entwurf bis Ende 1999 einzureichen. Für eventuell notwendige Rücksprachen und Abklärungen bleibt dann noch etwas Zeit.

Mit der Errichtung der Pastoralverbünde haben wir – um ein Bild aus der Baubranche zu gebrauchen – erst das Grundstück umschrieben und die dort vorhandenen Bauten vermessen und eingezeichnet. Wie nun das Vorhandene verwandt und weiterentwickelt wird, was eventuell umgebaut oder neu errichtet werden muss, das kann erst danach genauer überlegt werden. In dieser ersten Phase von „Grundstücksvermessung und Bestandsaufnahme" kann noch nicht sinnvoll über zukünftige Tapeten, Bebilderung und Wandschmuck entschieden werden, wohl müssen entsprechende Rohre, Leitungen und Kabelkanäle vorgesehen werden.

Die zu erwartenden Änderungen und Chancen werden wesentlich auch „vor Ort" geplant, entschieden und genutzt. Da ist Kreativität und Pioniergeist gefragt.

An **Chancen** und möglichen **Vorteilen** zeichnen sich bisher ab:
- Gerechtere und zukunftsträchtige Einsatzmöglichkeiten unseres Personals
- Mehr Teamarbeit statt Einzelkämpfer
- Mehrere und unterschiedliche Bezugspersonen in jedem Pastoralverbund (von daher unterschiedliche Begabungen, Identifikationsmöglichkeiten, seelsorgliche Schwerpunkte ...)
- Stärkung des Pfarrbüros (Personal, Ausstattung, Öffnungszeiten)
- Zusammenarbeit bezüglich
  - Kirchenchor und Kirchenmusik
  - Sakramentenvorbereitung und entsprechende Elternarbeit
  - Bildungsarbeit
  - Gruppen und Verbände
  - Kindergärten
  - Friedhöfe
  - Caritasarbeit
  - Wallfahrten

Dass das alles
- unser Verständnis von Seelsorge,
- die Sendung und den Auftrag der
  Kirche heute,
- unsere Priester- und Berufsbilder,
- unsere Regelungen bezüglich Zuständigkeit,
  Arbeitsbereich und Verantwortung,
- Fragen von Gemeindeleitung,
neu ins Gespräch bringt, Klärungen und Regelungen erfordert, liegt auf der Hand. In mancherlei Hinsicht wird echtes **Umdenken und Mentalitätsänderung** unausweichlich sein.

Unser **Diözesan-Pastoralrat** arbeitet intensiv daran, vor allem im Sachausschuss „Zukunftsfähige Gemeinde".

Unsere Erzdiözese lässt ihre Gemeinden, ihre Mitarbeiterinnen und Mitarbeiter – hauptamtliche wie ehrenamtliche – **in diesem Umbruchprozess nicht allein**. Schon jetzt bietet sie eine Fülle entsprechender Informations- und Fortbildungsangebote, Kurse und Werkstatttreffen an. Gerade hier engagieren sich ebenfalls die Seelsorgeregionen und Verbände.

Darüber hinaus
- haben wir eine qualifizierte Gemeindeberatung eingerichtet,
- ist pastorale Supervision im Aufbau,
- wird an Regelungen für die Arbeitsweise des KV bei Abwesenheit des zuständigen Pfarrers gearbeitet.

Die Thesen zur Gemeindeentwicklung (vorgestellt auf dem „Ideentag" in Soest, am 29. Mai 1999) werden Ihnen bekannt sein.

Um auf das oben gebrauchte Bild aus der Baubranche zurückzukommen: Wir sind zur Zeit zwar noch in der ersten Phase von „Grundstücksvermessung und Bestandsaufnahme", aber gleichzeitig laufen schon intensiv Vorarbeiten für die nächsten Phasen.

Ich lade Sie herzlich ein, daran engagiert mitzuarbeiten. Die Verantwortlichen auf Diözesanebene erleben und gestalten solch einen Prozess ebenfalls zum ersten Mal. Kreativität, Einfallsreichtum und Pioniergeist vor Ort in den Gemeinden sind unverzichtbar. Eine gründliche und zukunftsträchtige Neuordnung der Seelsorge im Erzbistum Paderborn ist notwendig geworden. Der Pastoralverbund mit allem, was dazugehört – auch geistlich –, ist unsere gemeinsame Antwort auf diese Herausforderung.

Unsere Pastoralverbundsplanung ist eingebettet und verwoben in den „Suchprozess nach pastoralen Perspektiven im Erzbistum Paderborn". Sie ist nicht nur Teil dieser Suche, sondern bereits Teil beginnender Verwirklichung.

Prälat Winfried Schwingenheuer,
Leiter der Hauptabteilung Pastorale Dienste im
Erzbischöflichen Generalvikariat

Dr. Udo Zelinka

Nur ein Gastspiel in der Zeit ...

Gedanken zur Zukunftsfähigkeit des Christlichen

I. Zeit(en)wende?

Über-Gänge an Zeitenwenden besitzen eigenen Reiz.
Ihre seltsame, gleichsam verklärende und doch auch geheimnisumwobene Faszination verzaubert, erstaunt und erschreckt alle diejenigen, die sie erleben dürfen und dennoch auch oft mühsam durchleben müssen, gleichermaßen. Vielleicht erinnern sie den nachdenklichen Geist auf nachdrückliche und eigene Weise an seinen ihm eigentümlichen Status als *homo viator* – stets auf der Wanderung und Suche nach einem ihm gemäßen Platz innerhalb von Zeit und Raum, an dem er wenigstens vorübergehend Ort und Heimat auf diesem zerbrechlichen Planeten beziehen kann. Dabei erfährt sich der Wanderer – dauernd zwischen Sicherheit und Aufbruch hin und her gerissen[1] – nicht immer als ein „Herakles am Scheidewege", sondern oft genug auf schwankenden Wogen zwischen Skylla und Charyptis.[2]

Zunächst und zuerst begründen Über-Gänge an Zeitenwenden ziel- und handlungsorientierende *Rückschau*.
Resümierend wird das Vergangene – einmal mehr, einmal weniger kritisch – bilanziert und gewichtet: Hoffnungen, Träume und Chancen, gleichermaßen aber auch Fehler, Schwächen und verpasste Gelegenheiten individueller wie gesellschaftlicher Art kommen in den Blick, werden analysiert, beschrieben und womöglich deutend eingeordnet bzw. gewichtet. Der ernsthaft und (selbst-)kritisch forschende Geist sucht und ermittelt immer und in jedem Bereich erkenn- und spürbare Konsequenzen aus dem Rück-Blick in die Lehren der Vergangenheit und fragt nach sachadäquaten und handlungsorientierenden Leitperspektiven für eine möglichst optimierbare Gestaltung von Gegenwart und Zukunft.

Dabei stehen Mensch wie Gesellschaft in der Gefahr, die Vergangenheit zu verzeichnen – einerseits durch ihre Verklärung als sogenannte „gute, alte Zeit", was nicht selten zu einer Perhorreszierung künftiger Entwicklungsmöglichkeiten führt, oder aber andererseits durch ihre gänzliche Verfemung, um dann von der Zukunft gleichsam quasireligiöse Erlösung zu erhoffen. Beide Varianten sind Verzerrungen tatsächlicher Historie.

Sodann richten Über-Gänge an Zeitenwenden den Blick in die *Zukunft*.
Zielperspektiven von Lebens- und Weltgestaltung – seien sie aus fehlgeleiteten oder verpassten bzw. kalkulierten oder nicht abgeschätzten (Handlungs-)Möglichkeiten der Vergangenheit entstanden, seien sie den nicht seltenen (quasi-)prophetischen (partei-)politischen oder nicht-politischen Visionen erwachsen – können sich öffnen, um die Bestrebungen des Individuums und der Gesellschaft auszurichten und in wie auch immer geartete Entwürfe optimierter oder doch meliorisierter Existenz zu leiten.

Die Zukunft – so gesehen – wird zur nach jeder Seite hin stets *offenen Möglichkeit* für Welt und Mensch. Hier besteht fast immer die Gefahr, von jedem Blick-Punkt aus scheinbar schlüssige (Zukunfts-)Szenarien jeglicher Couleur zu kreieren. Dies gilt heute im Gegensatz zu früheren Zeiten umso mehr, als die Aussicht auf die rasant wachsenden technischen Möglichkeiten und das teilweise ideologisch anmutende Beharren auf den zukünftig erreichbaren Entwicklungen und/oder Aussichten des Fortschritts spätestens seit Tschernobyl einen großen Teil der Bevölkerung nicht mehr nur zu betören vermögen. Sie haben einem verbreiteten Skeptizismus, wenn nicht gar offenen oder verdeckten, meistens jedoch apokalyptisch anmutenden, globalen Weltuntergangsszenarien Platz gemacht. Denn durch die Potenzierung insbesondere des technischen Fortschritts entsteht zunehmend ein Gefühl der Unheimlichkeit, welches durch die Konfrontation der Zivilisation mit sich selbst und ihren Möglichkeiten erzeugt wird und mehr Angst als Zuversicht erweckt. Zukunft gilt – jedenfalls für einen großen Teil des öffentlichen Bewusstseins – nicht mehr als Feld verklärter Hoffnungen und Prospekte, sondern als Ort dunkel erwarteter Katastrophen.[3] Der fast verzweifelte Versuch, die Komplexität der mittlerweile globalisierten Gesellschaft zu reduzieren oder überschaubar zu halten, ist bisher nicht gelungen.

Das bleibt nicht ohne nachhaltige Konsequenzen. Bereits 1984 hatte der französische Philosoph Jean Baudrillard in einem Vortrag an der Freien Universität Berlin die provozierende These aufgestellt: „Das Jahr 2000 findet nicht statt."[4] Durch den beschleunigten, ständig akzelerierenden sozio-kulturellen Wandel unserer Gesellschaften sei, so der Franzose, ein bestimmter Horizont überschritten und jene Raum-Zeit-Welt verlassen, in welcher Reales möglich war. Zeit-Räume seien durch Globalisierung und Medien entgrenzt, so dass Fakten zentrifugiert würden und Geschichte abhanden komme. „Im Grunde können wir gar nicht vom Ende der Geschichte sprechen, denn *sie wird keine Zeit haben*, ihr Ende zu erreichen. Ihre Wirkungen jagen einander, doch unabwendbar erlahmt ihr Sinn. Schließlich wird sie stillstehen und erlöschen, wie das Licht und die Zeit, wenn sie eine unendlich dichte Masse berühren ..."[5] Dadurch seien zugleich auch Sinn und Sinnhaftigkeit bedroht. „Gerade durch Nachrichten und Informationen drohen Ereignisse und Geschichte zu verschwinden."[6] Was bleibt, ist nicht mehr Geschichte, sondern nurmehr technische Perfektion von Information, die sich in die Vielzahl von unterschiedlichen Codes verflüchtigt.[7] Traditionelle Techniken und Verhaltensmuster sind schnell überholt, das historische Gedächtnis wird relativiert, Berechenbarkeit und Planbarkeit der eigenen wie der gesellschaftlichen Zukunft nehmen ab.[8] In dem Maße, in dem die Wirkungen von Fakten und Ereignissen einander jagen – so die These Baudrillards – erschöpft sich offenbar ihr Sinn. Die Möglichkeit – nur 15 Jahre nach den Überlegungen Baudrillards – über ISDN, Internet, Handy oder Fax zeitgleich fast überall präsent sein zu können, potenziert die aufgeworfene Problematik noch einmal um ein Beträchtliches.

Das Jahr 2000, weil sinnentleert, findet nicht statt. „Das Ende unseres Jahrhunderts erstreckt sich vor uns wie ein leerer Strand."[9] Der Mensch bleibt auf der Suche – auch hier stets ein homo viator – und bekommt geradezu handgreiflich vor Augen gestellt, dass sein Leben letztendlich nur ein Gastspiel in der Zeit ist.

Umso mehr dienen Über-Gänge an Zeitenwenden – heute mehr denn je – immer auch der Sensibilisierung für die Herausforderungen der *Gegenwart*. Denn letztendlich bündeln sich Vergangenheit, Gegenwart und Zukunft nur im Auge des im jeweiligen Hier und Jetzt lebenden Betrachters. Ereignisse der Vergangenheit können nur über die Brücke der jeweiligen Gegenwart mit Prognosen, Erwartungen oder Visionen für die Zukunft in Verbindung gebracht werden. Ein Philosoph und Wissenschaftler des Barock formulierte es so: „Die Gegenwart geht mit der Zukunft schwanger und ist mit Vergangenheit beladen." Bild- und geistreicher kann man es kaum ausdrücken.

Das alles verbindende Band nennen wir – gemeinhin etwas lapidar und unehrfürchtig – Geschichte. Es ist stets vom Menschen wahrgenommene, gestaltete und gedeutete Geschichte. Denn „Geschichte waltet nicht, Geschichte wird von Menschen – von uns – gemacht"[10] und wird in all ihren variierenden Darstellungen, Spielarten, Kalkülen und Phantasien rationaler oder emotionaler Provenienz vom jeweiligen Standort der Gegenwart aus betrachtet und gewichtet.[11] Nur wenn man Geschichte auf diese Weise zu lesen vermag, kann man von ihr lernen; nur so wird sie zur

„magistra vitae" (Cicero). Zeit auf diese Weise betrachtet, existiert nur in Bildern, die sich der Betrachter von ihr macht – vom Gestern, vom Heute und vom Morgen.

Der mittlerweile ohne allzu große Brüche[12] erfolgte Wechsel vom zweiten zum dritten Jahrtausend steht mehr denn jeder andere unter diesem erkenntnistheoretischen Vorzeichen. Er ist für viele zur Metapher für den Über-Gang zur Zukunft schlechthin geworden.[13] Die Erwartungen sind dementsprechend hoch; sie bewegen sich zwischen utopischer Faszination und skeptischer Furcht. Manche davon – insbesondere die (irrationalen) Kassandrarufe esoterischer Provenienz welcher Spielart auch immer – haben sich mittlerweile relativiert.[14]

Das Christentum deutet die Geschichte des Menschen und seiner Welt als eine von Gott getragene und begleitete *Heils*-Geschichte. Trotz aller Brüche, Ecken und Kanten, trotz ungelöster Fragen, Probleme und Rätsel kündet das genuine Zeugnis der Christen von den Anfängen bis zur Jetztzeit ungebrochen von der steten Gegenwart Gottes durch Jesus Christus in der Zeit. Zu allen Zeiten steht der Gestaltungsauftrag des Christen vor dem Hintergrund der Zusage des Auferstandenen an seine Jünger: „Seid gewiss: Ich bin bei euch alle Tage bis zum Ende der Welt." (Mt 28,20).

Dieses Wissen entlässt den Jünger zu keiner Zeit aus seiner *Verantwortung* für seine Zeit, d. h. für die *Gestaltung* seiner selbst und seiner Welt. Sie ist ihm zugemutet; sie ist ihm zugetraut. Das löst weder die Rätsel noch die ungezählten Probleme, die uns aufgebürdet sind, mit denen umzugehen und zu bewältigen wir beauftragt und gezwungen sind. Gleichwohl taucht dieses Wissen die Erwartung *der* Zukunft und die Erwartungen *an* die Zukunft in ein von Zuversicht dominiertes Licht. Gewöhnlich wird diese stete Zuversicht des Christentums *Hoffnung* genannt.

II. Zeit(en)bilder

Zukunftsfähige Gestaltungsperspektiven der Kirche(n) bewegen sich vor diesem Horizont. Dabei werden sich Kirche(n) und ihre Theologie(n) vor allem daran messen lassen müssen, welche Antworten sie auf die von Baudrillard vermerkte zunehmende Sinnentleerung individuellen und gesellschaftlichen Lebens bereithalten. Hier scheinen die meisten der Problemkomplexe, die Mensch und Gesellschaft heute buchstäblich bewegen, ihre Wurzeln zu haben.

Denn der Mensch von heute bewegt sich vor dem Horizont einer eigentümlichen Dialektik: Glaubt man den Erhebungen und Analysen der (Religions-)Soziologie, ist auch der säkularisierte Mensch einerseits auf der rastlosen Suche nach plausiblen Antworten auf die Frage, die er (sich) selber ist; andererseits aber werden die Sinnangebote, die den Inhalten der tradierten Religiosität entstammen, in der Regel abgelehnt. Die fehlende Kongruenz zwischen christlich-kirchlichem Sinnangebot und individueller Nachfrage nicht nur vieler jugendlicher Zeitgenossen mündet also nicht in einen Verzicht auf Sinnsuche, sondern

vielmehr in ein „Syndrom vagabundierender Religiosität".[15] Bestes Beispiel für diesen Trend ist der Weihnachtsmehrteiler des ZDF „Sturmzeit" vom vergangenen Jahr nach der Romantrilogie von Charlotte Link. Er eignet sich als aktuelle Illustration der oben angeführten Dialektik insbesondere deshalb, weil kaum eine der insgesamt fünf Episoden ohne die *explizite* Thematisierung der Theodizee- und Sinnfrage auskommt. Höhepunkt der hier inszenierten Dramaturgie ist wohl der Kommunist Maksim, welcher innerhalb des Geschehens allenthalben immer wieder den Anbruch neuer Zeiten – die Revolution, also den Zeiten-Umbruch – begrüßt und verkündet. Schließlich am Abend seines Lebens – wohl nicht von ungefähr im Morgenrot der sich ankündigenden Wende im Fall der Mauern – stellt er die Frage: „Wie lebt man richtig?" Man mag sich zweifelsohne über den künstlerischen und ästhetischen Wert dieser Verfilmung oder auch der Vorlage streiten können; eines jedoch ist in jedem Fall bemerkenswert: dass die Sinnfrage auch im Über-Gang zum dritten Jahrtausend einem Millionenpublikum zur besten Sendezeit präsentiert wird. Sie scheint also alles andere als suspendiert.

Damit bestätigt sich eine Tendenz, die der Freiburger Religionssoziologe Michael N. Ebertz in seinem viel beachteten Buch „Kirche im Gegenwind"[16] bereits beschrieben hat: Distanz und „Unkirchlichkeit" auch vieler Kirchenmitglieder in Glaubensfragen und Kirchenbesuch, ohne die „Sinnstruktur von Wirklichkeit und menschlichem Leben überhaupt"[17] zu leugnen. Vielmehr wird die Suche danach – wie die Werteprioritätensetzung auch[18] – in die

Selbstautorität des Individuums verlagert: „Das Leben hat nur einen Sinn, wenn man ihm selber einen Sinn gibt."[19] Mit anderen Worten, auch der Mensch des neuen Jahrtausends verzichtet auf seiner Reise in die stets offene Zukunft nicht auf Sinn und Sinngebung seines Lebens; aber er sucht Antworten eher unabhängig von der institutionell vermittelten Religiosität. In der Religionssoziologie spricht man von einer tendenziellen Abnahme institutionalisierter Kirchlichkeit bei gleichzeitiger Zunahme außerkirchlicher Religiosität, die nach M. Seitz als säkularistische Ersatzreligion fungiert.[20] Der Mensch des angehenden dritten Millenniums nimmt sich selbst aus der in christlichen Traditionen interpretierten Welt zurück und beansprucht, seine Lebensdeutung und -gestaltung autonom zu bestimmen. „Viele sagen: Der Abschied betraf allein die Kirche. Nicht den Glauben, nicht Gott, nicht die Religion. Man ist privat religiös."[21]

Religiosität und religiöse Entwicklung stagnieren also, wie vielfach behauptet wird, keineswegs. Antworten auf das Rätsel des Daseins werden aber nicht mehr oder gar ausschließlich im Raum der Kirche(n) gesucht. Für die Kirche(n) und ihre Theologie(n) heißt das, dass sie ihr lange Zeit als selbstverständlich angesehenes Monopol auf Sinngebung und -stiftung verloren haben. Sie stehen vielmehr in einer Konkurrenz zu vielen Sinnanbietern auf dem „Markt der Möglichkeiten" und geraten damit, so die Einschätzung des Vorsitzenden der Deutschen Bischofskonferenz, Bischof Karl Lehmann, in einen „geistigen Wettbewerb". Dieser jedoch vollzieht sich un-

ter Bedingungen und Vorzeichen, die nicht mehr von der Kirche bestimmt werden. Überkommene und gewohnte Plausibilitätskriterien greifen nicht mehr ohne weiteres. Der Soziologe Ulrich Beck meint: „Die Deutschen und die Westeuropäer leben nicht in einer Kulturkrise, schon gar nicht im Wertverfall, sondern ihnen droht etwas sehr viel ‚Schlimmeres': Das verbale Lob der Freiheit verwandelt sich in Taten und Alltag und stellt damit die Grundlagen des bisherigen Zusammenlebens in Frage. Die ‚Katastrophe' ist also, dass wir mehr und andersartige Freiheiten verstehen, anerkennen und verkraften müssen, als im Bilderbuch der gesprochenen und versprochenen, aber nicht gelebten Demokratie vorgesehen ist ... Wir leben unter den Voraussetzungen *verinnerlichter* Demokratie, für die viele Konzepte und Rezepte der Moderne untauglich geworden sind."[22] Gut 200 Jahre nach der Aufklärung steht der „geistige Wettbewerb" um die Beantwortung der Sinnfrage also zuerst unter dem Primat individueller Selbstbestimmung. „Die Mehrung der ‚Freiheitsgrade' führte unweigerlich zu Lebensvielfalt. Pluralismus ist charakteristisch für freiheitliche Gesellschaften. Tatsächlich finden sich heute nebeneinander vielfältige Lebensdeutungen (Wer bin ich? Woher komme ich? Wohin gehe ich?) und Lebensstile (Wie gestalte ich mein Leben? Wie gehe ich um mit Geld, Macht, Sexualität?)."[23] Sinnangebote, die diese buchstäblich grundlegende Voraussetzung missachten, dürften nach nüchterner Einschätzung wenig Zukunftsfähigkeit besitzen.

Das wirkt sich insbesondere – es wurde eben bereits angedeutet – auf dem Feld der

Lebensgestaltung aus. Die Ablösung von den institutionalisierten Formen christlich-kirchlicher Religiosität korrespondiert mit einer Ablehnung der offiziellen kirchlichen Morallehre. Eine richtungweisende Kompetenz für Antworten auf die Frage nach dem Gelingen humaner Existenz wird ihr größtenteils abgesprochen. Zunehmend mehr Katholiken entziehen explizit ihr Privatleben den Weisungen und Sollvorschriften des kirchlichen Lehramtes. Die Studie des Allensbacher Institutes von 1987, in der es heißt: „Im privaten und moralischen Bereich ist nur gut jeder dritte Deutsche bereit, der Kirche richtungweisende Kompetenz einzuräumen, unter den 18- bis 24jährigen sogar nur knapp jeder fünfte", und weiter: „Die Kirche erfährt ... eine Einengung ihres Geltungsbereichs, eine zunehmende Zurückweisung jeglichen Anspruchs auf die Durchdringung der Welt mit christlichen Werten und Verhaltenscodici"[24], hat sich gut zehn Jahre nach ihrer Erhebung mehr als potenziert. Aus Protest und Ablehnung wurde Indifferenz und Gleichgültigkeit: Mittlerweile interessiert nur noch ganz wenige auch kirchlich Gebundene und bestenfalls am Rande, welche Positionen das kirchliche Lehramt in Fragen der Moral einnimmt bzw. vorschreibt.[25] Kirchliche Moraltheologie, in aristotelisch-thomanischer Tradition eigentlich um Antworten auf die Frage nach dem umfassend guten Gelingen menschlichen Lebens bemüht (Eudämonismus), steht im zeitgenössischen gesellschaftlichen Bewusstsein gleichbedeutend für den überaus zweifelhaften Versuch, den Menschen mit hoch erhobenem moralischen Zeigefinger durch weltfremde Ge- und Verbote die Lebenslust und Lebensfreude zu verderben, mit überkommenen Moralvorschriften den Sinnengenuss im Geiste grämlicher Kasteiung zu verbieten. Darüber hinaus wird gerade der katholischen Kirche nicht selten überhaupt jegliches Interesse an einer umfassenden Verwirklichung je und je eigener und eigenständiger Lebensexistenz des Subjektes abgesprochen. Das von Albert Görres schon 1966 Konstatierte besitzt heute mehr denn je Gültigkeit: „Im Gefühl erleben ... Menschen die Kirche nicht oder nicht nur als Heilsgabe, sondern mehr als Hindernis auf dem Weg zu den Hauptgütern des Menschseins, als Hindernis der Wahrheit, der Gerechtigkeit, des Gewissens, der Liebe, der Freude und der Freiheit. Sie erleben die Kirche als Feindin des menschlichen Glücks, der seelischen Geradheit und Gesundheit, einer wahrhaft humanen Kultur, ja als geheime Gegnerin wirklichen Christentums. Katholizismus wird empfunden als Person und Gesellschaft verformende und bedrohende Macht."[26]

Sicherlich wird man nicht übersehen dürfen, dass sich gerade gegenüber den Bereichen katholischer Sittenlehre Vorurteile und Missverständnisse konzentrieren, insbesondere in solchen Kreisen, die der Kirche ohnedies fern stehen. Denn die Zeit ist auch an der katholischen Kirche und ihrer Moraltheologie nicht spurlos vorübergegangen[27]; auch bleibt die katholische Kirche nicht unberührt von jenem gesamtgesellschaftlichen Argwohn gegenüber allem Institutionellen.[28] Dennoch scheint es der Kirche offensichtlich schwer zu fallen, die Verbindung zwischen dem kirchlich gebundenen Glauben an die christliche

Botschaft und den zweifellos drängenden existentiellen Fragen nach einem umfassenden Gelingen menschlichen Lebens auch im privaten Bereich überzeugend und verständlich aufzuzeigen. Die grundlegende Frage stellt sich also, welche Möglichkeiten die Kirche findet, diese Perzeption zu korrigieren und den richtig verstandenen Nexus von kirchlichem Auftrag und berechtigtem Interesse des Individuums nach humaner Selbstverwirklichung für den Zeitgenossen glaubhaft aufzuzeigen. Dabei geht es um nicht mehr und nicht weniger als eine möglichst stimmige Thematisierung und Realisierung des programmatischen Wortes des derzeitigen Papstes: Der Mensch ist der erste und grundlegende Weg der Kirche![29]

Eine letzte Beobachtung in diesem Zusammenhang. Indem jede Religion, jede Weltanschauung generell Antworten auf die Frage, die sich der Mensch selber ist, zu geben beansprucht, steht sie früher oder später vor dem Problem der Endlichkeit alles Geschöpflichen. Denn Reflexionen über die Sinnhaftigkeit des Lebens – gerade des menschlichen – implizieren immer die Frage nach der Zukunft individuellen Daseins. Schon der zunehmende Event-Charakter, die Erlebnisorientiertheit und die bereits skizzierte Beschleunigung zeitgenössischer Wahrnehmung von Welt und Wirklichkeit thematisieren – wenngleich auch mehr oder weniger unreflex – zugleich auch die Vergänglichkeit endlicher Erlebnisse und Erfahrungen. Wohl kaum ein anderer Zusammenhang ist für den Menschen auf der Suche nach sich selber prägender als das Mit- und Ineinander von Tod und Leben. Hinter jedem

Gesicht wartet der Totenschädel; in jedem einzelnen Gen ist die Vergänglichkeit codiert, in jedem Lebensanfang das Ende grundgelegt. Trotz aller Verdrängungen und Verharmlosungen, die in einer erlebnisorientierten Gesellschaft angeboten werden, existiert doch alles Leben von seinem Ursprung her stets nur im „Antlitz des Todes". Der Tod „drückt dem Leben auch dann seinen Stempel auf, wenn er abschlägig beschieden, wenn der Dialog mit ihm verweigert"[30] wird. Er ist, wie Ernst Bloch meinte, die „härteste Nicht-Utopie"[31], die dem Individuum Fragen aufwirft, die keine noch so raffinierte Überlegung wegdiskutieren oder aufheben könnte.

Und so stimmt es mehr als nachdenklich, wenn in dem Bestseller des Lausanner Naturwissenschaftlers Jacques Neirynck „Die letzten Tage des Vatikan" zu lesen ist: „Hunderte von Ärzten auf der ganzen Welt leisten das, was eigentlich Priester und Pastoren leisten müssten. Früher war es deren Aufgabe, Sterbende von einem Ufer zum anderen zu begleiten ... Und dann kamen die wirksamen Schmerzmittel und die Intensivstationen. Und ihr habt euch in eure Pfarrhäuser zurückgezogen, überzeugt von eurer wachsenden Nutzlosigkeit. Ihr habt vergessen, dass eure wichtigste Aufgabe ... darin besteht, ... jeden Menschen mit dem Gedanken an seinen eigenen Tod auszusöhnen. Ihr seid auf weltliche Stadtverwaltungen hereingefallen, die Friedhöfe in erbärmliche Randgebiete verbannten, zwischen ein Gaswerk und eine Kläranlage. Ihr habt Christenmenschen wie Hunde sterben lassen, in aseptischen Krankenhäusern, an Schläuche angeschlossen, nur noch ein Packen Zellen, den medizinisches Personal technisch versorgt hat. Ihr habt gedacht, eure Aufgabe zu erfüllen, wenn ihr ihnen eine auf die einfachste Form gebrachte Beichte abnehmt und schnell noch eine Letzte Ölung spendet. *Aber was meint ihr denn wirklich damit, wenn ihr vom ewigen Leben redet oder von der Auferstehung des Fleisches? Manchmal, auf dem Umweg über einen theologischen Text, kommt man dazu, sich zu fragen, ob ihr darin nicht nur blanke Metaphorik seht.* Die Wissenschaft hat eure kategorischen Behauptungen so oft als parasitäre Fehlurteile entlarvt, *daß ihr selbst schon an allem zweifelt, sogar am Wesentlichen, am Unvergänglichen*, und ihr legt euch Schlupflöcher an, die ihr mit Phrasen tarnt."[32] Wendet man diese Vorwürfe aus der Feder des Romanciers in einen (*pastoral-)theologischen Anspruch*, so heißt das in den Worten Eugen Bisers: „Wenn das Christentum etwas taugt, dann muß es mir in der Sterbestunde behilflich sein, dann muß es mir in jener entscheidenden Stunde die Angst aus der Seele nehmen."[33]

Um Missverständnisse zu vermeiden – eine vorschnelle und unreflektierte „Himmelseuphorie", wie sie dem Christentum insbesondere von der Religionskritik des 19. und beginnenden 20. Jahrhunderts (Friedrich Nietzsche, Ludwig Feuerbach, Karl Marx, Sigmund Freud usw.) vorgehalten wurde, ist keine Antwort auf die Frage, die der Tod stellt. Gleichwohl aber müssen sich die christlichen Kirchen in der Tat die nüchterne Nachfrage gefallen lassen, ob nicht die Interessenkonzentration auf Probleme der konkreten Lebensbewältigung – so wichtig sie auch sind und

bleiben – zu einer doch weitgehenden Verdrängung der fundamentalen und existentiellen Frage nach der Zukunft *individuellen – meines* – Lebens geführt hat. Paul M. Zulehner spricht von der Jenseitsverschwiegenheit der Kirche(n).[34] Diese Frage wird umso drängender als erst der gestalteten Begegnung mit dem Tod[35] jene Lebensmöglichkeiten entwachsen, „die auch die Frage nach dem umfassenden Gelingen humanen Daseins unmittelbar beeinflussen".[36] Der Tod als Lehrmeister des Lebens – ein oft gebrauchtes Bild im Mittelalter. Obwohl keine bekannte Hochkultur auf diesem Planeten darauf verzichtet hat, sich mit dem Ende des Menschen auseinander zu setzen, befindet sich das Christentum doch in einer einzigartigen Position, denn die Botschaft des Ostermorgens: „Was sucht ihr den Lebenden bei den Toten? Er ist nicht hier, sondern er ist auferstanden" (Lk 24,5f.) gehört ins Zentrum christlicher Verkündigung. „Denn das Christentum ist die einzige Religion, die es mit der Gewalt des Todes aufgenommen hat, und in der Konsequenz dessen auch die einzige Religion, die über wesentliche und effektive Mittel der Angstüberwindung verfügt."[37]

III. Zeit(en)gestaltung

Als vorrangige Aufgabe scheint mir deshalb zunächst die Thematisierung der anthropologischen Frage zu sein, die stete transdisziplinäre Erörterung dessen also, was der Mensch *ist*, was er *sein kann* und *sein soll*.[38] Denn die Zukunft des Menschen, die immer zugleich auch die Zukunft der Kirche ist, ist an die richtige Fragestellung nach dem Menschen gebunden. Hier liegt der programmatische

Dreh- und Angelpunkt jeglicher christlicher Sinnvermittlung. Die theologische, philosophische, pädagogische, biologische und politisch-soziale Annäherung an das, was wir alle selber sind und stets neu werden wollen, hat m. E. inhaltlich heute mehr denn je christliches Proprium für die Teilnahme am gesellschaftlichen Diskurs zu sein. Die aktuellen Diskussionen etwa zu den bioethischen Problemkomplexen zeigen[40], dass die Frage nach dem Menschsein des Menschen *die* Gretchenfrage unserer Zeit und Gesellschaft ist. In ihr bündelt sich der Auftrag der Kirche wie in einem Brennpunkt. Hans Jonas etwa meinte: „Religion, Ethik und Metaphysik sind nie vollendete Versuche, dieser Frage im Horizont einer Auslegung des Seinsganzen zu begegnen und eine Antwort zu verschaffen."[41] Im Zentrum steht dabei die Würde der Person, die sich für die Kirche zunächst aus der imago-dei-Formel der Bibel ableitet und im Christusereignis bestätigt und transformierend überboten wird.[42] Dem Menschen wird dadurch gleichsam werbend ein *Indikativ* vor Augen gestellt, dem der Gleichklang von Konjunktiv[43] und Imperativ im Sinne eines *gebotenen* Möglichseins gleichursprünglich folgen und eine Meliorisierung, wenn nicht gar eine Optimierung des Menschseins des Menschen anzielen. Der Indikativ ist kategorisch und entlässt als Konsequenz das Recht jedes Einzelnen zum freiheitlichen Lebensentwurf, welches zugleich *Verantwortung für* eine adäquate Lebens- und Weltgestaltung impliziert – in der aktivischen *und* passivischen Sinnrichtung des Wortes Verantwortung. Denn seit jenem für den Menschen so schicksalhaften Geschehen im Garten von Eden wissen wir auch

um die Deformation menschlichen Daseins, die die Ursprünglichkeit seiner geschöpflichen Unschuld und Verbindung zum Schöpfer zerstörte und dadurch vom ehemals *eindeutigen Gleichnis Gottes* nurmehr ein *depraviertes Bildnis* zurückließ, welches seinen Ursprung nur noch gebrochen widerspiegelt. Trotz seiner durch und durch optimistischen Sicht des Menschen weiß das Christentum um diesen Mangel[44], der dem Menschen bleibend anhaftet.

Aus diesem Grund wird der kategorische Indikativ im Zentrum anthropologisch-theologischer Verkündigung immer durch Konjunktiv und Imperativ ergänzt – also um das, was der Mensch *sein kann und sein soll*. Andernfalls wird man wohl den stets *unabgeschlossenen Möglichkeiten humaner Existenz* (Martin Heidegger) nicht gerecht. Denn die struktural vorgegebene Unbestimmtheit des Daseins impliziert eine Fülle offener Möglichkeiten, zu denen neben dem Entwurf eines umfassenden gelungenen Lebens, sprich menschlicher Selbstwerdung, auch die Verfehlung des eigenen Selbst zählt. „Es gibt also diese beiden Bahnen. Nicht nur die, die nach oben führt, sondern auch die andere, die nach unten verweist und die mit der schrecklichen Möglichkeit zu tun hat, dass der Mensch von sich selbst abfallen kann."[45] Der Verweis auf unerschlossene Möglichkeiten im Sinne des konjunktivischen Könnens und des imperativischen Sollens gehört also zur Ganzheitlichkeit menschlichen Selbstentwurfes. Er soll den Menschen auf seiner Suche zu Wegen je größerer Handlungsermächtigung unterstützen und begleiten. Dies vollzieht sich etwa dort, wo dem Menschen geholfen wird, sein

ohnehin gelebtes Leben einer reflexiven Über-
prüfbarkeit zuzuführen; das geschieht auch
dort, wo mittels kreativer Phantasie neue
Sinndimensionen menschlichen Daseins erschlossen werden; nicht zuletzt geschieht dies
dort, wo drängende Daseinsfragen thematisiert werden und für innovative Antworten
sensibilisiert und geworben wird. An dieser
Stelle wird sich wohl in erster Linie die
Zukunftsfähigkeit der kirchlich vermittelten
Botschaft des Evangeliums entscheiden.

Die Thematisierung der anthropologischen
Frage kommt nicht ohne die explizite Frage
nach der Grenze aus, die der Tod auch für
den Menschen bildet. Schon das Alte Testa-
ment benennt diesen Konnex und problema-
tisiert ihn *theo*-logisch: „Herr, was ist der
Mensch, dass du dich um ihn kümmerst, des
Menschen Kind, dass du es beachtest? Der
Mensch gleicht einem Hauch, seine Tage sind
wie ein flüchtiger Schatten." (Ps 144,3-4)
M. a. W., die Grundfrage der Philosophie:
„Wer bin ich?", Basis jedweder menschlicher
Sinnsuche, wird innerhalb des Zusammen-
hangs Endlichkeit-Unendlichkeit gestellt.
Als mysterium tremendum et fascinosum
gleichermaßen „sucht" das Phänomen selbst
die Auseinandersetzung mit den besten
menschlichen Fähigkeiten und Kräften. Denn
nirgendwo sonst tritt die Sinnfrage, der der
Mensch von heute nachgeht, deutlicher an
ihn heran als im „Antlitz des Todes". Und das
hat seinen Grund. Die Begegnung mit dem
Tod übernimmt für den Menschen – insbesondere dann, wenn sie sich der künstlerischen Gestaltung bedient – lebensvertiefen-
de und -intensivierende Funktionen.

Das ergibt sich allein aus der Tatsache, dass
das Wahrnehmen der eigenen Vergänglichkeit, wie immer es auch geschehen mag,
menschliches Selbsterleben nicht unverän-
dert lässt. Vielmehr desillusioniert und
relativiert, befreit und verdichtet das Wissen
um die eigene Endlichkeit das Leben des
Menschen – und das heißt doch, es ver-
menschlicht. Denn in der Erkenntnis, dass
der Mensch als kontingentes Wesen lebt und
leben muss, wird er zugleich auf die ihm
eigenen Handlungsdimensionen in Zeit und
Raum verwiesen. Er kann sein Leben nur in
einer bestimmten Spanne von Jahren und in
bestimmten räumlich definierten Grenzen
gestalten. Das setzt ganz vordergründig
jeder individuellen oder kollektiven Hybris
ihre Grenzen.

Mit dem Wissen um die eigenen Grenzen –
und das ist der wesentlich bedeutendere
Punkt – aber lichtet sich zugleich auch die
Erkenntnis um die Einmaligkeit und Unvertretbarkeit der eigenen Person und entlässt
diese in die nicht selten quälende Möglichkeit offener Daseinsentwürfe. Damit aber ist
die Frage nach dem „Woraufhin"[46] eigener
Existenz thematisiert, die den Fragenden
konfrontiert und einen Appell an die Freiheit
eigenverantwortlicher Lebensgestaltung
richtet. Durch die buchstäbliche Ein-Sicht
in die (auch zeitliche) Begrenztheit seines
Lebens, das heute – dem Gras auf den
Wiesen gleich – im vollen Saft steht und
morgen, kraftlos geworden, verwelkt (vgl.
Ps 103), gelangt der Mensch zu jenen Grundhaltungen und Selbstinterpretationen, die
sein Leben mit Sinn erfüllen und seine Hand-

lungen als sinnvolle erst ermöglichen.[47] „Was", so fragt sich der selbstkritische Geist, „macht noch Sinn über die Grenze des Todes hinaus?" *Weil* der Tod als sinnbedrohend erlebt wird, als radikale Infragestellung allen menschlichen Einsatzes, drängt gleichursprünglich der Wunsch nach dauerhafter Sinnerfüllung auch über den Tod hinaus ins Bewusstsein der Person und motiviert zur intensivierten Suche nach der Wahrheit eigener Existenz. So seltsam es klingen mag – erst durch die fiktiv vorweggenommene Begegnung mit dem eigenen Tod gewinnt der Mensch Aufschluss über die Wahrheit seines Menschseins und das Leben jene Tiefe und Bedeutung, die für eine recht verstandene Selbstverwirklichung unabdingbar ist. Zugleich aber vermittelt die denkerisch bewältigte Erfahrung mit der Grenze des Todes Kriterien, mit denen sich der gewählte Lebensentwurf auf Stimmigkeit überprüfen lässt. Vor dem Antlitz des Todes eilt der Gedanke voraus auf die eigene Grenze, auf den eigenen Tod, um von hier aus alles zeitlich Gesetzte auf seine den Tod überdauernde Beständigkeit zu prüfen.

Diese Konfrontation bleibt nicht ohne Konsequenzen für die Bewältigung seines Lebens. Es ist hier nicht der Ort, diese Konsequenzen in ihrer Gänze vorzustellen. Ich möchte an dieser Stelle lediglich einige Wenige, gleichwohl aber Bedeutende nennen.

- ■ Dazu zählt als Wichtigste die „Annahme seiner selbst" als ein jeweils geschichtlich-biographisch so und nicht anders Gewordener. „Und die Klarheit und Tapferkeit dieser Annahme bildet die Grundlage alles

Existierens."[48] Romano Guardini stellt sie in dem hier zitierten kleinen Büchlein inhaltlich an die Seite der Kardinaltugenden. Der Mensch ist der, der er ist, und kann sein Leben, sein So-und-nicht-anders-Gewordensein nicht von Grund auf korrigieren. Das bedeutet die Einwilligung zum eigenen Sein, die Akzeptanz des einen und einzigen Lebenszyklus, der ihm zugetraut, oftmals auch zugemutet ist; sie bedeutet die Annahme jener Menschen, die in ihm notwendig da sein mussten und durch keine anderen ersetzt werden können; sie bedeutet aber auch „eine neue, andere Liebe zu den Eltern (und Geschwistern, Verwandten, Lehrern, Freunden etc., U. Z.), frei von dem Wunsch, sie möchten anders gewesen sein als sie waren, und die Bejahung der Tatsache, dass man für das eigene Leben allein verantwortlich ist."[49] Zur Aufgabe humaner Selbstgestaltung, die aus der Begegnung mit dem „Antlitz des Todes" rührt, zählt also jene Leistung, die der Entwicklungspsychologe E. Erikson unter dem Topos „Versöhnung mit der eigenen Lebensgeschichte" verstand. Theologisch gewendet, verbirgt sich darunter nichts anderes als jenes Motiv, welches Nikolaus von Kues in seiner Schrift „De visione Dei" ausgeleuchtet hat – das Motiv der Gotteskindschaft: *„Sis tu tuus et ego ero tuus*; nimm du dich an, dann hast du mich als deinen Helfer."[50]

- ■ Des Weiteren eröffnet das „Antlitz des Todes" das manchmal verzweifelte Wissen darum, dass die wirklich wichtigen und lebensprägenden Entscheidungen in der

Regel weder wiederholbar noch revidierbar sind. Es gibt Taten des Menschen, die in ihren Auswirkungen auf sich selbst oder andere nicht mehr zu ändern sind. Das verweist auf den Ernst freiheitlicher Entscheidungsverantwortung, auf die Frage, was zu tun bzw. zu lassen ist. Hier ist der Ort, an dem die praktische Vernunft darauf aufmerksam werden kann, dass Handeln eben nicht der Beliebigkeit unterworfen ist, sondern aufgrund der Unwiederholbarkeit der jeweiligen Situation bejaht oder aber verneint werden muss. Erst dieses Wissen um die Unvertretbarkeit und Nicht-Delegierbarkeit individueller Verantwortung macht das Handeln des je Einzelnen wichtig und unersetzbar. Umgekehrt aber macht die Grenze des Todes auch auf den Aspekt schuldhaften Versagens aufmerksam.

■ Nicht zuletzt rührt die Begegnung mit dem Tod auch an die Frage nach dem übergreifenden, sinnstiftenden Zusammenhang, der sich in der Frage nach der Zukunft des eigenen Schicksals verdichtet. Zwar darf die Frage, die uns im „Antlitz des Todes" begegnet, nicht vorschnell mit religiösen Deutungen überzeichnet werden. An dieser Stelle aber drängt sie sich auf. Denn Lebensfragen weisen von sich aus immer wieder über sich hinaus auf den umfassenden Horizont der Gottesfrage. In der Begegnung mit dem Tod wird diese Frage drängend, weil sie nach der Zukunft des eigenen Selbst fragt. Sie stellt sich umso drängender, wenn Leid und Schmerz ein Leben in dieser Welt nur wenig reizvoll erscheinen lassen.

IV. Zukunftsfähig?

Eine Umsetzung dieser Gestaltungsperspektiven muss sich angesichts der bisherigen Überlegungen auf verschiedenen, einander zugeordneten Ebenen vollziehen. Dabei sind Polarisierungen jedweder Provenienz wenig hilfreich. Im Kirchenbild der Vergangenheit beispielsweise (vermeintlichen) Trost und Handlungsrezepte zu suchen, zielt am Kern der skizzierten Problematik vorbei. Umgekehrt scheinen mir nicht in erster Linie die institutionell-strukturellen Fragestellungen (beispielsweise die Frage der Amtsautorität), wie sie allenthalben sehr rasch und immer zuerst als Grund für die derzeitige Krise des kirchlich verfassten katholischen Christentums genannt werden, korrekturbedürftig. Um es deutlicher zu sagen – abgesehen von den ekklesiologischen Problemen, die sich hieraus ergeben würden – was würde sich eigentlich ändern? Die eher synodal verfassten Kirchen der Reformation stehen vor den gleichen Problemkreisen. Freilich würde man sich doch an so manchen Punkten eine konsequentere Anwendung des Subsidiaritätsprinzips, ein stärkeres „Gleichgewicht zwischen ‚globalizing' und ‚localizing'"[51] wünschen. Denn eine „Weltkirche, die sich nur lokal entwickelt, verliert ihren Zusammenhalt. Eine Weltkirche, die nur globale Entwicklung zulässt, erstarrt in unbeweglicher Uniformität"[52].

Ebenso wenig bildet die Forderung nach mehr „Entertainment" in der Kirche, wie sie unlängst von Thomas Gottschalk aufgestellt wurde[53], eine überzeugende Antwort auf die derzeitige Krise. Denn die professionellen Showmaster der Unterhaltungsindustrie

bieten in jedem Fall bessere und aufwen-
digere Inszenierungen als jeder im pastoralen Dienst der Kirche(n) Verantwortliche.
Darüber hinaus zeigen auch die oben angeführten Fakten doch sehr deutlich, dass der
Blick der Kirche(n) sich auf die Beantwortung
der Frage, die der Mensch (sich) selber ist,
konzentrieren muss. Und hier erwarte ich
Hinweise eben nicht von den glatten Ent-
mythologisierungen oder scheinbar rational-
nüchternen, der säkularisierten Alltagswelt
abgeguckten und in den Raum der Liturgie
inkulturierten Funktionsabläufen, schon
gar nicht von wortlastigen Erläuterungen,
sondern vielmehr von den uralten ritualisier-
ten Formen, den existenzerschließenden
Erzählungen und Bildern, wie sie gerade
die Liturgie der katholischen Kirche über
Jahrhunderte aufweist, weil sie vom Odem
der Unvergänglichkeit begleitet werden.[54]
Denn Bild und Gleichnis sind hier noch identisch, während Inszenierungen immer in der
Gefahr stehen, gleichniswidrige Inhalte –
und wenn auch nur untergründig – in das
Bild aufzunehmen, was gerade in einer Welt
virtueller Bilder leicht geschieht. Das Echte
dagegen duldet keinerlei Inszenierung!

Auf der Suche nach zukunftsfähigen Gestal-
tungsformen, die es mit der Sinnkrise aufzunehmen in der Lage sein können, scheint mir
daher eine Besinnung auf das eigene Erbe
dringend notwendig. In ihren Grunddiensten,
Liturgia, Diakonia und Martyria, stehen der
Kirche Handlungspotentiale zur Verfügung,
um die sie so manche säkulare Institution
beneidet. Versucht man eine wenigstens an-
nähernde Übersetzung dieser auch für so

manchen Christen doch ungebräuchlichen
Begriffe in heutige Sprache, so heißt das:
die erinnernde Feier des übergreifenden
Sinnzusammenhangs, solidarisches Handeln
und Zeugnis für den Lebenswert und die
Unvergänglichkeit des Daseins:[55]

■ Bei allem, was den Gottesdienst in syste-
matischer Reflexion auch kennzeichnet,
scheint mir die Erinnerung an die Zusage
der bleibenden Gegenwart des Auferstandenen in seiner Kirche, ja deren zei-
chenhaft-sakramentale Vergegenwärtigung eine der wichtigsten – in früheren
Zeiten sagte man: vornehmsten –
Aufgaben der Kirche. Im steten paräne-
tischen Kreisen um die vielen Beispiele
heilsmächtigen Wirkens Gottes in der
Geschichte und den Ursprung ihrer eigenen Existenz durchdringt und vertieft
die Kirche die Frage nach dem übergreifenden Sinn. Zugleich vergewissert sie
sich selber ihrer Fundamente und erschließt je neu und in variierender Form
die letztlich unauslotbare Fülle der im
Christusereignis geschehenen Selbst-
mitteilung Gottes. Aus dem erinnernden
Nachsinnen über die Gegenwart Gottes
in der Wirklichkeit des Menschen, aus
der Begegnung mit dem Mysterium selbst
und der Wahrnehmung vom Glauben
durchdrungenen Lebens vieler Generationen gläubiger Menschen werden auf
diese Weise Modelle sinnvollen Daseins
und humaner Existenz erfahrbar, die zwar
keine Patentrezepte für die Bewältigung
der zahlreichen Problemkomplexe konkre-
ter Lebenswirklichkeit, gleichwohl aber

plausible Interpretations- und Erschlie-
ßungshilfen für das Verstehen und
Bewältigen individueller Lebenssituation
bereithalten.[56] Aus dem Bewusstsein der
hier zugesprochenen Identität im Sinne
eines ungeschuldeten Indikativs kann sich
der Mensch schließlich als der annehmen,
der er nun einmal ist – mit der schmerz-
lichen Erfahrung seiner oft zu engen
Grenzen, mit der immer wieder erlebten
letzten Unverfügbarkeit seiner Lebens-
pläne, mit dem Bewusstsein, sein Leben
im „Antlitz des Todes" führen zu müssen.

■ Maßstab und Vorbild christlicher Praxis ist
das Handeln Jesu selbst. Der Blick darauf
gibt also die Richtung und die Intention
für das Handeln des Christen. Sein Handeln
ist zutiefst gekennzeichnet durch die Einheit von Verkündigung und Verhalten, die
die noch ausstehende eschatologische
Vollendung für den anderen antizipiert.
Die Vergegenwärtigung des endzeitlichen
Heils geschieht bei Jesus im Handeln auf
den anderen zu: Mit seiner Existenz *behauptet* er in seinem Handeln Gott als die
rettende Wirklichkeit für den anderen.
Seine Zuspitzung erfährt dies im Schicksal
Jesu selbst, in seinem Tod und seiner Auferstehung, welche für alle, die sich als
Jünger in seiner Nachfolge begreifen, kon-
sequenterweise als Ermächtigung verstanden werden muss, ebensolche exemplarische Existenz zu leben und zu bezeugen.
Sie erweist sich als „imitatio Christi" darin,
inwieweit sie es im Vertrauen auf Gottes
rettende Wirkmächtigkeit wagt, solidarisch-
kreative Lebensvollzüge mit und für den

anderen zu ermöglichen. Christlicher Glaube, der an der Erfahrung der Auferweckung
Jesu durch Gott anknüpft, ist daher das
erinnernde Postulat der rettenden Wirklichkeit Gottes für andere und das eigene
Leben. Soweit sich diese Behauptung in
solidarisches Verhalten verlängert, ist dieser Glaube selbst Praxis.

■ Beide Grunddienste verdichten sich im
christlichen Zeugnis für den Lebenswert
und die Unvergänglichkeit des Daseins.
Dieses ist insbesondere dort gefordert, wo
andere Menschen- und Weltbilder gege-
benenfalls (Handlungs-)Konsequenzen nach
sich ziehen. Das geschieht insbesondere
dort, wo die Kirche mit ihrer Verkündigung
all jenen Tendenzen entgegentritt, die
dem Ziel einer Optimierung des Humanen
zuwiderlaufen. Das christliche Zeugnis ist
daher nie politikneutral, weil Politik „um
des Menschen willen" betrieben wird.
Mit Hilfe seines Menschenbildes öffnet es
allfällig verkürzte oder verengte anthro-
pologische Perspektiven des Staates und
der Gesellschaft, um äußere Rahmenbedingungen für eine freie Entfaltung der
Persönlichkeit im Sinne umfassend guten
Lebens zu erreichen. Das Zeugnis der
Kirche übernimmt korrigierende und meli-
orisierende Funktionen im Hinblick auf
die jeweils zugrunde liegenden anthropologischen Leitbilder. Dabei richtet es
sich auf die Entdeckung und Entwicklung
von Verstehenshilfen zur Urteils- und
Gewissensbildung, die den jeweiligen
politischen, rechtlichen und individuellen
Entscheidungen vorgelagert sind. Diese

gleichsam aposteriorische Funktion wird durch das präventive und innovative Potential des anthropologisch-theologischen Standortes ergänzt. Es kommt insbesondere bei Überschreitungen der verstehens- und handlungsleitenden Vorgaben warnend und mahnend zur Geltung. Präventiv in dem Sinne, dass schon im Vorfeld Abweichungen und Inkohärenzen angemerkt werden können; innovativ, weil das kreativ-konstruktive Einbringen der spezifisch theologischen Fragestellung jene signifikant sittliche Dimension bewusst hält, deren Inbegriff Verantwortung heißt. Auch deshalb bedarf die Gesellschaft um ihrer eigenen Humanität und um ihrer Menschen willen des authentischen Zeugnisses der Kirche.

Dabei beschränkt sich dieser Grunddienst nicht auf innerweltliche Handlungsoptionen. Das Proprium des Christentums von den Anfängen an weiß um die Relativität von Raum und Zeit und tritt damit jedweder „Diesseitsvertröstung"[57] entgegen. In der Erwartung der „Auferstehung der Toten" glaubt und verkündet die Kirche einen „offenen Himmel": Das heißt: Der Tod, jene härteste Nicht-Utopie, von der Ernst Bloch sprach, ist nicht das letzte Wort. „Vielmehr passt zu ihm das sanfte Bild einer Geburt, hinein in ein Leben mit neuer, letztlich unvorstellbarer Qualität."[58] Denn die Botschaft des Christentums erzählt, obwohl das Kreuz als zentrales Symbol im Mittelpunkt des Glaubens steht und als Skandalon begriffen wurde und wird[59],

letztlich und im Kern von der stets schöpferischen Liebe Gottes, die Leben ermöglicht und jeweils neu schenkt. Sie ist es, die dem Menschen die Weiten einer neuen Daseinsmöglichkeit auch im „Antlitz des Todes" eröffnet.

V. Noch einmal – Zeit(en)wende?

Man wird für die Frage nach einer praktisch-konkreten Umsetzung dieser Gedanken zur Zukunftsfähigkeit vom Systematiker keine Verhaltensrezepte erwarten. Ihm verbleibt höchstens der Verweis auf das „Arsenal" von Instrumentarien, welches der Kirche nach wie vor zur Verfügung steht: die Auseinandersetzung mit dem Zeitgeist in Forschungs- und Bildungseinrichtungen etwa, der Diskurs mit der Welt, um zusammen mit ihrer Wahrheit zugleich auch die Spuren des Heils zu entdecken; oder aber die wie selbstverständlich gelebten Modelle authentischen Christseins in den Kirchen, den vielen Häusern, Krankenstationen und Altenheimen der Gemeinden vor Ort. Es wäre oft hilfreich, wenn diese Spuren der Gegenwart des Göttlichen in unserer Zeit auch bemerkt würden, statt der Resignation und Klage Raum zu geben. Dennoch ist das alles nichts dramatisch Neues; ebenso wenig neu sind die Widerstände, die dem Evangelium entgegengebracht werden. Von der Rede des Paulus auf dem Athener Areopag bis hin zum Beispiel einer Mutter Teresa weiß der Christ (eigentlich) um die Bedingtheiten eines Lebens in der Welt, das aber nicht von der Welt ist (vgl. Joh 17,16). In diesem Sinne ist also keine Zeit(en)wende zu erwarten.

Was aber ist dann zu erwarten?

„Wer zur See fahren will, sagt Antoine de Saint-Exupéry, braucht Menschen, die etwas von Wind und Wellen, von Segeln, Holz und Nägeln verstehen. Fachtagungen dieser Art versammeln eine beeindruckende Anzahl solcher Schiffsexperten und Fahrensleute. Wer zur See fährt, braucht aber auch einen, der die Sehnsucht nach dem Meer wachhält, fügt Saint-Exupéry hinzu."[60] Vielleicht reicht dies; vielleicht ist nicht mehr verlangt!

Eines aber sollten Christ und Kirche(n) dabei aus dem Bedenken ihrer eigenen Geschichte und den Quellen des Glaubens wissen und nie vergessen: Zeit(en)wenden sind nicht in unserer Hand. Der Mensch kann sie bestenfalls erkennen und nach besten Kräften, nach Wissen und Gewissen gestalten. Letztendlich ist es Gott, der bewirkt (vgl. 1 Kor 12,6). Auch diese Lehre der Vergangenheit gilt für Gegenwart und Zukunft gleichermaßen.

Denn Mensch, Christ und auch Kirche(n) geben letztlich nur ein Gastspiel in der Zeit ...

Dr. Udo Zelinka,
Direktor der Katholischen Akademie Schwerte

Anmerkungen:

[1] Näheres dazu bei U. Zelinka, Sicherheit – ein Grundbedürfnis des Menschen?, in: E. Lippert, A. Prüfert, G. Wachtler (Hrsg.), Sicherheit in der unsicheren Gesellschaft, Opladen 1997, S. 43-57; ders., Quelle oder Dornbusch! Überlegungen zu den anthropologischen Grundlagen der Evangelischen Räte, in: P. Fonk, U. Zelinka (Hrsg.), Orientierung in pluraler Gesellschaft. Ethische Perspektiven an der Zeitenschwelle (SthE 81), Freiburg i. Ue. / Freiburg i. Br.1999, S. 278-304 (Lit.).

[2] Zum Zusammenhang vgl. M. Schlagheck (Hrsg.), Leben unter Zeit-Druck. Über den Umgang mit der Zeit vor der Jahrtausendwende, Mülheim 1998; instruktiv auch M. Gronemeyer, Das Leben als letzte Gelegenheit. Sicherheitsbedürfnisse und Zeitknappheit, Darmstadt 1993.

[3] Detaillierter zu diesem Zusammenhang vgl. U. Zelinka, Menschliche Sicherheitssorge. Zu Ursprung und Ambivalenz eines anthropologischen Grundstrebens, in: K. Arntz / P. Schallenberg (Hrsg.), Ethik zwischen Anspruch und Zuspruch. Gottesfrage und Menschenbild in der katholischen Moraltheologie (SthE 71), Freiburg i. Ue. / Freiburg i. Br. 1996, S. 270-283, hier: S. 270-273.

[4] Original: „L'an 2000 ne passera pas", Vortrag an der Freien Universität Berlin im Januar 1984, veröffentlicht in: J. Baudrillard, Das Jahr 2000 findet nicht statt, Berlin 1990.

[5] Ebd., S. 13.

[6] Ebd., S. 17.

[7] Bestes Beispiel dafür ist die Informationsflut des Internets, die ja kein Wissen zur Verfügung stellt, sondern vielmehr ungeordnete und geradezu gleichgültige Auskünfte.

[8] Sehr erhellend zu diesem Zusammenhang die Beiträge des Themenheftes „Die Erlebnisgesellschaft" der Internationalen Zeitschrift für Theologie, Concilium 35 (1999), S. 401-508.

[9] J. Baudrillard, Das Jahr 2000 findet nicht statt, Berlin 1990, S. 27.

[10] A. Everding, Kultur und Politik, Festrede zur Eröffnung des Berliner Abgeordnetenhauses am 28. 04. 1993, in: ders., Zur Sache, wenn's beliebt! Reden, Vorträge und Kolumnen, München 1996, S. 19-28, hier: S. 20.

[11] Bestes Beispiel für diesen Konnex ist die Zeitbemessung selber. Denn abgesehen von der Tatsache, dass das Jahr 0 menschliche Setzung ist, gilt das Jahr 2000 lediglich für die christliche Welt. Die jüdische Rechnung dagegen zählt die Zeit vom ersten Schöpfungstag an, wonach wir also momentan im Jahre 5760 (nach der Schöpfung) leben. Für die Araber begann das Jahr 1420 am 17. April vergangenen Jahres.

[12] Wie viel der prognostizierten katastrophalen Computerabstürze sind eigentlich tatsächlich erfolgt?

[13] Vgl. M. Schlagheck (Hrsg.), Leben unter Zeit-Druck. Über den Umgang mit der Zeit vor der Jahrtausendwende, Mülheim 1998.

[14] Erinnert sei an dieser Stelle nur an die Erwartungen bzw. Befürchtungen, die von einigen mit der totalen Sonnenfinsternis im August 1999 verbunden wurden.

[15] M. Seitz, Reduzierte Kirchlichkeit und bewegliche Gemeinde. Über das greifbare Erscheinen des christlichen Glaubens in einer religiösen Kultur, in: G. Schmidtchen (Hrsg.), Ethik und Protest. Moralbilder und Wertekonflikte junger Menschen, Opladen,[2] 1993, S. 313-354, hier: S. 324.

[16] M. N. Ebertz, Kirche im Gegenwind. Zum Umbruch der religiösen Landschaft, Freiburg, Basel, Wien 1997.

[17] Ebd., S. 74.

[18] Das Stichwort lautet hier: Wertewandel: Von Pflicht- und Akzeptanzwerten zu Selbstentfaltungswerten. Vgl. dazu U. Zelinka, Pastoral nach der Wende. Folgen der deutschen Wiedervereinigung für die Seelsorge an Soldaten, in: Militärseelsorge 36 (1994), S. 65-92, hier: S. 72-77; ebenso M. N. Ebertz, Kirche im Gegenwind. Zum Umbruch der religiösen Landschaft, Freiburg, Basel, Wien 1997, S. 40ff; U. Beck, Kinder der Freiheit: Wider das Lamento über den Werteverfall, in: ders. (Hrsg.), Kinder der Freiheit, Frankfurt a. M. 1997,[3] S. 9-33, bes. S. 16ff.

[19] Vgl. M. N. Ebertz, Kirche im Gegenwind. Zum Umbruch der religiösen Landschaft, Freiburg, Basel, Wien 1997, S. 75.

[20] M. Seitz, Reduzierte Kirchlichkeit und bewegliche Gemeinde. Über das greifbare Erscheinen des christlichen Glaubens in einer religiösen Kultur, in: G. Schmidtchen (Hrsg.), Ethik und Protest. Moralbilder und Wertekonflikte junger Menschen, Opladen [2] 1993, S. 313-354, hier: S. 323.

[21] P. M. Zulehner, Kirchen-Ent-Täuschungen. Ein Plädoyer für Freiheit, Solidarität und einen offenen Himmel, Wien 1997, S. 9.

[22] U. Beck, Kinder der Freiheit: Wider das Lamento über den Werteverfall, in: ders. (Hrsg.), Kinder der Freiheit, Frankfurt a. M. 1997,[3] S. 9-33, hier: S. 11.

[23] P. M. Zulehner, Kirchen-Ent-Täuschungen. Ein Plädoyer für Freiheit, Solidarität und einen offenen Himmel, Wien 1997, S. 35.

[24] R. Köcher, Religiös in einer säkularisierten Welt, in: E. Noelle-Neumann, dies. (Hrsg.), Die verletzte Nation. Über den Versuch der Deutschen, ihren Charakter zu ändern, Stuttgart 1987, S. 164-281, hier: S. 181f.

[25] Ein Beispiel dafür ist der Artikel von H. Meesmann, Kein moralischer Zeigefinger. Die Jugendkommission der Bischöfe schreibt an die Jugendleiter. Aber die kirchliche Sexuallehre interessiert die Adressaten nicht, Publik-Forum 1/2000, S. 53.

[26] A. Görres, Pathologie des katholischen Christentums, in: F .X. Arnold u. a. (Hrsg.), Handbuch der Pastoraltheologie. Praktische Theologie der Kirche in ihrer Gegenwart, Bd. II/1, Freiburg u. a. 1966, S. 277-343, hier: S. 248f.

[27] Die gesamte neu belebte Diskussion über Tugenden beispielsweise und die Suche nach Grundhaltungen, die der Berufung des Menschen durch Gott entsprechen, weisen moderne christliche Ethik wesentlich als responsorische Ethik aus. Immer geht es um die Frage, auf welche Weise sich das Evangelium authentisch in das je konkrete Leben umsetzen lässt.

[28] Vgl. dazu M. Lütz, Der blockierte Riese. Psycho-Analyse der katholischen Kirche, Augsburg 1999, S. 18.

[29] Vgl. Johannes Paul II. Redemptor hominis, Nr. 14.

[30] M. Gronemeyer, Das Leben als letzte Gelegenheit. Sicherheitsbedürfnisse und Zeitknappheit, Darmstadt 1993, S. 16.

[31] E. Bloch, Das Prinzip Hoffnung, Frankfurt 1985, S. 1290.

[32] J. Neirynck, Die letzten Tage des Vatikan, Reinbek 1999, S. 179f. (Hervorhebungen von U. Z.).

[33] E. Biser, Der Mensch – das uneingelöste Versprechen, in: H. Hoffmann (Hrsg.), Werde Mensch. Wert und Würde des Menschen in den Weltreligionen, Trier 1999, S. 143-164, hier: S. 159.

[34] Vgl. P. M. Zulehner, Kirchen-Ent-Täuschungen. Ein Plädoyer für Freiheit, Solidarität und einen offenen Himmel, Wien 1997, S. 73.

[35] Vgl. dazu die höchst eindrucksvolle und informative Studie von B. Sill, Ethos und Thanatos. Zur Kunst des guten Sterbens bei Matthias Claudius, Leo Nikolajewitsch Tolstoi, Rainer Maria Rilke, Max Frisch und Simone de Beauvoir (Eichstätter Studien, Neue Folge Bd. XLI) Regensburg 1999.

[36] U. Zelinka, Quelle oder Dornbusch! Überlegungen zu den anthropologischen Grundlagen der Evangelischen Räte, in: P. Fonk, ders., (Hrsg.), Orientierung in pluraler Gesellschaft. Ethische Perspektiven an der Zeitenschwelle (SthE 81), Freiburg i. Ue./Freiburg i. Br., S. 279-304, hier: S. 300.

[37] E. Biser, Der Mensch – das uneingelöste Versprechen, in: H. Hoffmann (Hrsg.), Werde Mensch. Wert und Würde des Menschen in den Weltreligionen, Trier 1999, S. 143-164, hier: S. 157.

[38]Vgl. zum Folgenden U. Zelinka, Begegnungen ... Zum Diskurs zwischen Kirche und Welt, in: ders., (Hrsg.), Über-Gänge – Forum Zukunft – Die Kirche im 3. Jahrtausend (Einblicke. Ergebnisse – Berichte – Reflexionen aus Tagungen der Katholischen Akademie Schwerte, Bd. 4), Paderborn 2000, S. 183-202, hier: S. 193ff.

[39]Vgl. E. Biser, Der Mensch – das uneingelöste Versprechen, in: H. Hoffmann (Hrsg.), Werde Mensch. Wert und Würde des Menschen in den Weltreligionen, Trier 1999, S. 143-164, hier: S. 144.

[40]Unter dem Titel „Tanz ums goldene Kalb" ist in DER SPIEGEL 51/1999 vom 20.12.99, S. 57 zu lesen: „Der wichtigste Prüfstein indes, wie moralfähig die menschliche Gesellschaft (nicht nur die deutsche) (sic!) des nächsten Jahrhunderts (noch) sein wird, ist in den kommenden Jahren ein ganz anderer: Wie geht diese Gesellschaft mit den Möglichkeiten der Gentechnologie um."

[41]H. Jonas, Philosophische Untersuchungen und metaphysische Vermutungen, Frankfurt a. M./Leipzig 1992, S. 47f.

[42]„Die jedem Menschen eigene Gottebenbildlichkeit ist in Jesus Christus erfüllt, da der Blick auf ihn in vermittelter Unmittelbarkeit den Blick auf Gott einschließt." (W. Knoch, Gott sucht den Menschen: Offenbarung, Schrift, Tradition [AMATECA Lehrbücher zur katholischen Theologie IV], Paderborn 1997, S. 84-85).

[43]Der Begriff des Konjunktiv kann in diesem Zusammenhang zu Missverständnissen führen. Als Modus, mit dem etwas nur mittelbar und ohne Gewähr wiedergegeben, als möglich vor- oder gar als irreal dargestellt wird, insinuiert er zugleich eine gewisse Unverbindlichkeit. Das aber eben ist im Folgenden gerade nicht gemeint. Vielmehr impliziert der in der Geschöpflichkeit des Menschen begründete Indikativ zugleich Möglichkeiten, von denen eine ergriffen werden muss, weil der Mensch als Möglichkeit eine Realisierung seiner selbst nur durch Gestaltung seiner selbst und seiner Welt erreichen kann.

[44]Die hier vorausgesetzte Erbsündelehre sieht als Folge der Sünde Adams einen Mangel an übernatürlicher, heiligmachender Gnade bei jedem Menschen, der dem aktuellen Handeln immer schon vorausliegt und insofern als transzendentale Bedingung vollkommenen Gelingens der kategorialen sittlichen Handlung anzusehen ist (vgl. P. Fonk, „Die Väter haben saure Trauben gegessen, und den Söhnen werden die Zähne stumpf" (Ez 18,2). Moraltheologische Überlegungen zur Auseinandersetzung mit dem Phänomen Erbsünde, in: S. Wiedenhofer (Hrsg.), Erbsünde – was ist das?, Regensburg 1999, S. 66-86, hier: S. 77.

[45]Vgl. E. Biser, Der Mensch – das uneingelöste Versprechen, in: H. Hoffmann (Hrsg.), Werde Mensch. Wert und Würde des Menschen in den Weltreligionen, Trier 1999, S. 143-164, hier: S. 151.

[46]Vgl. M. Heidegger, Sein und Zeit, Tübingen [7] 1953, S. 151.

[47]Vgl. dazu ausführlich K. Demmer, Gottes Anspruch denken. Die Gottesfrage in der Moraltheologie (SthE 50), Freiburg i. Ue. / Freiburg i. Br. 1993, S. 25-29.

[48]R. Guardini, Die Annahme seiner selbst, Mainz[6] 1993 (unveränderter Nachdruck der 5. Auflage, Würzburg 1969), S. 18.

[49]E. H. Erikson, Identität und Lebenszyklus, Frankfurt/M.[13] 1993, S. 118f.

[50]Zitiert nach E. Biser, Der Mensch – das uneingelöste Versprechen, in: H. Hoffmann (Hrsg.), Werde Mensch. Wert und Würde des Menschen in den Weltreligionen, Trier 1999, S. 143-164, hier: S. 163.

[51]P. M. Zulehner, Kirchen-Ent-Täuschungen. Ein Plädoyer für Freiheit, Solidarität und einen offenen Himmel, Wien 1997, S. 28.

[52]Ebd.

[53]Vgl. Publik-Forum 1/2000, S. 54.

[54]Vgl. dazu ausführlich A. Lorenzer, Das Konzil der Buchhalter. Die Zerstörung der Sinnlichkeit. Eine Religionskritik, Frankfurt a. M. 1981.

[55]Vgl. zum Folgenden U. Zelinka, Begegnungen ... Zum Diskurs zwischen Kirche und Welt, in: ders. (Hrsg.), Über-Gänge – Forum Zukunft – Die Kirche im 3. Jahrtausend (Einblicke. Ergebnisse – Berichte – Reflexionen aus Tagungen der Katholischen Akademie Schwerte, Bd. 4), Paderborn 2000, S. 183-202, hier: S. 196-201.

[56]Ein Beispiel dafür erörtert ausführlich R. Zerfaß, Spirituelle Ressourcen einer neuen pastoralen Kultur: Wirklichkeitserschließung als Befreiung, in: K. Gabriel, J. Horstmann, N. Mette, (Hrsg.), Zukunftsfähigkeit der Theologie. Anstöße aus der Soziologie Franz-Xaver Kaufmanns (Einblicke. Ergebnisse – Berichte – Reflexionen aus Tagungen der Katholischen Akademie Schwerte, Bd. 2), Paderborn 1999, S. 113-127.

[57]Vgl. P. M. Zulehner, Kirchen-Ent-Täuschungen. Ein Plädoyer für Freiheit, Solidarität und einen offenen Himmel, Wien 1997, S. 74ff.

[58]Ebd., S. 85.

[59]Es sei an dieser Stelle nur – pars pro toto – an das sogenannte Kruzifix-Urteil des Bundesverfassungsgerichtes vom Mai bzw. August 1995 erinnert.

[60]K. Backhaus, Evangelium und Kultur. Oder: Vom Bruch einer (über-) lebensnotwendigen Allianz, in: U. Zelinka (Hrsg.), Über-Gänge – Forum Zukunft – Die Kirche im 3. Jahrtausend (Einblicke. Ergebnisse – Berichte – Reflexionen aus Tagungen der Katholischen Akademie Schwerte, Bd. 4), Paderborn 2000, S. 19-48, hier: S. 20; vgl. auch A. de Saint-Exupéry, Die Stadt in der Wüste, Frankfurt a. M.[16] 1990 (Üb. Franz.), S. 182f.

Geleitworte

Msgr. Dr. Konrad Schmidt

Mehr als man glaubt

Während des Jubiläumsjahres fand kontinuierlich in den Sitzungen des Priesterrates der Tagesordnungspunkt seinen Platz „Bistumsjubiläum – Fragen, Informationen, Ausblicke". Es erwies sich als hilfreich, Missverständnisse ansprechen zu dürfen und durch Hintergrundinformationen rasch zu bereinigen, Fehleinschätzungen wahrzunehmen und in einer positiven Gestimmtheit Veranstaltungen des Jubiläumskalenders in die Gesamtpastoral einzubeziehen.

Den Glauben feiern. Die Guten bestärken.
An etlichen „Feiertagen" verstärkten sich glückliche Umstände gegenseitig. In einem Gesamtensemble von freundlich sonnigem Wetter und froh gestimmten Gesichtern machte es Freude, den Glauben zu feiern – einmal ohne eine lange Tagesordnung von Problemfeldern. Ehrenamtliche aus Pfarreien und Verbänden trafen sich. Erzbischof und Generalvikar waren Gelöstheit und Freude in Person. Es war ja auch Anlass genug, auf eine 25-jährige gemeinsame Dienstzeit zurückzublicken. Es tut gut, einmal nicht in missionarischem Pflichtgefühl dem „einen verlorenen Schaf" nachzulaufen, sich vielmehr mit etlichen Bekannten zu treffen und dabei zu spüren, wie zahlreich und vielfältig Idealismus und Einsatzbereitschaft rechts und links sind. Das „Wir-Gefühl" kann wachsen und wurde stark, gleich ob „rund um den Dom" in Paderborn oder „kreuz und quer" auf dem

Jugendtag in Unna oder auf dem „Ideentag für eine zukunftsfähige Gemeinde" in Soest. Immer wieder wurde staunend festgestellt, wie viele sich gegenseitig kennen – von den unterschiedlichsten Engagements her. Das zu erfahren und sich bewusst zu machen, bestärkt die Guten.

Die Performance „Wandel durch Licht und Zeit" zog Scharen an und ließ unkonventionell in sparsamen Texten und gekonnten Musikimprovisationen an Orgel, Saxophon und Schlagwerk Architektur und Raum des vertrauten Domes als Stein gewordenen Zeugen des Glaubens auftreten. Geheimnisvoll verfremdet begegnete uns unsere Bischofskirche in einer ganz neuen Tiefe.

Wieviel Erstaunen und Anerkennung bekam der Name Paderborn durch diese Karolinger-Ausstellung – nach anfänglich skeptischen bis abschätzigen Kommentaren – auch in der wissenschaftlichen Welt der Kunsthistoriker, der Archäologen, der Profan- und Kirchenhistoriker.

Mit vielen im gleichen Boot – Vielfalt entlastet und bereichert.
Gerade die Karolinger-Ausstellung verdeutlicht, welch unglaubliche Schätze das christliche Abendland, letztlich unser Glaube, hervorgebracht hat; sie begannen über Jahrhunderte hinweg zu uns heute zu sprechen und bleiben damit vor dem Vergessen bewahrt. Weiterhin

wurde deutlich, zu welchen Leistungen und Schritten wir fähig sind, wenn unterschiedlichste Begabungen, Berufsgruppen und Interessenschwerpunkte kooperieren. Fachwissenschaftler haben zusammen mit Werbefachleuten und Designern, unterstützt durch Wirtschaft und Verwaltung, eine großartige Ausstellung zu Wege gebracht. Dass die Karolinger-Ausstellung alle Rekorde in der Zuschauerakzeptanz geschlagen hat, wurde unter anderem auch möglich, weil im gesamten Bildungsbereich über Schulen, Verbände, Bildungshäuser und Bildungswerke die Ausstellung insgesamt und einzelne Exponate im Besonderen in den Fragehorizont der unterschiedlichsten Besuchergruppen gestellt wurden.

In den Seelsorgeregionen unseres Erzbistums, in Dekanaten und Pfarreien, aber auch quer durch das Erzbistum ist die gegenseitige Vernetzung intensiv. Wer an irgendeinem Zipfel mitmacht, spürt die Vernetzung – als Religionslehrerinnen und Religionslehrer, in der Bildungsarbeit, auf der Verbandsebene, in der Jugendarbeit. Weihbischof Drewes seligen Angedenkens pflegte scherzhaft zu sagen: „Es treffen sich immer wieder die 200 sympathischen Leute." Durch das Jubiläumsjahr sind wir sicher: Es sind wesentlich mehr!

Wenn wir mit dem neuen Jahr zum ersten Mal eine „2" zu Beginn der Jahreszahl schreiben und dies tausend Jahre lang, mag uns die positive Erfahrung im Jubiläumsjahr 1999 ein starker Impuls sein, gemeinsam mutig in die Zukunft aufzubrechen.

Msgr. Dr. Konrad Schmidt,
Geschäftsführender Vorsitzender
Priesterrat der Erzdiözese Paderborn

Hans-Georg Hunstig

„Der Weg der Kirche ist der Mensch"

„Alle Wege der Kirche führen zum Menschen". So formulierte Papst Johannes Paul II. in seiner ersten Enzyklika 1979. Der Diözesan-Pastoralrat hat im Jubiläumsjahr 1999 seine Arbeitsvorhaben für die neunte Periode unter das Leitwort „Der Weg der Kirche ist der Mensch" gestellt. Angesichts sich verändernder gesellschaftlicher und kirchlicher Bedingungen und des gefährdeten menschlichen Lebens, aber auch in dem froh machenden Bewusstsein, an einem 1200-jährigen Jubiläum teilzuhaben, dankt der Diözesan-Pastoralrat für die vielfältigen Impulse und Begegnungen, die das Bistumsjublaum ermöglicht hat. Ich möchte hier einmal das Erlebnis des Jahres 1999 in Verbindung mit den Schwerpunkten des Diözesan-Pastoralrates bringen.

Das Motto des Jubiläumsjahres „Mehr als man glaubt" wurde zum geflügelten Wort, wenn es darum ging, die herausragenden Ereignisse wie die Ausstellung „799 – Kunst und Kultur der Karolingerzeit" und die Lichtperformance „Wandel durch Licht und Zeit" im Dom zu umschreiben. Verfremdet diente das Motto aber auch für kritische Anmerkungen, z. B. über das viele Papier, das eine Werbung für solche Großveranstaltungen braucht. Auf der anderen Seite sind aber auch neue Wege der Öffentlichkeitsarbeit gegangen worden, die über den binnenkirchlichen Raum hinausgingen, um neue Zielgruppen anzusprechen und den Kontakt zu neuen Medien zu ermöglichen. In diesem Sinne versucht auch ein Sachausschuss des Diözesan-Pastoralrates sich der Weiterentwicklung der Öffentlichkeitsarbeit im Bistum anzunehmen, neue Wege zu initiieren und zu begleiten.

Im Jubiläum wurde der Bogen von den Wurzeln und Anfängen zur Zukunft zu neuen hoffnungsvollen Ansätzen gespannt. Mit dem Leitwort „Aus alten Wurzeln neue Zweige" wurde der Gottesdienst am Tag des Ehrenamtes gefeiert, bei dem die bunte Vielfalt des ehrenamtlichen Engagements für eine lebendige Kirche sichtbar wurde. Wir freuen uns, dass wir diese Eucharistiefeier mitgestalten durften. Mit Fragen der Weiterentwicklung des Ehrenamtes über den Tag des Ehrenamtes hinaus, befasst sich ein Sachausschuss des Diözesan-Pastoralrates. Mit diesem Tag des Ehrenamtes feierte unser Erzbischof sein 25-jähriges Jubiläum. Auch wurde zum ersten Mal der Förderpreis für soziale Ideen „Nicht Reden – handeln" verliehen: Projekte, die das Sozialwort der Kirchen zur wirtschaftlichen und sozialen Lage in Deutschland in die Praxis umsetzen, wurden vorgestellt und ausgezeichnet.

Der Suchprozess nach pastoralen Perspektiven, der 1996 durch den Erzbischof angestoßen wurde, fand eine erste Bündelung bei dem Ideentag für eine zukunftsfähige Kirche in Soest. Viele Initiativen aus allen Bereichen pastoraler Arbeit stellten ihre Arbeit vor. Ich erinnere an die Thesen zur Gemeindeentwicklung:

1. Ohne Ziele sind wir weg
2. Glauben ist mein Ding
3. Vielfarbig verbunden – grenzenlos
4. Alle tragen mit
5. Über den Kirchturm hinaus –
   Weltweit statt kleinkariert

Diese wurden mit Bällen vorgestellt und von der Perspektivgruppe für den diözesanweiten Suchprozess ins Spiel und damit in die Diskussion gebracht. In allen Dekanaten unserer Diözese werden die Thesen seitdem diskutiert mit dem Ziel, Rückmeldungen in den Dialogprozess nach Paderborner Pastoralen Perspektiven einzubringen. Dabei widmet sich unser Sachausschuss "Zukunftsfähige Gemeinde" der konkreten Frage nach Funktion, Rolle und Auftrag der sogenannten Gemeindebeauftragten. Der Diözesan-Pastoralrat wird in diesem Feld am deutlichsten die Impulse und Früchte des Jahres in den Suchprozess nach pastoralen Perspektiven einbringen.

Das Eine-Welt-Treffen in Olpe stand unter dem Leitwort "Weltweit – nah dran" und versuchte einen Brückenschlag zwischen globalen Fragestellungen und lokalen Eine-Welt-Initiativen vor Ort. Die Verbindung der Fragen nach der sozialen Gerechtigkeit hier in Deutschland und der weltweiten Solidaritätsarbeit ist ein Anliegen des Sachausschusses "Solidarität und Gerechtigkeit". Konkretisiert hat sich dies in der Forderung nach der Unterstützung des sozialen Friedensdienstes. Der Prozess der lokalen Agenda 21 bietet den Rahmen für ein neues Nachdenken und Sich-Einbringen christlicher Gemeinden im Bereich der Schöpfungsverantwortung.

Fragen des Lebensschutzes und der Rahmenbedingungen zum Schutz von Ehe und Familien bearbeitet der Sachausschuss "Damit Leben gelingt". Im Jubiläumsjahr hat die Diskussion über die Neuregelung der Schwangerschaftskonfliktberatung in Deutschland viele Gespräche im kleinen und großen Kreis erfordert, die immer von der Sorge um den bestmöglichen Lebensschutz für die ungeborenen Kinder geleitet waren. In der Respektierung unterschiedlicher Wege für die Erreichung des gemeinsamen Zieles gab und gibt es ein starkes Bemühen, sich für die Einheit im Erzbistum zu engagieren. Ich wünsche, dass wir uns alle dafür einsetzen!

Die Vielfalt und Buntheit der Schule wurde beim Tag der Katholischen Schulen lebendig. Mit der Situation der Schule beschäftigt sich ein Arbeitskreis des Diözesan-Pastoralrates. Fragen des Religions- und Seelsorgeunterrichtes, der ökumenischen Zusammenarbeit und der Schulseelsorge werden erörtert und in Konzeptvorschläge gebracht.

Den Grundfragen der Evangelisierung im Erforschen der Zeichen der Zeit, um sie im Lichte des Evangeliums zu deuten, widmet sich ebenfalls ein Arbeitskreis, um Wege der Evangelisierung in Gemeinden, Verbänden, Orden und Schulen zu erschließen. Ein interessanter Ansatz dazu erfolgte sicherlich durch die Exerzitien im Alltag, die eine große Resonanz gefunden haben und durch die Wallfahrten aus den sieben Seelsorgeregionen zu Libori nach Paderborn. In diesem Sinne sind auch die vielen Beispiele zu sehen, die beim Jugendtag „Kreuz und quer" in Unna vorgestellt wurden und erlebt werden konnten.

Vielfältige Impulse und Begegnungen hat es in diesem Jubiläumsjahr gegeben. Diese Beschreibung der Veranstaltungen macht deutlich, wie stark eine inhaltliche Nähe zur Arbeit des Diözesan-Pastoralrates bestand. So wird deutlich, dass solch ein Festjahr mit seinen einmaligen Höhepunkten Spuren hinterlässt im Alltag des Glaubens in Gemeinden, Räten und Verbänden.

Ich danke an dieser Stelle allen Frauen und Männern, Kindern und Jugendlichen, Verantwortlichen und Teilnehmern für das Erlebnis dieses Jahres.

Hans-Georg Hunstig,
Geschäftsführender Vorsitzender
Diözesan-Pastoralrat

Erträge des Jubiläums

Berthold Naarmann

Die vorliegende Dokumentation des großen Jubiläumsjahres 1999 erinnert an die vielfältigen Veranstaltungen und Aktivitäten, die das Jahr begleitet haben. Viele Gläubige aus dem ganzen Erzbistum, Verbände und Gruppierungen trafen sich in Paderborn oder anderen Städten, um „die Quellen zu bedenken und die Gegenwart zu prüfen". Gottesdienstliches Feiern und ernstes Bedenken der gegenwärtigen Situation der Kirche und der Welt verschmolzen zur inneren Einheit. Die Dokumentation veranschaulicht aber auch, dass das reichhaltige Geschehen des Jubiläumsjahres kein einmaliges Ereignis bleiben wird. Viele Beiträge sind deutlich von dem Bemühen geprägt, die einzelnen Elemente des Jubiläums-Programms kritisch zu reflektieren und daraus Folgerungen für die künftige pastorale Arbeit zu ziehen, d. h. die Zukunft aus dem Bedenken der Quellen und der Prüfung der Gegenwart zu gestalten. Darin liegt die Wege weisende Bedeutung des Jubiläums, das eindrucksvoll an die Begegnung Papst Leos III. und des Frankenkönigs Karl 799 in Paderborn und gleichzeitig an die Gründung des Bistums erinnerte.

Dass dieses Jubiläumsjahr ein derartiger Erfolg werden würde, war im Voraus keineswegs ausgemacht. Während der Planungsphase äußerten manche die Befürchtung, das Interesse an der bevorstehenden Jahrtausendwende werde das Jubiläumsjahr überlagern. Derartige Bedenken flossen auch in die Überlegungen des Kirchensteuerrates ein. Im Nachhinein darf man hocherfreut feststellen, diese Sorge hat sich als nicht stichhaltig herausgestellt. Die für die besonderen pastoralen Aktivitäten bereitgestellten Finanzierungsmittel erweisen sich heute als Investition in die Zukunft der Kirche von Paderborn.

Besondere Fragen stellte die große Karolingerausstellung. Gehört es zu den Aufgaben der Kirche, sich an einer derart aufwendigen kultur- und politikgeschichtlichen Sammlung von Exponaten, die aus Europa und den USA zusammengetragen wurden, auch finanziell neben Stadt und Landschaftsverband zu beteiligen? Je detaillierter das Konzept Gestalt annahm, um so überzeugender wurde die Zustimmung zu diesem Projekt. Die Ausstellung bot einen umfassenden Einblick in die Gründungszeit des Bistums. Sie zeigte, in welcher geistigen Atmosphäre die Kirche in unserem Lande heranwuchs und welche Impulse wiederum vom Christentum für unsere Kultur ausgingen. Mit den Veranstaltern freut sich der Kirchensteuerrat über das weltweite Echo, das diese Ausstellung gefunden hat, was auch die überraschend große Besucherzahl aus aller Welt belegt.

Unser Wunsch ist es, dass der allenthalben festzustellende Aufbruch des Jahres 1999 in die kommenden Jahre und Jahrzehnte weiter wachsen und reiche Frucht bringen möge – „mehr als man glaubt". Das würde auch der schönste Dank für alle sein, die unter Aufbietung ihrer Kraft und Zeit, weit über das normale Maß hinaus, zum erfolgreichen Gelingen des Jubiläumsjahres beigetragen haben.

Berthold Naarmann,
Ehem. Stv. Vorsitzender Diözesan-Kirchensteuerrat

Ausblick

Erzbischof
Dr. Johannes Joachim Degenhardt

Gemeinsam in die Zukunft aufbrechen ...

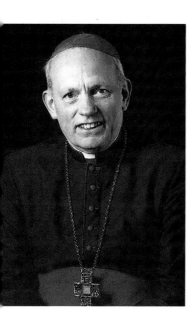

1999 – an der Schwelle des neuen Jahrhunderts und Jahrtausends haben wir uns an die Anfänge unserer Diözese erinnert. Vor 1200 Jahren vereinbarten Papst Leo III. und Karl der Große unter anderem die kirchliche Neuordnung des Sachsenlandes. Neue Bistümer entstanden, darunter auch das Bistum Paderborn. Im Jahr nach den Jubiläumsfeierlichkeiten bleibt zu fragen, was wir mitnehmen aus der Vergangenheit, aus unserem Bistumsjubiläum hinein in die Zukunft.

Man muss kein Prophet sein, um bereits heute einige Herausforderungen zu erkennen, die sich uns in der Zukunft stellen werden. Die Situation mag an die Abschiedsrede Jesu im Johannesevangelium (14,1-14) erinnern; sein Testament, das er den Jüngern hinterlässt. Aus diesen Worten Jesu lassen sich Hinweise entnehmen, die helfen, sich auf die Herausforderungen in Gegenwart und Zukunft einzulassen.

Euer Herz lasse sich nicht verwirren

„Euer Herz lasse sich nicht verwirren. Glaubt an Gott, und glaubt an mich! Im Haus meines Vaters gibt es viele Wohnungen. Wenn es nicht so wäre, hätte ich euch dann gesagt: Ich gehe, um einen Platz für euch vorzubereiten? Wenn ich gegangen bin und einen Platz für euch vorbereitet habe, komme ich wieder und werde euch zu mir holen, damit auch ihr dort seid, wo ich bin. Und wohin ich gehe – den Weg dorthin kennt ihr. Thomas sagte zu ihm: Herr, wir wissen nicht, wohin du gehst. Wie sollen wir dann den Weg kennen? Jesus sagte zu ihm: Ich bin der Weg und die Wahrheit und das Leben; niemand kommt zum Vater außer durch mich. Wenn ihr mich erkannt habt, werdet ihr auch meinen Vater erkennen. Schon jetzt kennt ihr ihn und habt ihn gesehen. Nach anderen Textzeugen: Wenn ihr mich erkannt hättet, würdet ihr auch meinen Vater erkennen. Philippus sagte zu ihm: Herr, zeig uns den Vater; das genügt uns. Jesus antwortete ihm: Schon so lange bin ich bei euch, und du hast mich nicht erkannt, Philippus? Wer mich gesehen hat, hat den Vater gesehen. Wie kannst du sagen: Zeig uns den Vater? Glaubst du nicht, daß ich im Vater bin und daß der Vater in mir ist? Die Worte, die ich zu euch sage, habe ich nicht aus mir selbst. Der Vater, der in mir bleibt, vollbringt seine Werke. Glaubt mir doch, daß ich im Vater bin und daß der Vater in mir ist; wenn nicht, glaubt wenigstens aufgrund der Werke! Amen, amen, ich sage euch: Wer an mich glaubt, wird die Werke, die ich vollbringe, auch vollbringen, und er wird noch größere vollbringen, denn ich gehe zum Vater. Alles, um was ihr in meinem Namen bittet, werde ich tun, damit der Vater im Sohn verherrlicht wird. Wenn ihr mich um etwas in meinem Namen bittet, werde ich es tun."
(Joh 14,1-14)

Was Jesus den Jüngern zu sagen versucht, verstehen diese in der Zeit vor Ostern oft nicht. Obwohl sie ihn lange begleitet haben, kennen sie ihn doch nicht: Wer ist dieser Jesus?

Unsicher fragen einige der Apostel nach dem Sinn seiner Worte. So Thomas: „Herr, wir wissen nicht wohin du gehst. Wie sollen wir dann den Weg kennen?" Oder Philippus: „Herr, zeig uns den Vater; das genügt uns." Jesu Antwort ist einfach: „Glaubt mir doch, daß ich im Vater bin und daß der Vater in mir ist; wenn nicht, glaubt wenigstens aufgrund der Werke!"

Jesus kennt zwei Wege des Glaubens. Einmal das liebende Hören und Annehmen seiner Botschaft. Sodann aber auch die Wirkkraft seiner Werke. Für beide „Wege" finden sich in der Geschichte der Kirche große Gestalten.

Mit Recht haben wir im vergangenen Jahr versucht, die Gegenwart zu prüfen. Vor dem Hintergrund der 1200-jährigen Glaubensgeschichte klingt es nicht vermessen, wenn man an die vielen dramatischen Entwicklungen, Ereignisse und Ideologien erinnert, die die Welt verändern wollten, zahlreiche Menschen fesselten und doch heute verschwunden sind.

Uns Christen bleibt als Richtschnur für das eigene Leben Jesu Wort und Werk. Seine Botschaft für uns Menschen kann ein wichtiger Anker in stürmischer See unseres Lebens sein. Er ist zu kostbar, um ihn wegen kleiner und größerer Probleme im Alltag, wegen menschlicher Unzulänglichkeiten über Bord zu werfen.

Ich freue mich darüber, dass Frauen und Männer, Mädchen und Jungen nach wie vor froh und zuversichtlich ihren Glauben bekennen und im Alltag Zeugnis davon ablegen. Grundlage dafür – das zeigen mir viele Begegnungen mit Menschen in unseren Gemeinden – ist die intensive Begegnung mit dem Herrn selbst. „Wer mich kennt, kennt den Weg zum Vater", so sagt er selbst.

In der (neuen) Beschäftigung mit Jesus Christus, mit dem Glauben der Kirche und der eigenen Glaubensgeschichte sehe ich eine der großen Chancen der Gegenwart. Der Dialog mit Menschen anderer Konfessionen, Religionen und Weltanschauungen setzt die Kenntnis des eigenen Standpunktes, ja die feste Verwurzelung im eigenen Glauben voraus. Je weniger Christen die Gesellschaft qualitativ oder auch quantitativ prägen, umso mehr werden ihr Glaube und ihr Lebensstil durch die Gesellschaft angefragt. Den Suchenden und Fragenden sollten wir keine Antwort schuldig bleiben.

Bleibt in meiner Liebe (Joh 15,9b) – Christlicher Lebensstil als Zeugnis

Eine zweite große Herausforderung, der wir Christen uns stellen müssen, betrifft die Glaubwürdigkeit christlichen Lebensstiles. Prägen wir heute einen typischen Stil, der deutlich werden lässt, in welcher Weise wir unser Leben aus dem Glauben heraus gestalten? In seinen Abschiedsworten (Joh 15,12-15) an die Jünger gibt Jesus folgendes Vermächtnis:

„Das ist mein Gebot: Liebt einander, so wie ich euch geliebt habe. Es gibt keine größere Liebe, als wenn einer sein Leben für seine Freunde hingibt. Ihr seid meine Freunde, wenn ihr tut, was ich euch auftrage. Ich nenne euch nicht mehr Knechte; denn der Knecht weiß nicht, was sein Herr tut. Vielmehr habe ich euch Freunde genannt; denn ich habe euch alles mitgeteilt, was ich von meinem Vater gehört habe. Nicht ihr habt mich erwählt, sondern ich habe euch erwählt und dazu bestimmt, daß ihr euch aufmacht und Frucht bringt und daß eure Frucht bleibt. Dann wird euch der Vater alles geben, um was ihr ihn in meinem Namen bittet. Dies trage ich euch auf: Liebt einander!" (Joh 15,12-17)

Der Umgang unter uns Christen soll durch die Liebe geprägt sein. Im Vordergrund stehen also nicht Verbote und Einschränkungen, sondern Liebe im Alltag. Die Liebe zu Jesus Christus aber auch die Liebe zu den Nächsten realisiert sich in unterschiedlichen Formen: Solidarität, Zeugnis für das Leben, Engagement für die Armen etc.

Je technisierter und komplexer sich unsere Welt gestaltet, je vereinzelter und einsamer Menschen leben, umso größer wird der Wunsch nach Lebensstilen, die der besonderen Würde des Menschen gerecht werden. Christen werden in Zukunft stärker herausgefordert sein, Lebensstile zu entwickeln, die der Verantwortung für die Menschen in der einen Welt gerecht werden und auch die Interessen der kommenden Generationen nicht vergessen. Ein christlicher Lebensstil bedeutet nicht ein Weniger an Lebensqualität und Lebensfreude, sondern ist ein Schlüssel zu einer neuen Qualität des Lebens.

Geist der Wahrheit (Joh 16,13) – Wandel gestalten

Umbrüche prägen die Gegenwart. Vieles in unserem Leben unterliegt grundlegenden Veränderungen: in den Beziehungen innerhalb der Familie, in den Beschäftigungsverhältnissen, in den politischen Strukturen und nicht zuletzt auch in der Kirche. Im Evangelium des Johannes sagt Jesus den Jüngern den Geist der Wahrheit zu, der in die ganze Wahrheit führt.

Als Christen sind wir herausgefordert, die Umbrüche in der Zeit wahrzunehmen. Gegenwärtig erleben wir eine deutliche demographische Veränderung unserer Gesellschaft. Rund ein Drittel unserer Gesellschaft gehört keiner christlichen Religion an. In den christlichen Kirchen übersteigt die Zahl der Beerdigungen die Zahl der Taufen. In unserem Erzbistum sinkt zur Zeit die Zahl der Katholiken pro Jahr um etwa 10.000. Die Zahl der jungen Männer, die sich für den Priesterberuf, für ein Leben in einem Orden oder einer Geistlichen Gemeinschaft entscheiden, ist gering. Derzeit laufen in den Gemeinden und Dekanaten Vorbereitungen für die Errichtung von Pastoralverbünden. Diese neue Kooperationsform ist eine Antwort auf Veränderungen in unseren Gemeinden. Sie soll deren Eigenständigkeit, gleichzeitig aber auch die Funktionsfähigkeit der Gemeinden zukunftsfähig halten.

Wir müssen uns den Veränderungen stellen und versuchen, wenn nötig mit neuen oder veränderten Strukturen den Auftrag der Kirche zu erfüllen. Die Geschichte ist keine Einbahnstraße. Entwicklungen, die heute unser Handeln leiten und uns Sorgen bereiten, sind morgen überholt. Veränderungen und Umbrüche sollten wir ohne Resignation mitgestalten. Selbst wenn die Zahl der Christen in unserer Gesellschaft kleiner wird, dürfen wir uns nicht resignativ zurückziehen, sondern die Herausforderungen annehmen und die Chancen des Neuen suchen und nutzen.

Der Geist der Wahrheit kann uns helfen, die „Geister" zu unterscheiden. Der Geist der Wahrheit wird uns auch in Zukunft seine Gaben schenken. So dürfen wir zuversichtlich und gelassen in die Zukunft aufbrechen: IHM entgegen. Das Gebet zum Bistumsjubiläum drückt diese Zuversicht so aus: „Das Zeichen des Kreuzes geht mit in jede Zeit. Du gehst mit uns. Du kommst auf uns zu, auch heute und morgen. Denn dein ist die Zeit – und was in ihr ist."

Dr. Johannes Joachim Degenhardt,
Erzbischof von Paderborn

Gebet zum Bistumsjubiläum

Herr, unser Gott, wir stehen vor dir
im Jahr unseres Bistumsjubiläums.
Wir wissen uns verbunden mit all jenen,
die vor uns in diesem Land gelebt
und uns den Glauben weitergegeben haben:
In Freud und Leid haben sie
in all den Zeiten mit ihren Höhen und Tiefen
auf dich gehofft und dir vertraut.
Das Zeichen des Kreuzes war ihr Begleiter –
im Leben und in ihrem Sterben.

Heute stehen wir an der Schwelle
einer neuen Zeit, dankbar für das kostbare
und lebendige Erbe des Glaubens.
Wir wissen nicht, was uns erwartet,
was uns bevorsteht, was auf uns zukommt.
Doch bei allem Ungewissen ist eines gewiss:
Das Zeichen des Kreuzes geht mit in jede Zeit.
Du gehst mit uns und bist bei uns.
Du kommst auf uns zu, auch heute und morgen.
Denn dein ist die Zeit – und was in ihr ist.

Herr, es ist Zeit, aufzubrechen zu dir
und deinem Kommen den Weg zu bereiten
in eine Welt, die oftmals zerrissen
und doch voll Sehnsucht und Hoffnung ist.
So bitten wir dich: Komm du uns entgegen!
Lass uns erfahren, dass du da bist,
und bleibe bei uns, wo wir
in deinem Namen unterwegs sind.
Sende aus deinen Geist,
und das Antlitz der Erde wird neu!

Amen